novas buscas
em psicoterapia

VOL. 29

EDITORA AFILIADA

Dados Internacionais de Catalogação na Publicação (CIP)
Câmara Brasileira do Livro, SP, Brasil

De Shazer, Steve
 Terapia familiar breve / Steve de Shazer ; [tradução de Maria
Sílvia Mourão Netto]. – São Paulo : Summus, 1986. (Novas buscas
em psicoterapia; v. 29)

Bibliografia
ISBN 978-85-323-0259-5

1. Psicoterapia breve 2. Psicoterapia da família
I. Título. II. Série.

CDD-616.89156
-613.8914
86-1014   NLM-WM 420

Índices para catálogo sistemático:
1. Família : Técnicas de psicoterapia   616.89156
2. Psicoterapia breve : Medicina   616.8914
3. Psicoterapia de família   616.89156

www.summus.com.br

Compre em lugar de fotocopiar.
Cada real que você dá por um livro recompensa seus autores
e os convida a produzir mais sobre o tema;
incentiva seus editores a encomendar, traduzir e publicar
outras obras sobre o assunto;
e paga aos livreiros por estocar e levar até você livros
para a sua informação e o seu entretenimento.
Cada real que você dá pela fotocópia não autorizada de um livro
financia o crime
e ajuda a matar a produção intelectual de seu país.

Terapia Familiar Breve

Steve de Shazer

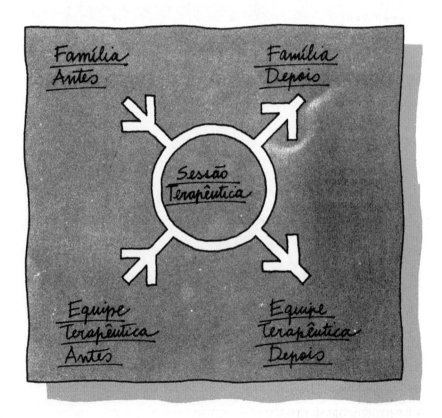

Do original em língua inglesa
PATTERNS OF BRIEF FAMILY THERAPY
An Ecosystemic Approach
© 1982 The Guilford Press
por acordo com Mark Paterson

Tradução de:
Maria Sílvia Mourão.Netto

Capa de:
Roberto Strauss

Direção da Coleção:
Paulo Eliezer Ferri de Barros

Proibida a reprodução total
ou parcial deste livro, por qualquer meio e sistema,
sem o prévio consentimento da Editora.

Direitos para a língua portuguesa
adquiridos por
SUMMUS EDITORIAL LTDA.
Rua Cardoso de Almeida, 1287
05013-001 — São Paulo, SP
Telefone (011) 872-3322
Caixa Postal 62.505 — CEP 01295-970
que se reserva a propriedade desta
tradução

Impresso no Brasil

Novas Buscas em Psicoterapia

Esta coleção tem como intuito colocar ao alcance do público interessado as novas formas de psicoterapia que vêm se desenvolvendo mais recentemente em outros continentes.

Tais desenvolvimentos têm suas origens, por um lado, na grande fertilidade que caracteriza o trabalho no campo da psicoterapia nas últimas décadas e, por outro, na ampliação das solicitações a que está sujeito o psicólogo, por parte dos clientes que o procuram.

É cada vez maior o número de pessoas interessadas em ampliar suas possibilidades de experiência, em desenvolver novos sentidos para suas vidas, em aumentar suas capacidades de contato consigo mesmas, com os outros e com os acontecimentos.

Estas novas solicitações, ao lado das frustrações impostas pelas limitações do trabalho clínico tradicional, inspiram a busca de novas formas de atuar junto ao cliente.

Embora seja dedicada às novas gerações de psicólogos e psiquiatras em formação, e represente enriquecimento e atualização para os profissionais filiados a outras orientações em psicoterapia, esta coleção vem suprir o interesse crescente do público em geral pelas contribuições que este ramo da Psicologia tem a oferecer à vida do homem atual.

Índice

Apresentação 11, 13

Prefácio 15

INTRODUÇÃO

Epistemologia Ecossistêmica 23
Confusão Homeostática 25
Mudança 28

Capítulo 1. TEORIA BINOCULAR DA MUDANÇA 31
Isomorfismo 31
Cooperação 34
Paradoxo 40

Capítulo 2. CONTEXTO CLÍNICO 45
Visão de mundo 45
Moldes 49
Remodelagem 52
Milton H. Erickson 53
Instituto de Pesquisa Mental 56
Grupo de Milão 57

Capítulo 3. PROCEDIMENTOS 59
Planejamento Prévio da Sessão 60
Prelúdio 61
Obtenção de Dados 62
Pausa para Deliberação: Elaboração da Intervenção 74
Transmissão da Mensagem 76
Esforços de Estudo 76

Capítulo 4. MAIS PROCEDIMENTOS 78
    Interconexões 78
    Tarefas 80
    Mudança de Claves 93
    Exemplo de Caso 98

Capítulo 5. FITA DE MÖBIUS 105
    Confusão Sistêmica 105
    Protótipo 107
    Segundo Exemplo de Caso 119
    Isomorfismo 129

Capítulo 6. OBJETIVOS: EQUILÍBRIO DE MAPAS TEÓRI-
    COS 132
    Teoria do Equilíbrio 132
    Direcionamento para um Objetivo — Erickson 134
    Ampliação do Mapa 141
    Exemplo de Caso 144

Capítulo 7. FAMÍLIA JAY 154
    Estudo de Caso 154

Capítulo 8. FAMÍLIA JONES 176
    Estudo de Caso 177

Capítulo 9. COMPLEXIDADE 195

Referências bibliográficas 199

Para INSOO KIM BERG,
sem quem este livro não teria sido possível.

E para
MILTON H. ERICKSON e GREGORY BATESON
Espero que tivessem aprovado.

Apresentação

John H. Weakland

Há cerca de 25 anos, Don D. Jackson relatou a seus colegas do grupo de pesquisa de Gregory Bateson uma descoberta que fizera: ele às vezes não ficava sozinho quando entrevistava membros da família de um paciente, em sua clínica psiquiátrica. Vários amigos de longa data, em conversas particulares durante encontros profissionais, começaram a revelar-lhe que ocasionalmente também procediam assim, apesar de toda a heresia teórica e prática contida nessa atitude, de acordo com os padrões da época. No decorrer dos anos seguintes, a terapia familiar, apesar de ainda controvertida, estava nitidamente à mostra. A partir de então, seus conceitos, técnicas e aplicação desenvolveram-se com grande rapidez, já que as idéias e as observações relativas a essa abordagem no tratamento de problemas podiam ser compartilhadas e discutidas, livre e abertamente.

Ocorre um paralelo parcial, porém significativo, entre isto e a história da terapia breve. Tratamentos breves vêm certamente sendo realizados, em alguns casos, por muitos terapeutas, inclusive na Psicanálise, desde os tempos do próprio Freud; em geral, no entanto, eram feitos discretamente, sem alardes. Os eventuais resultados rápidos eram considerados acontecimentos isolados e fortuitos, quando não denegridos como "melhora sintomática" ou "fuga para a saúde", em vez de serem examinados e constatados. Mesmo quando o tratamento breve passou a ser tema de considerações positivas explícitas — do que o trabalho de Alexander e French, em 1946, se constitui em marco divisório — e até muito recentemente, quase que todos os enfoques atribuíam à terapia breve papel limitado ou secundário. O tratamento breve tem sido visto como abordagem de limitada aplicabilidade — possivelmente, a problemas de menor monta — ou de limitada abrangência — a de agir como paliativo ou quebra-galho para crises ou situações variadas em que o tratamento completo apropriado seja impossibilitado pelas circunstâncias. Tratamento completo e apropriado, evidentemente, significa trabalho a longo prazo e objetivos que visam à reconstrução de uma pessoa ou de uma família de alto a baixo.

Limitações correspondentes, a nível teórico e prático, causadoras de conseqüências ainda mais sérias, têm sido associadas a este papel e a esta posição limitada, em geral atribuídos ao tratamento breve. Até muito pouco tempo atrás, o tratamento breve era meramente considerado por ter "um pouco menos das mesmas" antigas idéias e métodos, resumidos muito arbitrariamente, prevalecendo diminuta consideração pelas investigações em prol do desenvolvimento de visões e abordagens novas.

Contudo, recentemente, um número pequeno mas crescente de terapeutas está começando a propor que todos os tipos de problemas são potencialmente solucionáveis pelo tratamento breve; têm então investigado e descrito conceitos e técnicas por eles considerados relevantes para a consecução deste objetivo. O livro de Steve de Shazer é uma significativa contribuição para este importante movimento. Embora nenhuma transcrição de terapia possa substituir plenamente a observação direta (como é regra para a transmissão e a aprendizagem de qualquer técnica), esta combinação de discussões, analogias, exemplificações de idéias e práticas de Shazer e colegas está mais clara e específica do que a maioria dos livros a respeito de terapia. O trabalho destes fundamenta-se e refere-se a uma grande quantidade de trabalhos anteriores, principalmente os de Milton Erickson; mas, oferece também algumas novas indicações, como sua abordagem de equipe — que lhes é peculiar — e a eliminação da "resistência" através de sua redefinição como maneira individual de cooperar. Além disso, assuntos inclusive que outros já possam haver debatido são apresentados numa perspectiva e numa linguagem bastante características a esse grupo.

Considero tudo isso positivamente. Algo que creio ser compartilhado por Steve de Shazer e eu é a opinião de que sempre existe mudança e que não há verdade absoluta em termos das questões humanas. Portanto, jamais será escrito o balanço completo e final da terapia. Apesar disso, continuamos precisando de contribuições ponderadas e bem-fundamentadas, oriundas de diversas perspectivas. Considero que este livro seja uma contribuição desse teor e que, no presente estágio de nosso conhecimento e prática, deva ser interessante e útil para muitos terapeutas.

Apresentação

Bradford P. Keeney

Certa vez, Alfred N. Whitehead sugeriu que a crítica de um livro deveria deter-se sobre o primeiro capítulo ou a primeira página. Esta maneira de trabalhar permite ao crítico delinear os pressupostos básicos nos quais se fundamentam os padrões de idéias do autor. A falha epistemológica deste sempre se evidencia no começo.

As vezes, entra em moda entre terapeutas de famílias a atitude de vangloriarem-se do desinteresse que alimentam por teorias ou abstrações formais, enquanto favorecem uma linguagem mais voltada para as questões práticas da técnica terapêutica. Conquanto um pouco dissimulada, essa ufania faz, em si, parte de uma posição epistemológica determinada. Como gostava de dizer Gregory Bateson, "você não pode não ter uma epistemologia". Na realidade, a idéia de que alguém não incorpore uma epistemologia (ou não tenha forma alguma de interesse por tais questões) pode ser entendida como uma epistemologia efetivamente ruim.

O livro de Steve de Shazer merece elogios por começar com a explícita declaração de sua postura epistemológica. Faz a descrição de seu trabalho clínico enquanto vinculado a uma família de idéias formais denominada "epistemologia ecossistêmica". Depois desta confissão de intenções teóricas, ele tece as estórias da técnica, da análise e das explicações que são o exemplo do modo como ele e seus colegas trabalham no Centro de Terapia Familiar Breve (CTFB).

Depois de examinarem o livro de de Shazer, alguns leitores talvez se perguntem quais partes tratam de teoria, de prática clínica, de pesquisa. Um saudável entendimento da epistemologia ecossistêmica ajudará a mostrar que esta dúvida é em grande parte absurda. Uma antiga idéia das ciências sociais (e inclusive de várias psicoteologias) era que os métodos de prática clínica decorriam dos edifícios teóricos formais que, por sua vez, eram verificados pela pesquisa empírica (geralmente quantitativa). A ordenação linear deste processo diacrônico era às vezes alterada, de sorte que tornava-se possível escutar coisas como pesquisas que influenciam hábitos clínicos, ajudam a burilar as teorias, e assim por diante. Todas essas ordenações incorporam um panorama epistemológico em que os elementos isolados empurram-se e acotovelam-se uns aos outros de modo seqüencial (o que tem sido chamado de "causalidade linear").

A visão de mundo alternativa da "epistemologia ecossistêmica" organiza nossa experiência de maneira mais holista. A epistemologia ecossistêmica enxerga a pesquisa, a prática clínica e a teoria como processos inseparáveis e, freqüentemente, simultâneos. Esta percepção pode ser a conseqüência mais radical da adoção de um paradigma alternativo. A nível pragmático, isto significa de imediato que não se pode atuar exclusivamente como clínico, pesquisador ou teórico. Ao contrário, as três facetas estão mutuamente entrelaçadas, anulando os efeitos separatistas da discriminação linear.

Talvez o nome de uma criatura integrada como esta deva ser "epistemólogo". Embora a epistemologia seja às vezes entendida como um pacote teórico mais filosófico, existe uma outra forma de pensar a seu respeito. A visão mais intrigante coloca a epistemologia como uma metáfora para a integração de partes dissociadas do processo mental a que os ocidentais, isentos de crítica, referem-se como pesquisa, prática clínica e teoria.

Segundo as colocações acima, Steve de Shazer é um epistemólogo. Portanto, seu universo inclui estratégias de intervenção, elegantes formalismos e padrões de obtenção de dados. Cabe a proposta de que este livro seja visto como pioneiro de uma nova era nas ciências humanas — era que coloca o epistemólogo no centro das arenas consagradas de pensamento e ação?

Prefácio

Muitas vezes é difícil saber de onde vêm as idéias; igualmente difícil é traçar seu desenvolvimento através do tempo e do espaço. Apesar de um autor ter colocado idéias num papel, ele só é responsável por aquela específica apresentação ou elaboração. Há duas questões bastante pertinentes: 1) de onde se originam as idéias (raízes epistemológicas, teóricas, históricas); 2) quem as *possui*.

As idéias desenvolvidas neste livro são historicamente conseqüências de uma tradição iniciada em Milton H. Erickson e que fluem até Gregory Bateson e o grupo de terapeutas-pensadores do Instituto de Pesquisa Mental. O amadurecimento e o desenvolvimento particulares exibidos pelas idéias aqui expressas, bem como a terapia descrita, pertencem a um grupo de pessoas que formou o Centro de Terapia Familiar Breve (daqui por diante indicado pela sigla CTFB). Se idéias novas podem ser *possuídas* (o que é uma noção bastante característica do mundo ocidental), então esse grupo é o proprietário coletivo das idéias. Eu, como autor, sou apenas um técnico, uma voz do coro. Sem dúvida, algumas idéias foram elaboradas a partir de outros terapeutas-pensadores; parte das idéias também decorreu de meus pensamentos e das descrições que fiz de meu trabalho; outras vieram de minhas descrições relativas ao trabalho de outros membros fundadores do CTFB. Ajudei a elucidar e a organizar todas elas. Juntamente com os demais elementos do grupo fundador, ajudei a criar uma cultura em que as idéias a respeito de terapia poderiam existir, amadurecer, desenvolver-se, ser estudadas. Uma boa parte da informação histórica, porém, ficou para trás em meio às atividades cotidianas de um grupo interessado na terapia, dentro de perspectivas epistemológicas, teóricas e práticas.

Desde os primeiros passos do CTFB, muitas das idéias foram desenvolvidas e alimentadas em conversas informais com Insoo Kim Berg e James F. Derks. Sem eles, este livro e as idéias nele contidas teriam sido impossíveis. Os dois são excelentes terapeutas e professores de terapia. Aprendi muito observando-os trabalhar com famílias, ao longo dos anos.

Devo a Insoo Kim Berg, minha esposa e colega, muito do desenvolvimento deste trabalho. Ela tem apoiado infatigavelmente minha produção escrita e minhas idéias, às vezes com grande sacrifício de sua parte. Jamais poderei exprimir a contento sua importância.

Em parte, para compreender a herança cultural de Insoo, minhas leituras levaram-me a vaguear pelo mundo do pensamento oriental. É central a influência do budismo e do taoísmo sobre a epistemologia e o modelo apresentados. Tal como Capra (13), encontrei surpreendentes semelhanças entre o pensamento asiático e a nova epistemologia ecossistêmica.

Trabalhando com Insoo e vendo-a trabalhar, aprendi muito de como deixar que as famílias nos mostrem seu sistema. Ela tem um jeito maravilhoso de fazer as pessoas falarem umas com as outras, sem ter de dizer-lhes que o façam. Suas táticas têm sido refinadas e ampliadas pelo grupo do CTFB, vindo a formar o que denominamos de nossa "abordagem não-crítica".

Insoo e eu tivemos um número incontável de horas de conversas a respeito de teoria e do relacionamento desta com a prática e com a pesquisa. Provavelmente, ela *possui* tanto quanto eu essas idéias. A mim coube apenas transcrevê-las para o papel.

Um caso de 1979, em que Jim Derks atuara como líder (ou membro da equipe terapêutica que está em sala junto com a família), indicou-me que havíamos desenvolvido um novo método de relacionar uma certa tarefa à resposta apresentada pela família em relação à tarefa anterior. Enquanto Jim e sua equipe trabalhavam com a família, eu só assisti aos vídeo-teipes. Lembro-me de dizer a Jim que "havia algo de diferente" e que ele deveria guardar esses teipes. Após anos observando Jim trabalhar, alguma coisa causou-me impacto na sua abordagem particular daquele quebra-cabeças familiar. Jim considerava que sua abordagem passo a passo era apenas a melhor indicação para aquela família em particular com aquele quebra-cabeças em particular para resolver. Um estudo posterior assinalou-me a presença dos primeiros indícios desta nova forma de encarar a abordagem empregada com a família em questão: esclareceu para mim e para todos nós, as táticas que havíamos desenvolvido para relacionar uma tarefa à outra.

Este é apenas um exemplo, mas mostra a natureza do desenvolvimento de idéias e como se relacionam a prática e a construção de um modelo teórico. Enquanto eu via naquela abordagem algo "diferente", Jim sustentava que era o "trabalho de sempre". Eu sabia que

16

nenhum de nós ou Insoo teria atacado o mesmo quebra-cabeça, três anos antes, da mesma maneira. Porém, um estudo dos teipes deste caso e de outros "provou" que Jim tinha razão. Era o trabalho de sempre: nós vínhamos trabalhando desse mesmo jeito há mais de dois anos.

Mas eu também estava "certo". Por ter visto algo diferente, tive condição de enxergar em quê nosso modelo diferia do que havíamos feito no passado; e nascia um modelo terapêutico. (Portanto, quem possui tais idéias?) Por estarmos então equipados convenientemente, pudemos assistir a um grande número de sessões de terapia familiar e, por conseguinte, tivemos possibilidade de visualizar os padrões.

DESENVOLVIMENTO

Nosso modelo não nasceu pronto e acabado. Desenvolveu-se gradualmente, ao longo de um período, com a ajuda de outras pessoas além do grupo-fundador do CTFB.

Tem-se tornado uma prática comum, há não muito tempo, para alguns terapeutas familiares e para muitos terapeutas breves, trabalhar em frente de um espelho monofásico com um observador ou grupo de observadores por trás. Em muitas ocasiões, isto é feito dentro de um programa de treinamento (50); o treinando fica à frente do espelho enquanto o treinador observa. Durante a sessão, este último está atento às necessidades tanto da família quanto do treinando. Em geral, o contato entre treinador e treinando, durante a sessão, limita-se a telefonemas. Quando o treinador deseja dar uma sugestão, um conselho, fazer um comentário, ele * simplesmente telefona. A tarefa do treinador é corrigir erros imediatamente depois de terem sido feitos, em vez de esperar por uma sessão de autópsia de supervisão, quando então poderá ser demasiado tarde corrigi-los.

Charles Fulweiler, numa conversa com Haley e Hoffman (36), descreveu o uso do espelho de maneira diferente: usava-o trabalhando sozinho. Isto lhe permitia destinar à família uma tarefa para ser cumprida na sessão, enquanto ele saía e observava. Desta forma, ele estava em condições de minimizar a interferência direta do terapeuta durante a tarefa. A situação mesma, porém, era uma forma de interferência; não se tratava de uma técnica como a da câmera ingênua, observando a família sem que ela soubesse disso. Contudo, esta técnica permite ao terapeuta alcançar um maior distanciamento e uma

---

* Em nome da simplicidade e da facilitação de entendimento, usei o pronome masculino no livro todo. Está claro, porém, que terapeutas, treinadores, pesquisadores e clientes podem ser tanto homens como mulheres.

visão mais "objetiva" da família, semelhante à que um observador tem por trás do espelho. E também representa uma oportunidade para o terapeuta refletir no que poderá fazer para ser útil à família.

Alguns grupos, como o Instituto de Pesquisa Mental (64, 67) e o CTFB (antes do desenvolvimento do novo modelo), usavam uma equipe de companheiros atrás do espelho, como consultores de plantão. Também neste caso, os contatos mais freqüentes durante uma sessão ocorriam através do telefone. O grupo telefonava para apresentar sugestões quando percebia que o terapeuta estava tendo dificuldade. Raramente, um terapeuta do grupo atrás do espelho entrava na sala de terapia por um curto instante para prestar sua assistência. Em geral, o espelho monofásico era considerado como apenas uma outra parte da parede. O grupo e o terapeuta permaneciam tão separados quanto se a parede fosse inteiramente sólida. Antes e depois da sessão, encontravam-se para rever o trabalho e planejar a estratégia e as táticas futuras.

Pausa para deliberação

Certo dia, enquanto o grupo do CTFB estava observando uma família, a barreira foi quebrada. Telefonaram para dar uma sugestão. O terapeuta discordou e saiu da sala para deliberar com seus companheiros. Assim que o desacordo foi resolvido, desenvolveu-se um plano conjunto para o período restante da sessão. Deste momento em diante, a "pausa para deliberação" tornou-se rotina para o grupo. Foi considerada um significativo avanço em relação ao sistema de comunicação telefônica.

Esta modificação da interação terapeuta-grupo, no entanto, não foi imediatamente percebida como uma *diferença que fez diferença* (9). Na maioria dos casos, o terapeuta simplesmente saía para discutir seu plano para o restante da sessão e para receber comentários e sugestões. Quando o terapeuta era um membro recente no grupo, a tendência dos observadores era de mostrarem-se mais diretivos em relação ao plano. Mas o grupo por trás do espelho ainda se considerava "observador", que ali estava para assistir aos outros membros do grupo em seu trabalho com famílias. Em primeira instância, toda a atividade era vista como uma oportunidade para aprender mais a respeito da prática da terapia breve.

Apesar de a pausa para deliberação ter-se tornado rotineira, o grupo continuou a ver o terapeuta e a família como "do lado de lá" e como objetos de estudo, estando com toda a segurança separado da sessão terapêutica por uma parede. O grupo estava se comportando "como se" fosse parte de uma equipe tipo "câmera ingênua" e, portanto, não se percebia como interferindo demais. Na realidade, tentava limitar a interferência tanto quanto possível, exceto pela pausa para deliberação. Também o terapeuta agiria "como se" estivesse trabalhando sozinho, exceto pelo fato de rotineiramente deixar a sala, uma vez, durante a sessão, para deliberar.

Cumprimentos

Um dia, um cliente ajudou a modificar essa percepção. Não demorou muito, depois da intervenção da pausa para deliberação, para que um cliente perguntasse quais tinham sido os comentários dos observadores. Nem o terapeuta, nem o grupo, estavam preparados para isso. Apesar disso, o pedido pareceu suficientemente razoável. O grupo telefonou de volta, fazendo um cumprimento bastante elogioso sobre os esforços da família de lidarem com seu problema impossível. A família ficou radiante e o terapeuta prosseguiu com sua intervenção planejada, como se nada de importante tivesse ocorrido. A sessão se concluiu com uma atmosfera muito positiva.

Perceptível ou não, algo importante tinha ocorrido. A parede entre o grupo e a situação terapêutica tinha sido rompida, de maneira semelhante ao que se dá na física subatômica:

> Nada é mais importante, em termos do princípio quântico, do que isto: ele destrói o conceito do mundo como "localizado do lado de lá", enquanto o observador encontra-se a salvo e separado dele por uma superfície de vidro de 20 cm de espessura. Para observar até mesmo um objeto tão minúsculo quanto um elétron, o vidro deve ser partido. O observador tem que chegar lá dentro. Ele precisa instalar o equipamento de mensuração por ele escolhido... Além disso, a mensuração altera o estado do elétron. O universo jamais será o mesmo depois. A fim de descrever o que se passou, a pessoa deverá eliminar aquela antiga palavra "observador", substituindo-a pela nova "participante". De alguma estranha maneira, o universo é participativo. (Wheeler, *in* 13, p. 127.)

Partir o vidro entre a terapia e o grupo por trás do espelho tornou-se logo parte de um "novo formato terapêutico", que acabou finalmente desenvolvendo-se num novo modelo que suscitou uma nova epistemologia ecossistêmica (70) e uma nova teoria da mudança.

Os participantes atrás do espelho começaram a trabalhar com o terapeuta na sala, a partir de então denominado "líder", durante a pausa para deliberação, com o objetivo de elaborar a intervenção principal como uma declaração de toda a equipe para a família. Em geral, essas declarações começam com alguma coisa expressa de maneira positiva. O líder leva consigo essa declaração, chamada "cumprimento", quando retorna à sala de terapia. A razão de voltar com um cumprimento é simples. Originalmente, tais mensagens tinham o propósito de fortalecer a posição da equipe, na medida em que o terapeuta tornava-se a voz de um coro quando voltava para a sala.

As declarações são versadas em termos positivos, a fim de suavizar o impacto da presença da equipe, já que se assume que a família estará possivelmente esperando momentos difíceis de uma equipe de especialistas com suas críticas.

Durante um tempo delimitado para isso, semanalmente, a equipe refinou esta abordagem participativa, até torná-la terapia breve. Sem que o soubéssemos, um grupo em Milão (56) e um grupo em Nova Iorque (5) começou a comportar-se de maneira bastante parecida.

Os participantes por trás do espelho começaram a penetrar cada vez mais fundo na sessão, à medida em que tornava-se mais nítido o impacto do coro. Assim que o CTFB tornou-se uma atividade de tempo integral e que esta abordagem tornou-se cada vez mais refinada, os papéis do líder e dos participantes tornaram-se definidos de tal modo que a equipe viu-se forçada a penetrar cada vez mais fundo na sessão terapêutica. Nesta altura, o líder e os participantes começaram a se ver como uma só unidade, como uma equipe terapêutica e, depois, vieram a enxergar a família como subsistema de um supra-sistema mais abrangente que incluía o sistema equipe terapêutica: uma perspectiva ecossistêmica. Ou seja, desenvolveu-se um ponto de vista ou uma maneira de descrever fatos que inclui as conexões ecológicas do sistema.

Por trás do espelho, a tarefa tornou-se elaborar intervenções e observar os resultados. A sua frente, a tarefa veio a ser a consolidação de um relacionamento funcional com a família e a obtenção de dados necessários ao resto da equipe que, por trás do espelho, tem suas tarefas para executar. Durante a pausa para deliberação, os resultados das duas tarefas são cotejados. Quando o líder retorna à sala de terapia, torna-se a voz de toda a equipe e, dele, a família recebe um conjunto orquestrado de intervenções elaboradas por toda a equipe.

Em conseqüência do novo formato e da mudança na percepção do papel da equipe, começaram a cair em desuso determinados conceitos e teorias de vários predecessores que eram transportados para o modelo. Modelos conceituais são como qualquer outro sistema: se você muda um elemento, a mudança afetará os demais e os relacionamentos entre eles de alguma maneira. Este livro trata dessas mudanças.

Agradecimentos

Alguns pontos desenvolvidos são mérito de Marvin Weiner, Doutor em Medicina. Marv foi um dos co-fundadores do CTFB. É um clínico de famílias que se tornou interessado pela terapia familiar, tendo começado a tratar de famílias (em terapia) sem os mesmos desvios psicológicos e sociológicos dos outros membros da equipe. Uma vez que não tinha treino anterior em Psicopatologia, ajudou-nos a manter nosso foco de atenção: os quebra-cabeças familiares são tentativas normais de lidar com as muitas dificuldades da vida. Só que algumas simplesmente não funcionam.

Muitas horas de diálogo com Elam Nunnally, Eve Lipchik e Alex Molnar, todos membros do CTFB, ajudaram a esclarecer algumas idéias e a evidenciar seus pontos de divergência em relação a outros modelos. Além destes, Marilyn La Court, membro do CTFB, também serviu-nos imensamente na elaboração do "mapa de Möbius" (vide Capítulo 5) e na construção da teoria derivada desse trabalho.

O modelo terapêutico descrito neste livro foi aperfeiçoado e investigado num contexto ou cultura contendo muitas outras pessoas. O CTFB está equipado com espelhos monofásicos e máquinas de vídeo-teipe. É freqüente que uma equipe, por trás do espelho, inclua pessoas que não pertencem ao quadro fixo da equipe fundadora. Dentre essas, vieram trabalhar diversos treinandos e formandos merecedores de agradecimentos por terem ajudado ao CTFB como ensinar seu modelo.

Devemos ainda agradecer a John Ludwig e a Tom Ayers (respectivamente, último e atual diretor da Agência de Serviço Familiar, de Dundee, Illinois). Meu relacionamento de consultoria com seu programa de treinamento ajudou-me a enxergar o valor deste modelo e seu formato exclusivo como instrumento de ensino e treinamento. Ter visto o modelo em uso por outros terapeutas que não os da equipe básica levou a um princípio importante: o modelo é independente dos terapeutas que o utilizam.

Além do grupo do CTFB, várias pessoas leram partes do manuscrito, em diversas formas. Algumas das sugestões foram úteis; todas foram esclarecedoras; suas contribuições efetivas aparecem no texto final. Um especial obrigado a Bradford Keeney, Lyman Wynne, Elliot Lipchik, Robert Peterson, e Chungja Kim.

Meu problema relativo ao estudo da terapia é que o investigador parece-se muito com este famoso sapo:

> A centopéia era feliz, e muito,
> Até que um sapo, gozador,
> Perguntou: "Favor, qual perna sai na frente?".
> Isso a confundiu tanto
> que, distraída, afogou-se num tanque,
> Atrapalhada, pensando em como andava.

Eu, porém, sou apenas uma centopéia fingindo ser um sapo.

Introdução

EPISTEMOLOGIA ECOSSISTÊMICA

Todo modelo clínico passível de ser ensinado, toda teoria coerente, seja ela a respeito de terapia familiar ou de física, deve ter fundamentos epistemológicos. E é simplesmente natural que o *conhecer, o pensar* e o *decidir* sobre terapia familiar devam refletir as idéias de Gregory Bateson (8, 9). Desde seus primeiros trabalhos nesse campo, com Ruesch (4), até seu posicionamento posterior na terapia do duplo-vínculo (5), o pensamento de Bateson tem tido um grande impacto no campo da terapia familiar. Como acontece com este livro, a influência de Bateson tem sido tanto implícita quanto explícita.

Uma vez que o contexto em que esta teoria e este modelo se desenvolveram é o da "terapia familiar" e já que a família em geral é vista como "um sistema", a epistemologia necessariamente é sistêmica. Wildon e outros assinalaram que na "concepção de von Bertalanffy, o 'meio ambiente' é essencialmente uma espécie de 'fundo' passivo no qual o 'organismo' (figura) se desloca" 71, p. 39). Devido ao fato de ter sido esta a conceituação predominante durante o período de crescimento de muitos modelos sistêmicos de terapia familiar, esta descrição foi transportada para modelos e conceituações.

Com esta conceituação como alicerce, é fácil cometer-se o engano de delimitar o espaço entre sistema familiar e terapeuta, quando na verdade o comportamento entre família e terapeuta é completamente interacional, comunicativo. Contudo, diante da citada postura epistemológica, o terapeuta, em geral, fica tão distanciado do sistema familiar quanto o químico tradicional, em seu laboratório, se distancia dos produtos químicos com os quais trabalha. Portanto, muitos modelos de *terapia do sistema familiar* enquadram-se na epistemologia predominante que, nos termos de Bateson, é uma epistemologia de causação linear, de "força" ou de "poder". Para o teórico de sistemas gerais, isso impõe um pensar à base de sistemas fechados sobre aspectos da realidade que são sistemas abertos; nega o relacionamento entre energia e informação rompendo todos (ecossistemas) em "coisas" supostamente independentes (71, p. 210).

Este erro de coisificar as diferenças entre os componentes de um todo em "oposições imaginárias" (71, p. 219) pode conduzir a tentativas de aplicar métodos de pesquisa científica tradicionais (uma causa, um efeito) a um sistema que tenha cadeias de determinação circulares ou ainda mais complexas.

Evidentemente, assume-se uma certa regularidade no relacionamento existente entre causa e efeito. Sem este pressuposto, ninguém teria possibilidade de discernir as diferenças entre causa e efeito, dada uma cadeia causal complexa. "Esta — o fato de uma diferença entre efeito e causa, quando ambos estão incorporados num sistema apropriadamente flexível — é a premissa básica do que podemos chamar de processo de transformação ou codificação" (9, p. 110). O método científico tradicional de isolar uma causa para um efeito é, porém, impropriamente simples para um referencial ecossistêmico complexo. Devido ao fato de o sistema, ou ecossistema, "ser circular, os efeitos de eventos em qualquer ponto do circuito podem ser transferidos para todas as partes, produzindo mudanças até naquele ponto de origem" (9, p. 104).

O mesmo engano de limites aconteceu, sem dúvida, naqueles modelos de terapia do sistema familiar que incluíam um ou vários observadores por trás de um espelho monofásico. Em geral, não considerava o grupo de observação como parte do "sistema terapêutico", nem mesmo quem tentava manter o terapeuta e a família dentro de uma só descrição sistêmica. Se for empregada uma pontuação ecossistêmica, diferente, segundo a qual o sistema terapêutico é um sistema aberto, então o sistema terapeuta precisa ser incluído na descrição do sistema família. Além disso, tanto o terapeuta quanto os observadores podem ser considerados parte do ambiente do sistema família que, metaforicamente, (em termos do campo de terapia familiar) é aquilo a que Wheeler se refere quando descreve o físico rompendo a barreira de vidro com seu instrumental e assim passando a ser participante e não mais mero observador; é o paradoxo de Heisenberg, segundo o qual o observador não tem condições de observar sem interferir com o observado. Quando a descrição da terapia incluir o sistema do terapeuta (o qual inclui o grupo atrás do espelho) e o sistema família, é necessário ser considerado um novo supra-sistema. Esta maneira de *pensar, conhecer* e *decidir* é chamada de *epistemologia ecossistêmica* (47, 70).

Esta epistemologia tem seu próprio conjunto de limites metodológicos em torno dos subsistemas família e terapeuta, descritos como componentes de um novo supra-sistema. Cada subsistema, durante a terapia, faz parte do meio ou do contexto do outro subsistema. Uma vez que os dois subsistemas se comunicam — atributo de um sistema aberto — sua interação torna-se circular ou mais complexa.

Agem seqüencial e simultaneamente, ao mesmo tempo. Na realidade, as pessoas falam em seqüência, simultaneamente sustentam uma conversação e o olhar, e fazem coisas segundo um sistema predominante de estados de humor, planos, vestimentas, insígnias, cenários e decoração. Hoje em dia, não aceitamos que os participantes simplesmente provoquem fala e ação entre si. Diríamos que as atividades são também causadas pelos contextos mais amplos da vida de cada um, com seus relacionamentos presentes, com a agenda que queriam cumprir naquele encontro, além de causadas ainda por sistemas maiores de contexto... "comunicação" abrange todas as coisas que as pessoas fazem, dizem e pensam, juntas" (53, p. 131).

CONFUSÃO HOMEOSTÁTICA

Uma vez que o trabalho da terapia familiar é a mudança, uma epistemologia ecossistêmica deve conter os fundamentos de uma teoria da mudança.* O modelo de sistemas familiares baseou-se no conceito de "homeostase"; este conceito inclui mecanismos homeostáticos descritos como capazes de restituir o sistema a seu *status quo*, mantendo desta forma o paciente doente (45). Esta interpretação do conceito de homeostase, em vez de ser uma noção sistêmica, parece algo mecânica; um circuito fechado "como o 'homeostato' de Ashby, máquina de denominação tão inapropriada. O aparato de Ashby restringe-se a uma busca aleatória de estabilidade; não tem memória e não pode aprender. É um sistema fechado porque está fechado à informação e ao controle; está aberto apenas à energia" (71, p. 375). Portanto, é seu próprio meio ambiente, em busca de um equilíbrio mecânico. Enquanto tal, este conceito de homeostase, baseado no homeostato, cabe dentro do conceito de sistema mais ou menos fechado da antiga visão da família como um sistema, baseado em von Bertalanffy.

À medida que o conceito de homeostase (incluindo mecanismos homeostáticos) tornou-se cada vez mais aceito, a homeostase passou a ser equacionada com "não-mudança" e se tornou uma daquelas "idéias que colocam o terapeuta em desvantagem", além das arroladas por Haley (39). Na realidade, apareceu uma confusão.

---

* Uma completa descrição de uma epistemologia para a terapia familiar ultrapassa o âmbito deste livro cujo enfoque é, basicamente, clínico.

Speer (59) perguntou: "Basta a homeostase?" e respondeu: "Não". Uma teoria da estabilidade — ou de como as coisas não mudam — não é uma boa base para uma teoria da mudança e, portanto, é uma profunda ironia que as conceituações da terapia familiar tenham sido erigidas à base da homeostase. Speer prosseguiu sugerindo a inclusão do conceito de "morfogênese" (mudança de estrutura) na terminologia de uma teoria dos sistemas familiares. Este conceito foi introduzido na *cibernética* por Maruyama que o descreveu da seguinte maneira:

> Assim que um sistema é impelido na direção correta e com suficiente impulso inicial, os *feedbacks* positivos mútuos de desvio-ampliação assumem controle do processo e o produto resultante será desproporcionalmente maior, se comparado com o impacto inicial (48, p. 166).

A necessidade de um conceito de morfogênese foi descrita por Buckley:

> Ao lidarmos com o sistema sócio-cultural... saltamos para um novo nível de sistema e então necessitamos de um novo termo que expresse não só o aspecto de manutenção da estrutura, como também o de elaboração e modificação, num sistema que é inerentemente instável, i. é, um conceito de morfogênese (12, p. 15).

Como Buckley, Hoffman (42) descreve "o sistema familiar" como homeostático, dotado de características morfostáticas, ou de níveis e aspectos morfogenéticos.

Contudo, ainda em 1982 a controvérsia não se encontra resolvida e Dell (17) repete a pergunta: "Basta a homeostase?". Dell critica os usos devidos e indevidos do termo "homeostase", concluindo que o termo tornou-se inútil e confuso.

O que Dell e outros terapeutas que questionaram o conceito de homeostase não puderam perceber é que "estabilidade" e "mudança" são termos de *tipos lógicos diferentes*. A classe de coisas, eventos, padrões ou sistemas que pode ser denominada "estável" *exclui* a classe de coisas, padrões ou sistemas que pode ser chamada de "mutante". Portanto, a resposta adequada à pergunta de Speer dá-se em duas partes: 1) "Sim", homeostase é suficiente no nível usado para descrever a estabilidade sistêmica; 2) "Não", a homeostase não é suficiente no nível usado para descrever mudanças sistêmicas; neste nível, o conceito organizador é "morfogênese".

Os pioneiros da conceituação neste campo esforçaram-se para descobrir uma maneira de organizar suas percepções da "família como um sistema". O que parece tê-los impressionado bastante deve ter sido a impenetrabilidade percebida em famílias perturbadas. Algumas idéias da cibernética cabem no que observavam: famílias agindo "como se" fossem sistemas cibernéticos. Portanto, tomaram emprestado o conceito de "homeostase" para organizar suas observações da *estabilidade destas famílias*. (Claro que este conceito serviu de imediato para compor com o conceito terapêutico de "resistência", que fazia parte da cultura na qual foi desenvolvido o conceito da família como sistema.)

Com certeza, as famílias por eles estudadas tinham conseguido manter seus comportamentos problemáticos por bastante tempo e o conceito de homeostase funcionou para eles como instrumento heurístico para definir e estudar tais fenômenos. Por conseguinte, Bateson *et al.* (6) puderam descrever a família como um sistema homeostático, autocorretivo, impelido por erros.

O que não perceberam os pioneiros da conceituação e os terapeutas, desde então, é que "o estudo da família" e "o estudo da terapia familiar" são de tipos lógicos diferentes. O primeiro analisa a estabilidade, enquanto o último analisa a mudança. Ou seja, quando "família como sistema" for o objeto de estudo, a homeostase é um conceito válido. Nesta situação, delimita-se uma linha metodológica em torno do sistema em questão: "a família". Contudo, quando o sistema considerado é definido como "o sistema aberto da situação terapêutica", então a linha demarcatória é traçada em torno do terapeuta e da família, enquanto subsistemas do supra-sistema terapêutico. Nesta segunda instância, os conceitos organizadores precisam ser diferentes porque o enfoque é dado à *mudança*: morfogênese. De outro modo, resulta o paradoxo de descrever uma teoria da mudança elaborada sobre um conceito de estabilidade: isto é um erro epistemológico que exige uma ginástica conceitual a fim de explicar o que está sucedendo na situação da terapia familiar.

O que então parece ter ocorrido é que o limite metodológico, necessário ao estudo da família como um sistema, foi estendido até o nível seguinte e mais complexo, onde este limite funcionou como um obstáculo. Quer dizer, quando a terapia e a mudança foram abordadas tendo a homeostase em mente, criou-se uma oposição artificial entre o terapeuta (pró-mudança) e a família (homeostática, portanto, contra a mudança), devido à descrição comparativamente fechada do sistema (família como sistema homeostático), usada para descrever uma parte ou um dos componentes de um supra-sistema terapêutico mais aberto. Criou-se, deste modo, uma "confusão homeostática", ou paradoxo, em face de tipos lógicos confusos.

Uma teoria de mudança terapêutica necessita uma descrição a este nível mais complexo (supra-sistema), e uma epistemologia ecossistêmica ou morfogenética é apropriada para uma tal teoria. O esclarecimento da confusão homeostática libera o caminho para uma teoria da mudança que use o conceito de morfogênese, que não precise fazer ginástica conceitual para responder pela estabilidade, no seio de uma teoria de sistemas em mudança. A estabilidade não é um foco apropriado para uma epistemologia adequada à terapia familiar e, neste sentido, a estabilidade não interessa a uma teoria da mudança.

MUDANÇA

Um dos pontos centrais da epistemologia de Bateson (8, 9) é a *diferença que faz diferença*, ou uma "idéia" que represente a *notícia da diferença*. "Em termos de processos mentais, os efeitos da diferença devem ser considerados como transformas (i. é, versões codificadas) da diferença que os precedeu" (9, p. 109). E os dois termos, *transformas* e *diferença* são palavras associadas com o termo *mudança*. Originalmente, informação é uma mensagem sobre uma diferença. Quando Bateson diz "que informação é a diferença que faz diferença, ele está se referindo a este uso da distinção, dentro de qualquer conjunto dado de variáveis, que torna possível a existência de outras e contínuas transformações" (71, p. 222). Bateson descreve uma das fontes de uma idéia como resultado de um mesmo processo ou seqüência descrito de duas maneiras, diferentemente codificadas ou obtidas. Quer dizer, o relacionamento entre as duas descrições é um prêmio ou a notícia de uma diferença.

> O primeiro passo é reconhecer que a *unidade de sobrevivência é a mensagem-em-trânsito dentro do ecossistema*, independente do ecossistema em questão ser metodologicamente definido no nível biológico, sócio-cultural, psicológico, ou algum outro. Diversamente da energia, informação (mensagens) pode ser criada e destruída, basicamente porque a própria possibilidade das informações depende da existência de um código que seja compartilhado tanto pelo transmissor quanto pelo receptor. (Com *transmissor* e *receptor* quero dizer os dispositivos heurísticos que nos capacitam a falar sobre a mensagem-em-trânsito.) Na realidade, o código, conforme o assinala Bateson, é o relacionamento. Sem a reciprocidade do código, a mensagem é recebida como *ruído*. E quando a possibilidade da informação é destruída pela ruptura do relacionamento transmissor-receptor, perece o ecossistema (71, p. 218).

Deste modo, o *transmissor* (subsistema do terapeuta) da mensagem terapêutica necessita compartilhar um código ou um relacionamento com o *receptor* (subsistema família) da mensagem, para que a mensagem continue fluindo de um a outro componente do ecossistema, sem o que perece o ecossistema terapêutico. Mas, essa mensagem dentro do *código* necessita conter informações que digam respeito a uma diferença que faz diferença, ou não haverá mudança. E, afinal de contas, mudança é o trabalho da terapia.

Se, como alega Wildon, todos os erros epistemológicos na Ciência e na Filosofia são erros de pontuação, então é provável que muitos dos erros de epistemologia que vierem a ser detectados neste texto sejam exatamente do mesmo tipo que aqueles criticados aqui. O que dificilmente será de surpreender, frente à predominância da "antiga" epistemologia.

CAPÍTULO 1

Teoria Binocular da Mudança*

ISOMORFISMO

Logo que a equipe terapêutica pôs o vidro abaixo e tornou-se participante ao invés de só observadora, tornou-se óbvia a necessidade de uma epistemologia ecossistêmica (47, 70) (vide *Introdução*). Desta maneira, os elementos básicos da situação terapêutica começaram a ser vistos como padrões que envolviam as famílias, os terapeutas (ou, mais corretamente, a equipe terapêutica) e o intercâmbio de informações entre estes dois componentes do sistema terapêutico. Os dois subsistemas (família e equipe terapêutica) podem ser vistos interagindo de tal modo que se cria um novo padrão ou novos padrões e, portanto, um supra-sistema. "Nesta perspectiva, os campos relacionais entrelaçados do terapeuta e do paciente identificado são comparáveis a um tecido achamalotado em que dois padrões independentes interagem na criação de um novo padrão emergente" (47, p. 126). Esta alteração fundamental em nossas descrições e métodos de observação implica uma modificação na estrutura geral do esforço terapêutico e na teoria a ele subjacente, "tornando necessária uma nova teoria ou modelo de mudança que reconheça a 'impossibilidade' de se separar o observador científico do fenômeno observado" (13, p. 266).

À medida que os dois subconjuntos de padrões (família e equipe terapêutica) tornam-se entrelaçados, a teoria da mudança que orienta as intervenções dos terapeutas deve estar fundamentada no novo padrão que está ostensivamente desenvolvendo. A teoria precisa guiar a descrição do padrão emergente e este precisa ser descrito em termos interacionais. Além disso, a descrição realizada precisa incluir, primeiramente, o padrão de queixa da família; depois, o padrão da

---

* Agradeço a Bradford Keeney por sua leitura de uma primeira versão deste material e por ter sugerido o título da teoria.

intervenção; depois, o relato da família sobre sua forma de resposta à intervenção; depois, a intervenção seguinte, e assim por diante. É necessário incluir esta descrição dos padrões que emergem no transcorrer da terapia, para que a equipe terapêutica, pelo menos até certo ponto, possa tomar conhecimento da utilidade de suas intervenções. Este esquema conceitual sugere que há necessidade de alguma coisa no padrão de intervenções, alguma coisa no padrão de queixa da família e alguma coisa na interação entre estes dois padrões que possam promover mudança. Dois conceitos elementares, os conceitos correlatos de *isomorfismo* e *cooperação*, desenvolveram-se a partir do momento em que a equipe terapêutica passou a participar e a poder definir o que parece ser essa *alguma coisa* e o modo como essa alguma coisa na interação entre os subsistemas pode afetar o processo de mudança.

Uma das idéias de Bateson é sugestiva quanto ao modo de necessariamente descrever-se essa alguma coisa a respeito dos padrões emergentes. "Se você sair por aí com o padrão A e encontrar o padrão B, tudo o que vai acontecer é o seu padrão A e um produto híbrido de A e B. Você nunca enxergará B" (47, p. 126). Portanto, se a intervenção terapêutica pode ser descrita como "padrão B" e o padrão de queixa da família como "padrão A", então a família, no máximo, receberá uma mistura dos dois: A e B. É igualmente verdadeiro que a equipe terapêutica, andando por aí por seu padrão B até encontrar o padrão A da família, jamais enxergará A. No máximo, a equipe receberá uma mistura de B e A. A diferença entre "mistura B e A" e "mistura A e B" é crucial à teoria binocular da mudança. Se isto for descritivo do que acontece, então a família que recebe uma intervenção *jamais* receberá a mensagem, exceto como parte de um produto híbrido. Se for para existir mudança nestes padrões emergentes, então o padrão B precisa estar intimamente relacionado ao padrão A, para que a intervenção possa servir à remodelagem ou à redefinição do padrão A. Os fatos concretos da situação podem permanecer os mesmos, mas o contexto em que estiverem colocados deverá modificar-se. Isto é pelo menos aceitável à família porque a intervenção cobre seu território.

O conceito de isomorfismo pode ajudar ainda mais a refinar a definição do que precisa estar incluído nessa alguma coisa a respeito dos padrões e da descrição dos padrões.

A palavra *isomórfico* cabe quando duas estruturas complexas podem ser sobrepostas uma à outra de uma forma tal que a cada elemento de uma das estruturas corresponde outro, na segunda estrutura; *correspondência* aqui significa que os dois elementos desempenham papéis semelhantes, em suas estruturas respectivas. Este uso da palavra *isomórfico* é derivado de uma noção mais precisa na matemática (43, p. 49).

Hofstadter enfatiza "que são percepções assim do isomorfismo que criam *significados* na mente das pessoas" (43, p. 50). Na situação terapêutica, o significado pode ser descrito como *mudança*. Em geral, verifica-se que o processo de mudança começa com uma *idéia*, ou com a notícia de uma diferença, que é um *resultado* da remodelagem ou da modificação nos significados contextuais de um conjunto de *fatos* concretos (64). Contudo, a remodelagem não é um ato, mas um processo (21) que modifica a percepção que a família faz de sua situação e abre uma brecha para novos comportamentos (que demonstram a mudança nas percepções), os quais, por sua vez, criam novas experiências subjetivas. O conceito de isomorfismo sugere que, se a descrição da equipe terapêutica e seu padrão B de intervenção forem mais similares a um padrão A_1 (versão remodelada do mesmo padrão A), então a família perceberá um significado no híbrido A e A_1, o que provavelmente promoverá mudanças.

A metáfora a respeito do "prêmio" da percepção em profundidade que ganhamos quando os dois olhos vêem as mesmas coisas *a partir de ângulos diferentes* ajuda ainda mais a esclarecer essa alguma coisa a respeito da descrição da equipe e do processo de intervenção. A visão do olho direito pode ser *isomorficamente* sobreposta à visão do olho esquerdo e o significado disto é o "prêmio da percepção em profundidade". Quer dizer, pode-se descrever o cérebro como receptor de duas mensagens: 1) a visão que cada um dos olhos tem da mesma coisa: isomorfismo; 2) a "notícia da diferença" entre as visões dos olhos individuais: relacionamento que desenvolve a percepção em profundidade. Esta notícia da diferença é uma parte importante da epistemologia subjacente à teoria binocular da mudança e é uma parte importante de como tomamos conhecimento.

Deste modo, o conceito de isomorfismo pode ser aplicado à terapia como capacidade da equipe de descrever os padrões familiares (A) de tal maneira que sua descrição remodelada (A_1) possa servir como guia para a elaboração de uma intervenção que possa ser sobreposta ao padrão da família descrito e por ela exibido (A). Os elementos da descrição da equipe precisam corresponder aos elementos da descrição da família e aos padrões por ela demonstrados à equipe, nas sessões de terapia. Além do mais, a descrição da equipe (A_1) precisa partir de um ângulo diferente para que 'a família (pelo menos potencialmente) possa receber a notícia de uma diferença, uma troca perceptiva, que promova a mudança nos padrões familiares. A modificação de comportamento resultante criará uma experiência subjetiva diferente. Esta descrição isomórfica permite à equipe terapêutica elaborar intervenções isomórficas e, em especial, o *subconjunto de cumprimentos* do conjunto de intervenções *cumprimentos e pistas*.

Se o conceito de isomorfismo for usado como parte da teoria binocular da mudança sem as idéias de Bateson a respeito da notícia da diferença, existe o perigo de que possa ocorrer o erro terapêutico de "ser engolido pelo sistema familiar". Isto também pode ser descrito como um *isomorfismo acidental* sem utilidade para a família ou para a terapia, por não existir um ângulo diferente que colabore com a desejável percepção em profundidade, ou prêmio, que conduz a mudanças.

COOPERAÇÃO

À medida que a teoria binocular da mudança foi se desenvolvendo, o conceito de isomorfismo foi acrescido do conceito correlato de *cooperação. Cada família (indivíduo ou casal) exibe uma maneira toda sua de tentar cooperar e a tarefa do terapeuta torna-se então, primeiramente, descrever aquela maneira peculiar para si mesmo tal como a família a pratica e, depois, cooperar com ela e, deste modo, promover mudança.* (Quer dizer, a maneira de cooperar que as famílias demonstram é devolvida de maneira a incluir a execução de tarefas que venham a promover mudança. A maneira como a família usa as tarefas já foi anteriormente descrita por intermédio da lente da resistência: algumas famílias faziam, outras evitavam, terceiras modificavam e outras ainda faziam exatamente o oposto das tarefas indicadas. Evitar, modificar ou fazer o contrário eram respostas descritas como *resistência*. O uso das tarefas será descrito no Capítulo 4, junto com as categorias gerais de cooperação.) A definição de cooperação deve ser feita de modo a ressaltar para o terapeuta o processo de uma interação contínua entre os dois subsistemas.* O conceito de cooperação parece mais útil e mais bem enquadrado numa epistemologia ecossistêmica do que o fazia o conceito de resistência, que terminou por substituir. Enquanto o conceito de isomorfismo se refere *principalmente* aos significados, contextos ou situações conceituais em que certa situação é experimentada, o de cooperação se refere *principalmente* aos comportamentos concretos existentes numa determinada situação. Deve-se ressaltar que estes conceitos são "correlatos". Quer dizer, os conceitos não são usados separadamente (i. é, isomorfismo *ou* cooperação). Ao contrário: os dois conceitos são usados em conjunto (i. é, isomorfismo *e* cooperação). A mudança terapêutica implica tanto modificações perceptivas quanto comportamentais.

---

* "The definition of cooperating uses the 'ing' form of the word to help remind the therapist of the process of continuing interaction between the two subsystems." A inexistência na gramática da língua portuguesa de um equivalente ao "ing form" do inglês, levou-me à adoção da paráfrase que exprime *a mesma idéia*. (N. da T.)

No princípio, o conceito de resistência fazia parte de diversos modelos de terapia e de uma epistemologia diferente, portanto, era parte de teorias diferentes de mudança. O conceito era usado para explicar determinados comportamentos do cliente, percebido como um objeto de estudo "do lado de lá". O comportamento do cliente era explicado como resultante da dinâmica interna; *resistência* era o termo usado para descrever a relutância do cliente na recuperação de algumas experiências geradoras de ansiedade. A tarefa do terapeuta, nesta descrição, consistia em descobrir o material reprimido mas, quando ele abordava a área problemática da vida do cliente, via-se como era resistente ao esforço terapêutico. Este conceito linear foi transportado para modelos de terapia com nível mais interacional de descrição; o termo *resistência* também sofreu o mesmo processo, apesar de a definição ter começado a mudar.

Um dos grandes inovadores dos procedimentos terapêuticos é Milton H. Erickson. Seu trabalho contribuiu como notícia de uma diferença que influenciou profundamente o desenvolvimento da terapia familiar e da terapia breve (vide Capítulo 2). Partindo de uma orientação voltada para a hipnose, Erickson desenvolveu uma definição que expandiu o termo *resistência* até incluir alguns dos comportamentos do terapeuta na situação.

> Você sugere que eles se contenham e *eles obedecem*. E você sugere também que falem — *e eles obedecem*. Mas eles se contêm e falam, como resposta. E enquanto estiverem se contendo, *você tem a obrigação de estimulá-los* a se conterem (37, p. 97).

Uma vez que a autocontrição pode ser descrita como uma espécie de resistência, este conceito tornou-se generalizado na formulação que pode ser denominada "Primeira Lei de Erickson": *Enquanto estiverem resistindo, você tem a obrigação de estimulá-los a resistir.* (Pelo menos, esta lei esteve implícita no trabalho de Erickson durante anos.)

Os profissionais de terapia breve do Instituto de Pesquisa Mental — IPM (Mental Research Institute — MRI) fundamentaram grande parte de seu trabalho em desdobramentos do procedimento de Erickson. Aperfeiçoaram seus conceitos que incluíam os comportamentos reativos do terapeuta na resistência à mudança:

> Em mais de um nível, esta forma de resolução de problemas é semelhante à filosofia e à técnica do judô, no qual o golpe do adversário não sofre a oposição de um' contragolpe de, pelo menos, força igual; ao contrário, o golpe é aceito e ampliado pela atitude de ceder e fluir junto. Isto o adversário não está esperando: ele está jogando força contra força, ou mais do mesmo; de acordo com as regras deste jogo, ele antecipa um contragolpe e não um jogo inteiramente diferente (64, p. 104).

Deste modo, a resistência ainda é vista como "localizada" no cliente e descrita como algo que o cliente *está fazendo* e não como *um produto* da interação cliente-terapeuta. Esta definição do conceito de resistência é resultado da ruptura do ecossistema pela delimitação de áreas entre terapeuta e cliente, o que então cria "oposições imaginárias" (71), entre os dois componentes do ecossistema. Ao contrário, o conceito de cooperação define estes comportamentos como parte do padrão de interação entre o subsistema família e o subsistema terapeuta ou equipe terapêutica.

Embora ainda usasse a definição ericksoniana, o grupo por trás do espelho, no CTFB, dedicou esforços à elaboração de maneiras de "estimular e utilizar a resistência" que ajudassem tanto a família quanto o terapeuta a atingirem os objetivos desejados. A resistência da família era entendida como uma parte natural de seu sistema (ou subsistema) e considerada parte normal dos "mecanismos homeostáticos".

A fim de descrever mais completamente estes mecanismos homeostáticos, o autor desenvolveu um modelo fundamentado numa teoria do equilíbrio (20, 22). Segundo este modelo, o problema é mantido pelo estado equilibrado do relacionamento de todos os membros da família entre si, apesar de seu desejo de mudar. Os mecanismos homeostáticos foram considerados o estado de equilíbrio dos relacionamentos. Sobretudo, este modelo permite que a interação familiar (mecanismos homeostáticos) seja mapeada com razoável rigor, além de poder ser empregado para a descrição do estado presente do (sub)sistema família, tal como observado pelo terapeuta. Inclui também linhas gerais de auxílio ao terapeuta, para seu início de modificações na organização da família, que é de um tipo e passará a outro (de um certo estado de equilíbrio para outro estado diferente de equilíbrio); descreve situações que são desequilibradas como dotadas de tendência para chegar a um estado de equilíbrio. Ou seja, o modelo teórico do equilíbrio inclui um conceito de mudança, de modo diverso da maioria dos modelos montados à imagem dos conceitos homeostáticos. Assim que estiverem diferentes os relacionamentos entre as pessoas, o sistema mostrará propensão a buscar um estado estável (qualquer estado estável), diferente do estado precedente de equilíbrio..

> Este estado estável emergente é o que Bateson descreve com o termo "tautologia autocurativa". Quer dizer, qualquer sistema organizacionalmente fechado é tautológico, no sentido de que tudo e qualquer aspecto do sistema implica o restante do sistema. É por isto que a pessoa pode interferir num sistema, em qualquer um dos seus pontos: se algum aspecto do sistema for modificado, a organização do sistema como um todo será deste modo alterada (16).

Embora o relacionamento entre terapeuta e família seja discutido rapidamente no modelo teórico do equilíbrio, o terapeuta ainda é descrito como vendo seus clientes do lado de lá, de modo semelhante a Erickson e ao IPM. O modelo teórico do equilíbrio é, basicamente, um modelo de sistema fechado que traçou uma linha divisória entre os componentes de um ecossistema. Além disso, os estados equilibrados dos relacionamentos são muito facilmente equacionados à ausência de mudança, ou à resistência em mudar e, portanto, é um modelo conceitual precário, para a terapia familiar.

Quando a equipe começou a envolver-se com as famílias na qualidade de "equipe terapêutica", o conceito de resistência foi substituído pelo conceito de cooperação. Tão logo a pausa para deliberação tornou-se prática rotineira, a equipe observou que o termo "resistência" e a frase "empregar e estimular a resistência" caíram do vocabulário. A equipe, agora completamente participante, começou a enviar mensagens de remodelagens extensas (inclusive de tarefas), após a pausa de deliberação. A maioria destas mensagens vem articulada em frases oriundas da equipe como um todo: "Estamos todos impressionados..." ou "Nós todos pensamos...". A equipe passou então a envolver-se numa penetração maior da situação terapêutica, enquanto a família não era mais enxergada "do lado de lá". Neste modelo, o terapeuta *não* é descrito como participante de uma disputa entre mudar e não mudar, porque a equipe parou de descrever como resistente o (sub)sistema família, ou como (sub)sistema aferrado ao concreto por mecanismos homeostáticos, ou como sistema em não-mudança devido à presença de um estado de equilíbrio nos relacionamentos. Baseando-se no conceito do ecossistema como um sistema aberto, os elementos da equipe começaram a conversar principalmente sobre a maneira pela qual a equipe esperava que a família reagisse e cooperasse com a intervenção elaborada para produzir mudança. A pergunta tornou-se: O que a família está mostrando à equipe em termos do que esta deve fazer para ajudar aquela a aceitar a mensagem de que poderia ajudá-la a dispensar seus modelos anteriores, para que possam ocorrer modificações?

Deve ficar claro que resistência é apenas uma metáfora para a descrição de determinadas regularidades nos fenômenos, e que podem ser usadas outras. A resistência não é uma coisa concreta, mas só um conceito usado como metáfora explicativa. A resistência é só uma dentre muitas maneiras (incluindo a cooperação) de descrever o que é que o observador está observando. Só se pode escolher um determinado instrumento de descrição e depois assumir as conseqüências que se seguem.

> E realmente seguir-se-ão conseqüências da escolha feita. A decisão do terapeuta em termos do que "é" o sistema pode muito bem deter-

minar o resultado da terapia. Mais uma vez, porém, devemos nos lembrar de que, se pontuar ou descrever o sistema deste modo "funciona" (i. é, facilita uma intervenção bem-sucedida), tudo o que podemos dizer é que funciona, que foi útil. O fato de funcionar não significa que seja preciso ou verdadeiro; quer apenas dizer que funciona (16).

O conceito de cooperação é mais útil para uma terapia fundamentada numa epistemologia ecossistêmica e numa teoria binocular da mudança do que o é o de resistência. Os comportamentos particulares que antes haviam sido definidos como resistência agora são definidos como cooperação. Estes comportamentos são desde então descritos como produto da situação interacional e não como alguma espécie de propriedade do subsistema família.

O relacionamento entre o conceito de resistência e o conceito de cooperação pode ser visto como o que existe entre os dois lados de uma mesma moeda. Contudo, esta é uma visão restritiva que cria oposições imaginárias. Se um terapeuta escolhe ver a resistência do sistema família, então as tentativas deste sistema em cooperar não podem ser vistas, já que cada uma destas perspectivas anula a outra. Se o terapeuta está buscando cooperação, então será incapaz de ver a resistência. Quer dizer, as duas perspectivas — os dois tipos de instrumentos de descrição — são, desde o início, tentativas de descrever diferentes aspectos dos mesmos comportamentos. O conceito de cooperação, baseado na teoria binocular da mudança, codifica diversamente as informações. Portanto, segundo o princípio sistêmico do holismo, o uso do conceito de cooperação irá também afetar o resto do esquema conceitual (um sistema) porque está sintonizado nos processos da terapia, ao longo do tempo.

> Toda parte de um sistema está de tal maneira relacionada às suas demais partes que uma mudança em uma delas provocará uma mudança em todas elas e no sistema total. Quer dizer, o sistema comporta-se não como um simples agregado de elementos independentes mas, coerentemente, como um todo inseparável (62, p. 123).

A teoria binocular da mudança, com seus conceitos correlatos de isomorfismo e cooperação, sugere um modelo de terapia que *não* é uma disputa, já que o modelo exclui o conceito de resistência.*

---

* Desde o início mesmo, a psicoterapia do século XX foi com grande freqüência descrita como um desafio. Em geral, tem sido descrito o desafio existente entre as "forças" para a mudança e as "forças" contra a mudança. Era o seguinte o desafio: o terapeuta (pró-mudança) travava uma batalha contra a resistência do cliente (força contrária à mudança). Quando o tera-

Tomados em conjunto, os dois conceitos podem servir para guiar a equipe terapêutica em sua descrição dos padrões ecossistêmicos e depois no embasamento de suas intervenções a partir desta descrição. Utilizando o conceito de isomorfismo, a equipe pode elaborar mensagens remodeladoras, a partir de um ângulo diferente e capazes de promover o "prêmio" da "percepção em profundidade", que conduza a mudanças. Usando o conceito de cooperação, a equipe terapêutica pode planejar tarefas que promovam modificações comportamentais isomórficas aos padrões do subsistema, mas situadas numa perspectiva diferente, que contribua ainda mais para o prêmio da percepção em profundidade. Quer dizer, a remodelagem atinge diretamente os significados, ou os aspectos cognitivos do sistema familiar, o que consolida o caminho para modificações comportamentais (uma vez que significados e comportamentos pertencem ao mesmo sistema). As tarefas, ou prescrições, atingem diretamente a parte comportamental do sistema, o que consolida o caminho para mudanças nos seus aspectos cognitivos (a tarefa também tem que ser isomórfica, mas num determinado ângulo). Isto significa que o cumprimento e a pista (i. é, a remodelagem e a tarefa) necessitam ser isomórficos, o que confere à intervenção mais "profundidade", devido ao relacionamento entre os dois conceitos, à medida que são implantados.

Usando os conceitos correlatos de cooperação e isomorfismo, o terapeuta é capaz de gerar intervenções que levem completamente em conta a situação da família (apesar de baseadas num ângulo diferente), porque aprendemos com Erickson que *qualquer* resposta a qualquer tarefa, relatada pela família, pode ser descrita como definidora do modo peculiar que aquela família tem de cooperar. O relato da tarefa faz parte de como o demonstram para o terapeuta. Respostas positivas, negativas ou ausentes são todas definidas como comportamento responsivo.

---

peuta "vencia" este desafio, o cliente não era mais visto como resistente e havia uma "cura"; o problema tinha sido solucionado.

É aparentemente uma infelicidade que boa parte da psicoterapia e da terapia breve (baseadas no conceito de resistência) seja com tanta freqüência entendida e descrita a partir de termos militares, de desafio (34, 38, 52, 64). Portanto, o terapeuta é aí visto como planejador de estratégias e implementador de táticas cujo objetivo é abordar a resistência da família em mudar e, depois, promover a mudança. Em grande parte, isto é devido ao próprio conceito de resistência e, em parte, à influência de Haley (34) com sua ênfase sobre o problema do controle na terapia.

O modelo de Haley (34, 40) é grandemente baseado na antiga epistemologia que incluía os conceitos de poder e controle. Seu modelo desenvolveu-se logicamente a partir daquelas bases e de seus primeiros trabalhos com famílias que incluíam uma pessoa diagnosticada como "esquizofrênica". Ajudar uma pessoa a mudar é especialmente difícil, quando confundida com um esqui-

Qualquer uma das possibilidades representa um comportamento responsivo. Assim, cria-se uma situação na qual o sujeito pode expressar sua resistência de modo construtivo-cooperativo; a manifestação de resistência por parte de um sujeito tem sua melhor utilização no desenvolvimento de uma situação em que a resistência sirva a um propósito (35, p. 20).

Apesar de Erickson usar o termo *resistência*, pode-se ler em seu lugar o termo *cooperação*; os comportamentos podem ser vistos como *manifestações de cooperação*. No início de cada sessão, depois da primeira, o líder (membro da equipe, em sala com o cliente) eliciará respostas da família às tarefas ou pistas da sessão anterior. Isto dá à equipe informações sobre o modo peculiar que aquela família tem de cooperar, independente do tipo de resposta que ela relatar. Assim, a definição da maneira peculiar da família em cooperar, demonstrada à equipe, é cada vez mais aperfeiçoada com os novos conhecimentos conquistados em cada sessão. Esta maneira de cooperar, tal como praticada para o grupo, pode então ajudar mais ainda a equipe a aperfeiçoar ou a redefinir suas descrições, de sorte que a remodelagem e as tarefas possam tornar-se cada vez mais isomórficas.

PARADOXO

Soper e L'Abate (58) e Dell (17) sugeriram que parte da dificuldade dos terapeutas em entender a natureza de uma intervenção paradoxal é causada pela ausência de uma teoria abrangente. A teoria binocular da mudança (com seus conceitos correlatos de isomorfismo

---

zofrênico. Nesta perspectiva, o desafio era tal que exigia por parte do terapeuta, poder e controle frente ao mundo vago e escorregadio do esquizofrênico e sua família. O problema de *quem* irá controlar *o quê* é central a *esta situação*. Além disso, Haley generalizou a necessidade de poder e controle a todas as situações terapêuticas (38, 40). Mais uma vez, esta noção de terapia pode ser entendida como fundamentada num erro epistemológico de romper o ecossistema e, portanto, criar oposições imaginárias. Certamente, o sistema familiar do esquizofrênico e de sua família, se descrito nos termos de um sistema homeostático e fechado, precisa de técnicas poderosas para a indução de mudanças. (Deve-se assinalar aqui que as técnicas de Haley, sem os conceitos de poder e controle, podem ser ecossistemicamente úteis na promoção de mudanças.)
Apesar de os profissionais de terapia breve do IPM não usarem o conceito de poder ou de controle, como o faz Haley, suas "técnicas judocas" (64) também se constituem em metáfora de um desafio. (Novamente, as técnicas do IPM podem ser recolocadas de modo a se enquadrarem num modelo ecossistêmico.) Tanto o trabalho de Haley quanto o do IPM fazem parte do contexto histórico deste modelo da terapia familiar breve. Este modelo sugere que terapia alguma necessita ser vista como desafio; a perspectiva ecossistêmica — incluindo o conceito de cooperação — termina com a necessidade de vocábulos para desafios.

e cooperação) permite uma maneira de conceituar intervenções paradoxais como parte de uma teoria maior e mais abrangente do que as até então existentes. É central a esta retomada de idéias que as intervenções paradoxais possam ser vistas como "membros" de uma classe de "intervenções isomórficas" e não como pertinentes a uma classe isolada. Esta forma de considerar as intervenções paradoxais reenfatiza a natureza de contra-duplo-vínculo desta técnica, dando às intervenções paradoxais uma base ecossistêmica com referencial teórico. Esta construção permite que o terapeuta decida — baseando-se numa informação supra-sistêmica — quando uma intervenção paradoxal é apropriada.

O uso deliberado de *intervenções paradoxais* ou prescrição de sintomas parece ter partido da *prática negativa* de Dunlap (25), apesar de ele não chamar este método de paradoxal. Frankl (29, 30) parece ter sido o primeiro a usar o rótulo *paradoxal*. Haley (32) descreveu o uso de técnicas paradoxais na indução de transes e Jackson (46) escreveu sobre o uso de paradoxos com pacientes paranóicos. Subseqüentemente, muitos outros terapeutas descreveram o uso de intervenções paradoxais baseadas principalmente num modelo descrito pelo IPM (62, 64). O aumento no número de intervenções descritas como paradoxais tem sido rápido e extenso. Estes progressos da técnica foram catalogados, bem como classificados os tipos de intervenções paradoxais (58, 68, 69); portanto, não entrarão aqui.

O modelo do IPM está baseado na *teoria de tipos* de Russell: "o que quer que abranja toda uma coleção não deve ser elemento dessa coleção" (62, p. 192). O modelo pressupõe um intenso relacionamento, tal como o que existe em famílias que incluem uma mensagem descrita de tal modo que

(a) a família assevera algo; (b) a família assevera algo sobre sua própria asserção; (c) estas duas asserções são mutuamente exclusivas. Portanto, se a mensagem for uma injunção, deve ser desobedecida para ser obedecida; se for uma definição de si mesma ou de outra pessoa, a pessoa assim definida é o tipo de pessoa só se não o for; não é se for. O significado da mensagem é, portanto, indefinível (62, p. 212).

Além disso, o "receptor" da mensagem não pode comentar eficientemente sobre ela, nem fugir do relacionamento.

A teoria dos tipos tem desempenhado um papel central no desenvolvimento da terapia familiar e da terapia breve, desde a teoria do duplo-vínculo em *Toward a Theory of Schizophrenia* (5).* Não só este

---

* A teoria dos tipos foi uma tentativa de desembaraçar a lógica e a matemática de paradoxos auto-referenciais. Spencer-Brown (60) resolveu este

artigo (e subseqüentes de pessoas do grupo) influenciou como o terapeutas *vêem* e *descrevem* as famílias, como também influiu no modo como os terapeutas *tratam* famílias. *Toward a Theory* propôs "uma nova maneira de conceitualizar e de observar antigos problemas", mas não foi "tanto uma teoria específica quanto uma *linguagem* — que, como qualquer linguagem, serve para orientar tanto o pensamento quanto a observação" (66, pp. 275-276).

> Esta linguagem pode ser usada para descrever a situação familiar na qual a comunicação... se torna cada vez mais enigmática na mútua tentativa de evitarem se expor. Aprendem a evitar habilidosamente *qualquer* contradição patente e tornam-se especialistas no uso de paradoxos, aproveitando-se dessa possibilidade exclusiva ao homem de comunicar-se simultaneamente ém níveis verbal e não-verbal, saltando de uma classe lógica para um membro dessa classe, como se fossem a mesma coisa. Tornam-se acrobatas no mundo do paradoxo russeliano (56, p. 25).

A linguagem pode tanto ser usada para descrever a interação familiar, como também para descrever intervenções. Em geral, as intervenções paradoxais são consideradas "fatores curativos... é difícil imaginar que duplos-vínculos sintomáticos possam ser rompidos por alguma outra coisa que não contra-duplos-vínculos" (62, p. 240). Assim, o tratamento de duplos-vínculos *patogênicos* é entendido como realizado à base de contra-duplos-vínculos ou de intervenções paradoxais. Estruturalmente, um duplo-vínculo terapêutico é a imagem especular do duplo-vínculo patogênico. Em primeiro lugar, o contra-duplo-vínculo pressupõe um intenso relacionamento, altamente valorizado pelo cliente; em segundo,

> é apresentada uma injunção construída de tal modo que (a) reforça o comportamento que o paciente espera modificar, (b) implica que este reforço é o veículo da mudança e (c) cria assim o paradoxo, porque o paciente é instruído a mudar permanecendo inalterado (62, p. 241).

Em terceiro lugar, a situação terapêutica é descrita como impedindo que o paciente fuja do e/ou comente eficientemente o paradoxo.

A idéia por trás disto é *romper* o duplo-vínculo sintomático com um contra-duplo-vínculo. Esta noção é congruente com a teoria dos

---

problema e apresentou a Russell "a prova de que era desnecessário. Para meu alívio, ele ficou satisfeitíssimo. A teoria, disse ele, fora a coisa mais arbitrária que ele e Whitehead haviam tido que fazer, não realmente uma teoria mas um quebra-galho, e ele ficava feliz por ver que tinha vivido o bastante para testemunhar a resolução da questão" (60, p. xiv). A teoria, porém, continua viável como instrumento descritivo.

tipos de Russell, a saber, afirmações auto-referenciais precisam ser eliminadas da lógica. Entre outros, Hofstadter (43) e Spencer-Brown (60) descreveram a natureza arbitrária e desnecessária da teoria dos tipos. Além disso, o uso da teoria no campo da terapia familiar parece haver restringido nosso pensar e detido o desenvolvimento de descrições ecossistêmicas dos fenômenos observados. Como exemplo disto, o fascínio pelos paradoxos (e contra-paradoxos) tem eventualmente provocado confusões nos campos da terapia familiar e da pesquisa em terapia familiar, como resultado do freqüente "desentendimento da teoria do duplo-vínculo", investigado por Watzlawick (63).

Usando a teoria binocular da mudança, as intervenções paradoxais podem ser vistas como apenas uma outra forma de intervenção isomórfica que um terapeuta pode elaborar e praticar com uma família. É importante reconhecer que a intervenção paradoxal é um *contra*-duplo-vínculo, uma imagem em espelho, apropriada à estrutura do duplo-vínculo familiar *patogênico*. Quando a descrição do terapeuta, relativa aos padrões familiares não inclui um duplo-vínculo, então sua intervenção precisa seguir os padrões familiares de alguma outra forma isomórfica a eles. A intervenção precisa *combinar* isomorficamente com os padrões observados; é isto que o contra-duplo-vínculo faz quando espelha a patologia do duplo-vínculo familiar.

Nos dois casos, com ou sem paradoxo, a intervenção precisa ser isomórfica aos padrões familiares e a intervenção precisa ser apresentada de um ângulo diferente, para que a família possa obter o prêmio desejado.

Além disso, o fascínio pelos *paradoxos* e *intervenções paradoxais* também deriva do uso que os terapeutas fazem do que normalmente se chama *psicologia inversa*. Ou seja, o terapeuta diz ao cliente que faça alguma coisa deliberadamente a fim de impedi-lo de a executar. Este procedimento é, com freqüência, (indevidamente) rotulado *paradoxal*:*

> Mas, um evento pode ser paradoxal, se for esperado? Esta é uma questão central a todo o conceito de paradoxo na terapia. Lembrem-se de novo que agir com base em premissas consistentes mas não válidas tende a facilitar resultados inesperados e paradoxais (17, p. 41).

O terapeuta cuja atuação se baseia num ponto de vista ecossistêmico ou interacional espera que o procedimento da *psicologia inversa* detenha completamente o sintoma. Mas o cliente ou um observador pode receber com surpresa este resultado. Contudo, pode-se entender esse cliente ou esse observador considerando tal resultado a partir de

---

* No original, "paradoxing". (N. da T.)

uma outra perspectiva, formada à base de premissas aristotélicas e, por conseguinte, perante este referencial, ele se surpreende porque essas premissas são sistematicamente inválidas (17). O resultado parece absurdo ou até mesmo mágico. A conclusão soa absurda e a psicologia inversa é o único argumento a sustentá-la; assim, a intervenção é indevidamente rotulada como paradoxal.

A construção da teoria binocular pode ajudar no esclarecimento de alguns mal-entendidos de intervenções paradoxais para que possam ser evitadas algumas confusões conceituais. Têm sido criadas diversas estratégias de pesquisa para testar os efeitos das intervenções paradoxais e dos paradoxos. Em geral, no entanto, têm se mostrado inconclusivas. O que parece acontecer com maior freqüência é que os pesquisadores coisificam o duplo-vínculo ou o paradoxo. Ou seja, parece que usam um elemento de um conceito sistêmico ou interacional de modo linear, afastando assim o paradoxo e a intervenção paradoxal de seu contexto próprio. Devido à falta de uma teoria nítida e abrangente, parecem não perceber que as intervenções paradoxais fazem parte de um *padrão* de pareamento isomórfico de intervenções (paradoxais) com os padrões (paradoxais) da família. Tais pesquisadores e terapeutas usaram o paradoxo coisificado de maneira linear (causa-efeito) para tentarem estudar e promover mudanças. Portanto, parecem considerar a coisa "paradoxo" como o agente da mudança e, neste sentido, paradoxam clientes em vez de enxergarem no *enquadre* entre o padrão de intervenção e o padrão da família a chave para a promoção de mudanças. Esta última perspectiva, implícita desde *Toward a Theory* (5), veio se tornando mais (6) e mais explícita (56) até ter culminado na criação da teoria binocular que incorpora as intervenções paradoxais, como contraparadoxos, dentro da classe mais ampla das intervenções isomórficas.

O pensar ao qual nos restringimos (devido à teoria dos tipos e à percepção das intervenções paradoxais como classe) limitou nossa percepção de uma abordagem terapêutica útil. A teoria binocular da mudança sugere que mensagens isomórficas remodeladoras podem ser válidas, independente do "tipo" de padrão familiar observado e codificado. As intervenções paradoxais podem ser então vistas como um tipo de intervenção isomórfica e, portanto, o terapeuta pode usar este tipo particular de intervenção, de maneira apropriada, quando os padrões que observar forem descritos como paradoxais. Contudo, quando os padrões *não* forem descritos como paradoxais, a intervenção isomórfica obedecerá a um mapa diferente, porque o território é diferente. Esta forma de pensar pode ajudar o campo da terapia familiar a tornar-se menos restrito quanto a suas conceituações, e também auxiliar o desenvolvimento de conceitos ecossistêmicos progressivamente mais úteis que conduzam à solução de alguns problemas de conceituação e metodologia de pesquisa.

CAPÍTULO 2

Contexto Clínico

Existe um complexo relacionamento entre os desdobramentos teóricos, a prática clínica, a pesquisa clínica e a cultura ou o contexto no seio do qual acontecem estas atividades. A teoria binocular da mudança e o modelo de terapia familiar breve não são exceções. Sua maturação e ampliação baseiam-se em radicais ou bases encontrados nos trabalhos de outros terapeutas.

VISÃO DE MUNDO

Existem muitas maneiras diferentes de se conceituar as tarefas do terapeuta familiar breve. Cada uma delas constitui uma descrição imprecisa e até mesmo metafórica da visão de mundo do terapeuta; esta permite-lhe consolidar suas experiências com os clientes de uma forma tal que a visão de mundo da família e as experiências ali contidas sejam pelo menos em parte compreensíveis a terapeutas. Senão, os problemas das outras pessoas, seus quebra-cabeças, poderão parecer ultrapassar o entendimento. À primeira vista, qualquer "comportamento problemático" pode parecer muito estranho. O mais razoável seria que a pessoa perturbada por um determinado comportamento simplesmente não o executasse mais. Mas, como é sabido por todos, romper algum hábito não é fácil, principalmente quando achamos que devemos fazê-lo ou quando outros insistem nisso.

Para ilustrar este aspecto, Milton Erickson descreve um rapaz que só conseguia urinar dentro de um cano de ferro ou madeira de 16 a 20 cm de comprimento, que segurava na extremidade de seu pênis. Apesar de ser um comportamento desarrazoado e estranho, ao rapaz fazia sentido. Erickson compreendeu isso. Portanto, ele ensinou o rapaz a urinar dentro de um tubo de bambu de 30 cm. Na opinião de Erickson, se ele primeiro conseguisse encompridar o tubo e mudar o material, então (conseqüentemente) ele também conseguiria encur-

45

tá-lo. Erickson tinha uma estratégia melhor do que tentar convencer o rapaz a desistir do tubo. Sem dúvida, o sujeito mesmo já tinha tentado se convencer a desistir desse comportamento; Erickson não o acompanhou nesta tentativa fracassada. O rapaz sabia que era bizarro e que não tinha sentido o tubo. Esta noção, porém, não o havia detido em seu uso do tal dispositivo. Em resposta às sugestões de Erickson, no período subseqüente de três meses, o rapaz conseguiu ir encurtando o tubo até que o "tubo" final, que seus dedos seguraram, foi o próprio pênis.

Quando aconteceu esta terapia, a maioria dos profissionais considerou a abordagem de Erickson sem sentido e exótica; tão sem sentido e tão exótica quanto o comportamento do rapaz. De acordo com os padrões de então, Erickson deveria ter mergulhado nos motivos inconscientes "pelos quais" o rapaz achava necessário o tubo. Assim que esse motivo estivesse compreendido, o rapaz poderia ter deixado de executar esse comportamento problemático. Este processo, que se poderia denominar *psicoterapia padrão*, talvez tivesse sido tão eficaz quanto o outro, apesar de que iria levar muito mais do que três meses. Parece que a terapia de Erickson se baseia em um conjunto diferente de premissas.

A visão de mundo de Erickson leva a terapia "a fundamentar-se no pressuposto de que existe uma poderosa tendência de ajustamento na personalidade, desde que lhe seja dada a oportunidade para tal" (35, p. 417). Seu procedimento foi planejado para dar ao rapaz exatamente essa oportunidade. Além disso: o método de Erickson foi rápido. Enquanto estava em transe profundo, foram dadas a ele as sugestões para os próximos três meses. Deste modo, o problema seria aparentemente solucionado por ele mesmo. Quando o rapaz viu Erickson novamente, seu problema estava resolvido.

Por volta de 1980, o tratamento dispensado por Erickson a este caso (publicado pela primeira vez em 1954) não parecia mais tão exótico ou sem sentido. O que não quer dizer que esse procedimento (e a epistemologia que lhe é subjacente) tenha servido de protótipo à psicoterapia padrão atual. Melhor, este método não é mais tão peculiar que pareça idiossincrático, trabalho de um gênio, de um mágico ou de um bruxo. A terapia que segue este protótipo é o trabalho de apenas uma minoria de psicoterapeutas. Contudo, trata-se de produto de uma visão de mundo que está ganhando cada vez maior aceitação dentro da comunidade terapêutica.

Em grande extensão, esta aceitação crescente é resultante do trabalho de um grupo de terapeutas que vem tentando explicar aos profissionais de terapia a visão de mundo e os métodos de Erickson. Haley (34, 35, 37) tentou explicar os métodos e expandir os princípios num modelo compreensivo de *terapia estratégica*. Ao longo de muitos anos, o trabalho dos membros do IPM — Jackson, Weakland, Watzlawick, Fisch e Haley, este no princípio — tem-se baseado em desdobramentos emergentes de sua maneira de entender o trabalho de Erickson (62, 64, 67). Com base neste entendimento, contribuíram para o desenvolvimento da terapia familiar e também da terapia breve, ambas fundamentadas numa mesma visão de mundo. Enquanto Haley e o IPM se concentraram em princípios centrais e essenciais, Bandler e Grinder (2, 3)* criaram diretrizes para o uso de algumas das técnicas de Erickson.

É evidente que nenhum dos autores citados, tanto individualmente quanto em grupo, explorou toda a riqueza da contribuição de Erickson. Cada um deles, além de outros, inclusive de Shazer (18, 20, 21, 23), tentou descrever os métodos eficazes de mudança criados por Erickson. De Shazer (21) desenvolveu um modelo de mudança baseado no trabalho de Erickson e na teoria do equilíbrio de Heider (41). Com base neste modelo original (vide Capítulo 6), diferentes situações terapêuticas podem ser mapeadas e descritas segundo seus vetores para os objetivos almejados. Durante os anos em que os problemas foram tentativamente solucionados segundo o molde ericksoniano, foram criados certos dispositivos de entendimento e mapeamento de problemas considerados suficientemente "insolúveis" pelas pessoas que finalmente os trouxeram à terapia. Em poucas palavras, a visão de mundo do terapeuta deve ajudá-lo a enxergar além da visão de mundo do cliente. O terapeuta deve enxergar o problema do cliente de um ângulo diferente.

> Uma aldeia japonesa litorânea foi certa vez ameaçada por uma maré alta que estava por invadir suas terras, mas a enorme onda foi avistada com antecedência, distante ainda no horizonte, por um lavrador que morava isolado, nos campos de arroz sobre as colinas que encimavam a aldeia. Ele imediatamente ateou fogo à plantação. Os aldeões que vieram em grupos numerosos para salvar suas plantações foram salvos da inundação (61, p. 71).

Este lavrador isolado tinha um quebra-cabeça para resolver: como salvar os aldeões da inundação? Provavelmente ele estava muito longe da aldeia para gritar em aviso e sabia que não tinha tempo de correr até a aldeia para evacuar a população. O problema parece insolúvel. Mas a resolução adotada pelo lavrador revela o funcionamento de uma visão de mundo semelhante à de Erickson. O lavrador (enxergando o problema por um ângulo diferente) enganou os aldeões,

---

* Além dos livros citados na bibliografia, ao final desta obra, já há em português: *Sapos em Príncipes, Atravessando* e *Resignificando* todos editados pela Summus Editorial. (N. da T.)

levando-os a resolver o problema do fogo que, por acaso, solucionou o da inundação. Ele sabia que, se ateasse fogo, a atenção dos aldeões seria atraída. Portanto, eles estariam em condição de "espontaneamente" se salvarem da inundação. Apesar de os aldeões terem provavelmente ficado agradecidos ao lavrador por tê-los salvo da inundação, provavelmente ficaram também zangados por ter destruído sua plantação de arroz. Plantações crescem de novo; gente, não.

A atitude dos aldeões pode ter sido semelhante à de um dos primeiros pacientes de Erickson que

> nunca se esquece de me enviar um cartão de Natal no qual porém escreve: "Odeio você com tudo e vou continuar assim mesmo." Apesar disso, envia presentes de Natal a meus filhos; para mim, tem sempre uma alfinetada. Quando nos encontramos, rimos, falamos e contamos historinhas um para o outro... "Mas", contou-me, "parece que eu tenho um ódio dentro de mim, por alguma coisa, que dura a vida toda. Não sei do quê. Você serve, você é um bom sujeito para a gente odiar."
>
> Eu disse: "Está bem, e assim você resolve seu problema de gagueira" (26, p. 33).

A resolução de um quebra-cabeça descrito de um ângulo diferente daquele planejado para solucionar o problema original é um traço recorrente no trabalho de Erickson e no de vários outros terapeutas breves. Tal como aos aldeões japoneses, provavelmente não importa às famílias saber que estão resolvendo um problema que, acidental e espontaneamente, possa resolver outro problema. Podemos imaginar que os aldeões tenham percebido o motivo do logro assim que viram sua aldeia inundada. Algumas famílias tomam consciência de que as mudanças realizadas ajudam na consecução dos objetivos que almejam com a terapia. Outras, não; apesar de perceberem que chegaram em seu objetivo, não associam isto com as mudanças que efetuaram com a terapia.

É muito importante que os terapeutas não tentem solucionar os quebra-cabeças familiares fazendo o mesmo que a família já está fazendo. No mínimo, o terapeuta deve ver o quebra-cabeça de um ângulo diferente. Se Erickson tivesse tentado convencer o rapaz a parar de usar o tubo, o problema talvez tivesse aumentado e o rapaz ainda o estaria usando hoje em dia.

Evidentemente, nem todos os problemas são parecidos com os do rapaz ou com os dos aldeões japoneses. Contextos diferentes criam problemas diferentes e a terapia precisa ser diferente. Independente do padrão do problema e do procedimento terapêutico, cada situação em terapia precisa incluir um *objetivo específico*. Para o lavrador, o objetivo era salvar os aldeões da inundação. Para o rapaz, o objetivo era urinar de modo normal. Para cada situação, a remodelagem (*reframing*) — enxergar o quebra-cabeça de um ângulo diferente — permitiu que o objetivo fosse atingido. O enquadre, molde (*frame*) original impedia a solução.

MOLDES

É fácil concordar com Dorothy Sayers quando seu Lord Peter Wimsey diz: "A vida é só uma droga de coisa depois de outra." O que as pessoas fazem com essas drogas de coisas é que varia, aparentemente, bastante. Parte do que as pessoas fazem parece dar certo, e a vida prossegue com altos e baixos moderados. Na qualidade de terapeutas, não ficamos sabendo muito do que as pessoas fazem que dá certo; ouvimos muito sobre o que não dá certo para uma determinada família, num contexto particular. Descobrimos isso quando a família descreve suas inúteis tentativas de eliminar as queixas que a trouxeram para a terapia.

Para quem puder aceitar a definição de Lord Peter, então a vida pode prosseguir com suas pequenas variações. Lord Peter pensa e age em termos desta definição que o ajuda a definir as situações em sua vida. É claro que esta definição é apenas uma parte de um conjunto de regras que podemos inferir da leitura dos livros de Dorothy Sayers. Este conjunto de regras inferidas é usado para *modelar* situações (i. é, para definir o que está acontecendo). De forma semelhante, a noção de Erickson — tendo oportunidade para tal, as pessoas se ajustam — faz parte de um conjunto de regras usadas para definir o que está acontecendo na situação terapêutica.

Tanto Bateson (7) quanto Goffman (31) definiram *moldes* para tornarem suas definições úteis à compreensão das queixas que as pessoas trazem à terapia. Afirma Goffman que "as definições dadas pelas pessoas com relação a uma situação são formadas de acordo com princípios de organização que governam eventos — pelo menos os sociais — e nosso envolvimento subjetivo neles" (31, p. 10). O molde pode ser comparado com as regras de um jogo ou com um "'código' que funciona como dispositivo; este dispositivo ou código informa ou modela todos os eventos que ocorrem dentro dos limites de sua aplicabilidade" (31, p. 7). Em resumo, os moldes operam como se fossem regras que definem situações.

A família pensa e funciona à base de um determinado conjunto de regras ou de conjuntos sobrepostos de regras individuais além de *regras-unidades*, utilizadas para definir sua situação. Por exemplo, estas definições incluem "o que é sério *versus* o que não é sério", "o que é bom *versus* o que não é bom", "como demonstrar amor *versus* como não demonstrar amor". Estas são ilustrações apenas dos tipos de definições inferidas que podem ser incluídas na descrição do molde de uma família. É óbvio que, para se ter uma descrição completa dos moldes de uma família, são necessárias muito mais regras (inferidas pelo observador).

É fácil entender como duas pessoas, oriundas de famílias diferentes, podem rapidamente entrar em conflito. Por exemplo, se uma pessoa vem de uma família com descendência germânica, tipos diversos de frios e carnes formarão uma grande parte do que "é a forma apropriada de comer". Se a outra pessoa vem do Japão, com um forte lastro budista, então não comer carne é "a forma adequada de comer". Se, apesar destas diferenças, estas duas pessoas descobrirem perspectivas semelhantes em número suficiente, entre seus mundos, poderão tornar-se amigas e até mesmo se casar, chegando a dar início a uma nova família. E quanto às regras conflitivas a respeito do que é apropriado comer? Existem várias opções, inclusive refeições em separado. O mais provável é que ocorra um certo conflito e que uma ou outra regra * venha a mudar. Ou ambas. E a forma adequada de comer terá uma nova definição. Em geral, os moldes diferentes da maioria dos casais serão mais sutis do que "carne *versus* não carne". Nenhuma das duas pessoas tem necessariamente consciência de que existam tais diferenças em termos das regras, definições e moldes. Os termos *regras, definições* e *moldes* são apenas instrumentos descritivos por parte do observador. Mas os moldes definem as situações e também o envolvimento subjetivo dessas pessoas nessas situações. Por exemplo, os moldes ignorados dos dois membros do casal podem conter regras diferentes, contendo comportamentos diferentes, a respeito de "como mostrar amor *versus* como não mostrar amor".

São estas diferenças em termos de moldes que parecem comuns à maioria das queixas que as famílias colocam em terapia. As pessoas não falam em termos de moldes, mas descrevem comportamentos inaceitáveis que outras pensam ser totalmente aceitáveis, razoáveis e "normais". Por exemplo, a gama de comportamentos que podem estar incluídos nas "formas de demonstrar amor" pode ser muito estreita e, por conseguinte, a gama de comportamentos das "formas de não demonstrar amor" pode correspondentemente ser grande. Em geral, as pessoas não consideram o comportamento de outra pessoa como parte de seu molde "interno"; ao contrário, vêem-se como parte de seu próprio molde "externo".

Definições e moldes tipo "interno *versus* externo" ou ligado *versus* desligado" são até certo ponto semelhantes a um termostato em funcio-

---

* Devemos lembrar que isto significa que as pessoas se comportam "como se" existissem regras. A atribuição de "regras" faz parte do esforço do observador para definir o que está se passando.

namento, exceto pelo fato de que sistemas humanos funcionam sem um "elemento de fora" determinando as situações. Na maioria das situações, quando vemos um termostato a 240ºC, a fornalha desliga no alto de uma escala de temperaturas e liga embaixo. Em princípio, a temperatura jamais deverá pairar em torno do limite de 240ºC, sem que ocorram acentuadas variações. Contudo, se o âmbito de temperaturas aceitáveis for estreito demais, então a fornalha ligará e desligará de modo confuso, obedecendo a um padrão: instável. O termostato será incapaz de determinar que situação está em funcionamento, quando o âmbito de variabilidade for muito estreito.

Jackson (44) observou padrões redundantes ou recorrentes de comportamento nas famílias e sugeriu que tais padrões poderiam estar obedecendo a regras. No começo, Jackson pareceu sugerir que estas regras seriam a razão da redundância nos padrões observados. Em geral, tais regras eram entendidas como *mecanismos homeostáticos*, os quais regulavam o que acontecia entre os membros da família (44). Depois Jackson esclareceu este aspecto e descreveu as regras como uma descrição tipo "como se", por parte do observador, tendo em vista seu objetivo de conceitualizar o que está se passando.

Uma vez que se pode entender famílias enquanto sistemas operando como se existissem certos conjuntos de regras (62) e que tais regras definem o modo pelo qual percebem uma situação, abundam as possibilidades de confusão e conflito. São estas "drogas de coisas uma atrás da outra" que constituem as dificuldades diárias (64) com as quais as pessoas precisam se haver. E se aceitam essa parte do molde Lord Peter, então os eventos se sucedem dentro de padrões irregulares; esta regra, porém, não faz muito parte dos moldes das pessoas. A maioria das pessoas inclina-se a ver tais dificuldades como "algo a ser corrigido" e o "problema" (64) aparece quando falha essa solução experimentada.

Por exemplo, às vezes as crianças urinam na cama, os homens de vez em quando ejaculam prematuramente e as mulheres, vez ou outra, não têm orgasmos. Cada uma destas coisas pode receber o título de "droga de coisa". Mas se as pessoas tentam "solucionar" estas "coisas" como se fossem problemas, a solução experimentada pode não dar certo (a maioria delas não dá) e vem a necessidade de outra tentativa. Aí já existem *dois* problemas: o próprio acontecimento e a solução fracassada. Decorre um problema maior porque a correção (a solução experimentada) parecia a única coisa lógica a ser feita. Uma vez que não deu certo, a lógica ocidental pede uma outra tentativa, maior e melhor. Isso, no entanto, geralmente também não dá certo. A pessoa fica presa na armadilha de fazer "mais da mesma" (64) coisa que já tentou e não conseguiu que desse certo.

51

REMODELAGEM

Existem algumas semelhanças entre os moldes das pessoas e as regras de um jogo que servem para definir a natureza do próprio jogo, proscrevendo e prescrevendo determinados comportamentos. Por exemplo, se dois jogadores de canastra encontram-se para jogar pela primeira vez, podem ambos presumir que o outro conhece as regras. Assim, o jogo prossegue muito bem. Um perderá, um ganhará e isso faz parte do jogo. Contudo, existem variações locais nas regras da canastra, determinadas informalmente. Se, no meio do jogo, um dos jogadores adota uma tática ou costume local que viole as regras formais do jogo, os dois jogadores podem parar e discutir a violação. Podem decidir qual regra seguir e depois o jogo prossegue.

Nos relacionamentos, porém, cada pessoa acha que o molde por ela empregado (o costume local) é o conjunto formal das regras do jogo. Quando uma outra pessoa viola esse molde ou uma de suas partes, é considerada má, louca, ou apenas errada. Evidentemente, o "violador" considera seu comportamento como obediente às regras do jogo e assim considera o outro como errado (na melhor das hipóteses). Não existem, contudo, regras formais para o "jogo do relacionamento". Está pronto o cenário para a aparição de uma dificuldade ou de um problema.

De acordo com Bateson, a pessoa "depois de uma terapia bem--sucedida funciona em termos de um conjunto diferente destas regras" (7, p. 191) que são componentes de seu molde. Pode-se dizer o mesmo a respeito de uma terapia bem-sucedida com uma família: a família funciona segundo um conjunto diferente (ou conjuntos diferentes) de regras componentes de seu molde.

"Terapia familiar breve": tentativa de ajudar as pessoas a mudar aqueles moldes que lhes causaram problemas e que lhes deram motivo de queixa. Em geral, a terapia é planejada para modificar gradualmente as definições que compõem o molde de uma dada família. O processo de mudar os moldes (*frames*) chama-se "remodelagem" (*reframing*), que significa

> modificar o contexto conceitual e/ou emocional ou as perspectivas em relação às quais uma situação é vivida, colocando tal situação dentro de um outro molde que combine com os "fatos" da mesma situação concreta tão bem ou melhor, assim modificando por completo o significado da mesma (64, p. 95).

Apesar de os "fatos" da situação não se modificarem, o contexto em que se encontram é descrito pelo terapeuta de um ângulo diferente e, portanto, a intervenção (ou remodelagem) é feita em termos positivos ao invés de negativos, como são os que a família utiliza. O efeito da remodelagem é confirmado pelo aparecimento de um novo conjunto de crenças, percepções, e modificações comportamentais passíveis de serem descritas como conseqüência lógica da mudança na percepção. É mais freqüente que os novos moldes da família sejam combinações do molde antigo com os novos moldes sugeridos pelo terapeuta. O resultado é que a família pode olhar as coisas de um ângulo diferente. Assim que estiverem "vendo coisas de jeito diferente", podem comportar-se diversamente.

A teoria binocular da mudança está montada em cima da diferença criada pela remodelagem. O molde original (A), junto com o novo (A_1), dão início ao processo de mudança porque alteram a percepção que a família tem de sua situação. Isto dá margem a novos comportamentos que, por sua vez, permitem o aparecimento de novas experiências subjetivas.

A maioria das famílias parece imprimir um ritmo lento e cauteloso para a aceitação de mudanças em seus moldes. É como se pudessem aceitar a mudança em suas definições desde que só se permita a troca de uma palavra por vez. Depois de uma terapia bem-sucedida, a família apresenta um novo conjunto de regras e definições — moldes novos. O âmbito de comportamentos aceitáveis pode ser aumentado ou diminuído, de acordo com a necessidade. Um maior número de acontecimentos pode ser considerado como uma das "drogas de coisas" que constituem a vida. A família torna-se mais apta a aceitar a definição de Lord Peter.

Tanto terapeutas quanto clientes usam moldes que os ajudam a definir situações. Dois novos comportamentos ajudaram o CTFB a redefinir ou remodelar a situação terapêutica para si mesmo, a saber, a "pausa para deliberação" e o "cumprimento". Estas duas atividades ajudaram a mudar o modo de perceber a situação terapêutica, fazendo com que houvesse uma mudança de perspectiva do enquadre terapêutico. Uma vez que moldes fazem parte de sistemas conceituais, as modificações citadas em termos de comportamento também surtiram efeitos profundos no restante do modelo conceitual, derivado do trabalho de Milton Erickson e do IPM.

MILTON H. ERICKSON

Milton H. Erickson, Doutor em Medicina, é reconhecido em toda parte como o melhor especialista em hipnose médica. Seus trabalhos escritos a respeito de hipnose são a palavra da autoridade quanto a técnicas de indução de transe, um trabalho experimental que explora as possibilidades e os limites da indução de transes, compreendendo investigações sobre a natureza do relacionamento entre hipnotizador e sujeito (35, p. 1).

A terapia familiar breve deve muito a Milton Erickson e seus métodos terapêuticos, e à visão de mundo neles implicada. Seus procedimentos consistem em "um processo de evocação e utilização dos processos mentais do próprio paciente, segundo formas alheias a seu âmbito usual de controle intencional ou voluntário" (28, p. 19). Erickson toma as aprendizagens já vividas pela pessoa e ajuda-a a utilizá-las de outras maneiras. Ou seja, Erickson aceita a visão de mundo e os padrões com os quais a pessoa está comprometida; depois, ajuda-a a usá-los de jeitos novos. Erickson mostra-se justificadamente "cauteloso quanto a dar sugestões ou a acrescentar alguma coisa nova no paciente; ao invés disso, ele facilita para o mesmo o uso de sua capacidade criativa e de desenvolvimento inovador, coisas que a pessoa já tem" (28, p. 5). Com esta forma de pensar, Erickson foi levado a desenvolver uma vasta gama de abordagens diferentes para os problemas humanos, porque sua abordagem fundamenta-se nas visões de mundo e nos padrões exclusivos àquele determinado paciente.

Num extremo, Erickson pode falar rudemente com um homem abatido e despencado numa cadeira, chamando-o de "nazista maldito!" na esperança de motivá-lo pelo orgulho ou pela raiva. Noutro extremo, pode dirigir suave e pacientemente sua voz a Joe, velho florista, usando uma metáfora a respeito do plantio de tomates, para ajudá-lo sutilmente a enfrentar a dor de um câncer terminal (37).

> O terapeuta que deseja ajudar seu paciente jamais deve zombar, condenar ou rejeitar alguma parte da conduta daquele, simplesmente por ser obstrutiva, insensata ou mesmo irracional... O terapeuta não deve limitar-se a uma avaliação do que é bom e razoável para funcionar como base dos procedimentos terapêuticos. Na realidade, muitas e mais vezes do que é percebido, a terapia pode firmar-se com solidez apenas utilizando como alicerce manifestações tolas, absurdas, irracionais e contraditórias (35, p. 500).

O conhecimento e a aceitação que Erickson demonstrou pela enorme variedade de padrões humanos levou-o a uma multiplicidade de caminhos para a implantação de seus projetos terapêuticos. Sua sabedoria e criatividade soberbas fizeram com que esses métodos parecessem idiossincráticos e cheios de truque. Os livros de Erickson (27, 28) e seus muitos artigos (35, 37) detalham o âmbito de seus métodos, sem desenvolver uma teoria abrangente ou um modelo terapêutico.

Estes métodos podem realmente parecer tão exclusivos e tão distantes da prática padronizada de psicoterapia e hipnoterapia que chegam a parecer-se com a obra de um gênio, muito além dos talentos da maioria dos demais terapeutas. Como o afirma Haley:

É esta grande diversidade que torna sua abordagem terapêutica difícil de ser encapsulada em alguma teoria geral de terapia. Evidentemente, existem princípios básicos a partir dos quais ele funciona; pode-se reconhecer um procedimento terapêutico ericksoniano tão facilmente quanto um quadro de Picasso (35, p. 534).

Como o disse certa vez o próprio Erickson: "Eu sei o que faço mas explicar como o faço é para mim muito mais difícil" (2, p. viii). O número de explicações disponíveis parece equiparar-se à ampla diversidade de métodos de Erickson e, talvez, quando tomadas em conjunto, todas elas possam estar corretas.

Estes princípios evidenciam-se no trabalho de Erickson há já muito tempo:

1. Encontre o paciente no ponto em que ele está, estabeleça contato (*rapport*).
2. Modifique as produções do paciente, adquira controle.
3. Use o controle que houver sido instalado para estruturar a situação de modo que as mudanças, quando vierem a ocorrer, façam-no de maneira desejável e compatível com os desejos e motivações interiores do paciente (10, p. 59).

Certa vez, Erickson foi procurado por um homem, em busca de hipnose. O homem andava de lá para cá pelo consultório, mostrando que não estava com vontade de sentar-se, que não conseguia fazê-lo. Erickson perguntou-lhe: " 'Você está disposto a cooperar comigo, continuando a andar de lá para cá, do jeito que está fazendo neste exato minuto?' Sua resposta foi uma exclamação de total espanto: 'Disposto?! Pelo amor de Deus, cara! Eu vou ter que fazer isso se eu ficar aqui dentro' " (35, p. 34). Erickson encontrou o paciente no ponto em que ele estava e consolidou um *rapport*, ficando assim em condições de determinar as bases da terapia ao dirigir, pelo menos em parte, o comportamento de andar de lá para cá naquele paciente, pois que então esse comportamento deixou de ser *obstrutivo* para tornar-se *responsivo*. O padrão do homem (naquele momento) incluía andar de lá para cá e Erickson cooperou com o jeito daquele homem, intigando-o a andar de lá para cá. Depois, quando o homem respondeu prosseguindo com o mesmo comportamento, Erickson pôde modificá-lo ao dizer ao homem em que parte do consultório ele poderia andar de lá para cá e, deste modo, chegou no controle. Esta técnica de utilização "satisfaz as necessidades presentes do paciente ao mesmo tempo em que emprega, como parte significativa do procedimento de indução, o próprio comportamento que domina o paciente" (35, p. 35).

O modelo de terapia familiar breve destina-se a tornar os princípios subjacentes aos métodos de Erickson suficientemente explícitos aos outros terapeutas, destituídos dos dons especiais de Erickson. O modelo expande estes princípios do campo da hipnoterapia para o da terapia familiar. O modelo está elaborado para ser conciso o bastante de modo a que outros terapeutas possam considerá-lo eficiente; isto nos leva a concordar com Mara Selvini-Palazzoli quando afirma que "o êxito na terapia não depende da personalidade carismática dos... terapeutas mas, ao invés disso, no método adotado. Na realidade, *se o método for correto, não há necessidade alguma de carisma*" (56, p. 11). Embora a presença latente de Erickson tenha todo um carisma, os métodos são eficientes por si mesmos, sem carisma. Foi através dos esforços do CTFB no sentido de aplicar os métodos e procedimentos de Erickson que se desenvolveu nossa abordagem e a teoria binocular da mudança deve muito a este processo.

INSTITUTO DE PESQUISA MENTAL

O grupo de terapia breve do IPM (64, 67) também tem parte de seus fundamentos enraizados em Milton Erickson. Desenvolveu uma abordagem de trabalho em terapia dentro da qual os problemas dos clientes são entendidos como aspectos da interação que está acontecendo. Este seu modelo baseia-se em seu trabalho anterior (5, 62), que conceitua a família e a terapia por meio das lentes do paradoxo russelliano. Descrevem "comportamentos perturbados, dissidentes ou difíceis na pessoa (como também os comportamentos em geral) essencialmente como um fenômeno social, que ocorre como um aspecto de um sistema, refletindo alguma disfunção no mesmo, e cujo melhor tratamento será uma modificação apropriada do dito sistema" (67, p. 145). Seu enfoque é explicitamente "pragmático" e dirigido a abordagens práticas de solução dos problemas humanos, destinadas a serem tão econômicas e simples quanto possível.

De acordo com este enfoque, o grupo é bastante orientado para seus objetivos, valorizando instrumentos e técnicas com base em sua utilidade na consecução dos objetivos. Muitas destas técnicas, bem como os princípios por trás das mesmas, derivam do trabalho de Milton Erickson, apesar de a "conceituação de problemas e de tratamentos que fazem ser aparentemente pelo menos mais geral e explícita do que a de Erickson e provavelmente diferente, em diversos itens específicos" (67, p. 146).

O que distingue nitidamente este grupo é sua ênfase na formação e na solução de problemas. Basicamente, a postura deste grupo assume que problemas são resultantes da má abordagem de eventos cotidianos que, a partir desse momento, são mantidos pelos próprios esforços que as pessoas fazem para resolver a situação.

Consideremos, a título de ilustração, um padrão comum entre o paciente deprimido e sua família. Quanto mais tentarem alegrá-lo e levá-lo a ver o lado positivo da vida, mais deprimido, provavelmente, o paciente se tornará: "Eles nem me entendem". A ação destinada a *aliviar* o comportamento da outra pessoa agrava-o; a "cura" torna-se pior do que a doença original. (67, p. 149).

Portanto, a terapia breve destina-se a interromper este padrão e a substituí-lo por um novo padrão de comportamento. Por exemplo, o grupo do IPM poderia ajudar a família da pessoa deprimida a parar de agravar a situação, fazendo-a parar com seus esforços de "alegrá-lo" (60). Por sua vez, este "cessar da cura" pode ajudar a pessoa deprimida a tornar-se menos deprimida e até mesmo fazer com que cesse de ser/estar deprimida.

Nossa idéia é que a mudança, em geral, pode ser efetuada com a máxima facilidade se o objetivo da mesma for razoavelmente pequeno e nitidamente apresentado. Quando o paciente houver experimentado o sabor de uma mudança pequena, mas definida na natureza aparentemente monolítica do seu mais aparente problema, essa experiência conduzirá a outras mudanças, auto-induzidas; freqüentemente, isto ocorrerá em outras áreas além da original (67, p. 150).

A própria força do modelo do IPM, ser pragmático e dirigido para o objetivo, é também sua principal fraqueza. Em momento algum (15, 64, 65, 67), o grupo chega explicitamente a abordar sua forma de fazer terapia breve com pessoas que tenham objetivos mutuamente exclusivos e mal-esboçados, incapazes de serem por elas articulados. Esta limitação no âmbito do modelo de terapia breve do IPM levou de Shazer a tentar expandir o modelo a fim de incluir objetivos mutuamente exclusivos (18). Apesar de a expansão original do modelo do IPM ter sido planejada apenas para isso, os capítulos subseqüentes demonstrarão o modelo novo de terapia familiar breve que se desenvolveu em grande parte daquele esforço inicial.

GRUPO DE MILÃO

Partindo das mesmas raízes (5, 62), um outro modelo de terapia breve desenvolveu-se em Milão (55, 56). Apesar de influenciado pelos terapeutas breves do IPM (principalmente pelas visitas anuais de Watzlawick, o trabalho deste grupo deriva principalmente dos primeiros trabalhos de Watzlawick (62) e do modelo de Haley de família esquizofrênica (33).

Este trabalho ofereceu-nos os instrumentos adequados para a análise de comunicações; a noção da coexistência de duas línguas, a analógica e a digital; o conceito de pontuação na interação; o conceito da necessidade de definir o relacionamento e os vários níveis verbais e não-verbais que podem ser usados para defini-lo; a noção de posições simétricas e complementares nos relacionamentos; e a noção fundamental de paradoxo sintomático e terapêutico (56, p. 8).

Uma contribuição significativa deste grupo é a noção de "conotação positiva" (56) que se desenvolveu a partir da necessidade do terapeuta de evitar contradizer-se no caso, mais adiante na sessão, de ele mesmo decidir-se pelo uso de um contraparadoxo, prescrevendo um sintoma. Contudo, apenas conotar positivamente o sintoma identificado no paciente não é sistêmico e o grupo de Milão faz grandes esforços para ser consistentemente sistêmico. Portanto, o grupo não conota positivamente apenas os sintomas, como também os padrões que os rodeiam.

Em outras palavras, ao qualificarmos comportamentos "sintomáticos" como "positivos" ou "bons" porque são motivados pela tendência homeostática, *o que estamos conotando positivamente é a tendência homeostática do sistema, e não seus membros* (56, p. 58).

O grupo de Milão tem também aguda consciência da dificuldade de pensar-se sistêmica ou circularmente devido à linearidade da linguagem ocidental. "Uma vez que o pensamento racional é formado pela linguagem, conceitualizamos a realidade (qualquer que seja) de acordo com o modelo lingüístico que, assim, torna-se para nós a mesma coisa que a realidade" (56, p. 52). Como recurso para escapar desta armadilha, o grupo sugere que os terapeutas substituam o verbo "parecer" pelo verbo "ser". O passo seguinte é, segundo a sugestão deles, substituir o verbo "mostrar" pelo verbo "parecer". De acordo com o grupo de Milão, este passo na descrição ajuda a pôr em nítida evidência os eventos do jogo. Portanto, descrevem a terapia como algo parecido com um jogo de xadrez no qual pouco ou nada é conhecido dos adversários exceto *como* jogam. Isto fica claro desde o título do livro publicado pelo grupo de Milão, *Paradoxo e Contraparadoxo*. Este demonstra que consideram útil o contra-duplo-vínculo apenas em situações (ou jogos) que envolvam um duplo vínculo.

Uma vez que o grupo de Milão baseia sua teoria de mudança no conceito de homeostase, cria "oposições imaginárias" epistemologicamente falsas, que conduzem-no à visão de terapia como desafio ou "jogo". Quer dizer, o grupo vê as situações como "contraparadoxo *versus* paradoxo". Isto é extremamente curioso já que seu formato, como o do CTFB, inclui uma pausa na sessão usada pela equipe para elaborar intervenções. Geralmente, suas intervenções são apresentadas como oriundas do grupo como um todo, a fim de fortalecer o poder da resistência homeostática à mudança por parte daquele sistema familiar. Apesar de o grupo comportar-se como se tivesse rompido a barreira de vidro, continua não obstante enxergando a família como "do lado de lá" e como objeto de estudo para observadores à distância.

CAPÍTULO 3

Procedimentos

"Eu nunca conseguiria fazer isso. Apesar de estes métodos darem a impressão de funcionar, são como uma espécie de mágica. Mesmo que eu conseguisse pensar na intervenção, eu nunca conseguiria convencer meus clientes a realizarem as tarefas."

Variações deste comentário têm sido ouvidas por todos os terapeutas breves, terapeutas estratégicos e terapeutas familiares breves, que tenham explicado ou demonstrado sua abordagem a outros terapeutas mais convencionais. Pelo menos em parte, os procedimentos no CTFB vêm sendo desenvolvidos como método de ensino, em resposta a este tipo de comentário. Enquanto o terapeuta usar o conceito de resistência e premissas aristotélicas, ficará difícil explicar o planejamento de intervenções. As premissas ecossistêmicas e a teoria binocular da mudança tornam mais fácil a elaboração de intervenções e o ensino da arte de planejá-las.

Um outro aspecto importante dos procedimentos é que o CTFB está muito interessado no encaixe entre teoria e prática. Portanto, as intervenções são elaboradas muito cuidadosamente e seus efeitos sobre o sistema familiar, sessão a sessão, são estudados pelos elementos da equipe que ficam atrás do espelho. De uma sessão para a seguinte, a equipe tenta predizer a resposta que a família relatará em seguida a uma intervenção.

Descrever e utilizar o modo de cooperar demonstrado pela família são outros dois aspectos de nosso atual campo de estudo e da natureza experimental da abordagem do CTFB. Quando o líder está expressando o cumprimento após a pausa para deliberação (e antes de dar à família uma "pista" a respeito da solução de seu quebra-cabeça), a equipe anota cuidadosamente como a família apresenta suas respostas às colocações da equipe. Com base nas reações exibidas pela família, a equipe tem algumas indicações do grau de êxito de seus esforços para descrever (a si mesma) os padrões familiares, de maneira isomórfica. Além disso, a partir das respostas que a família apresenta ao cumprimento, a equipe irá predizer como a família responderá à pista que, em geral, é dada na forma de uma tarefa. Em cima da reação exibida pela família aos dois elementos da mensagem terapêutica, a equipe prevê o tipo de resposta à pista que a família relatará na sessão seguinte.

No CTFB, a sessão terapêutica é dividida em seis partes: (1) planejamento prévio da sessão; (2) prelúdio; (3) obtenção de dados; (4) pausa para deliberação: planejamento de intervenções; (5) apresentação da mensagem: intervenção; (6) esforços de estudo. A sessão dura aproximadamente uma hora; a pausa para deliberação ocorre após os primeiros 40 minutos. O mesmo esquema é observado em todas as sessões, apesar de poder ser modificado, se necessário, em sessões mais avançadas. As atividades serão descritas para o líder e também para o resto da equipe, atrás do vidro. Será usado um *tipo gráfico diferente* para se descrever as tarefas de trás do espelho.

Os métodos utilizados pela equipe atrás do espelho são destinados a operacionalizar os conceitos correlatos de isomorfismo e cooperação. A tarefa da equipe é não elaborar uma descrição linear do sistema familiar, nem da interação terapêutica. Ao contrário: sua tarefa consiste em descrever os padrões que a família relata e exibe. Devido às limitações da língua inglesa,* as descrições de dados circulares e dos métodos de obtenção destes dados precisam ser apresentados de modo seqüencial. Contudo, os resultados são mais circulares do que lineares, devido aos procedimentos de mapeamento. Evidentemente, o "mapa não é o território" e, assim, todas as descrições são apenas aproximações.

PLANEJAMENTO PRÉVIO DA SESSÃO

Antes da primeira sessão, a equipe compara suas anotações de outros casos já tratados que incluam alguns elementos semelhantes em termos da situação descrita pelo membro da família que marcou a hora. Se, por exemplo, a família inclui um elemento que urina na cama, a equipe discutirá, antes da sessão, padrões anotados de interação em torno desta queixa e padrões já tabulados de intervenção considerados eficientes, pelo menos em algumas situações semelhantes. A equipe desenvolve assim um guia temporário que sugira ao líder algumas espécies de informação aparentemente pertinentes às de outras

---

* E da língua portuguesa, neste sentido. (N. da T.)

famílias que incluíram um elemento que urinava na cama. Isto é realizado rápida e superficialmente a fim de não prejudicar os esforços do líder na obtenção de dados significativos para aquela família em particular.

(Em geral, a equipe inclui terapeutas com níveis diferentes de experiência. Poderão compô-la, por exemplo, terapeutas breves com larga experiência em famílias, terapeutas familiares experientes, terapeutas treinados em outros modelos, treinandos pós-graduados e recém-formados. Uma vez que o número de pessoas poderá ser bem grande, estas diferenças ajudam a garantir que a equipe não deixará o líder ficar preso a uma perspectiva predeterminada com excessiva rigidez. Quer dizer, estas diferenças ajudam a impedir a equipe de ficar presa a um guia temporário que possa não se mostrar útil. A presença de mais de um pensador sistêmico ou ecossistêmico atrás do espelho dá muitas vezes à equipe mapas diferentes dos sistemas família e terapia. Isto aperfeiçoa a prática da equipe em elaborar um mapa isomórfico.)

PRELÚDIO

(Em termos musicais, parte preliminar de uma composição que serve de introdução. Seção ou movimento que introduz os temas e que é considerada como parte integral da composição.)

Nesta fase da sessão, com geralmente 10 minutos de duração, o líder evita (quando possível) qualquer discussão das queixas que trouxeram a família à terapia. Ao invés disso, ele enfoca o contexto social da mesma. Suas perguntas giram em torno do local em que vive a família, como é o bairro e a vizinhança, qual sua religião, que espécie de trabalho seus membros executam, a que escola vão as crianças. São investigadas resumidamente todas as áreas que não pareçam vinculadas às queixas. Em geral, o líder adota uma postura informal para obter estas informações, determinando um clima social ameno, de conversas "de salão". Sua tentativa é a de consolidar um relacionamento não ameaçador e proveitoso com a família toda, e aprender um pouco do modo como a família enxerga seu mundo.

Atrás do espelho, a equipe observa os padrões revelados pela família. Acompanhará a tonalidade ditada pelos temas propostos pelo líder, e falará sobre áreas não problemáticas, ou forçará a conversa diretamente para as queixas? Por exemplo, a equipe anotará quem fala mais e para quem; se alguém fala em nome de outro; quem se mantém mais silencioso; as frases favoritas que alguém use para descrever uma coisa que não é problema. É importante que a equipe observe o vocabulário e as profissões porque elas poderão indicar em parte o modo como a família enxerga o mundo; isto permitirá à equipe ser mais isomórfica em suas descrições. (Uma coisa é ter alguém que molha a cama quando a família tem um pai que trabalha no terceiro turno de uma fábrica, outra é a mesma queixa acontecendo numa família cujo pai é ministro protestante, e outra ainda quando a família não tem pai.)

Em menor escala, a equipe observa os atributos usados por todos os membros da família, individualmente: (1) visuais, auditivos, cinestésicos, (2) cognitivos. Isto parece menos importante do que as sentenças particulares que cada pessoa emprega, mas pode se constituir em informação útil se a equipe observar que o líder está com dificuldade em se comunicar com alguma pessoa da família em especial. Unir as frases favoritas com as palavras prediletas facilita ainda mais à equipe comunicar-se com a família, auxiliando-a inclusive a planejar intervenções que sejam isomórficas. Contudo, estes dois níveis de cuidado parecem secundários ao encaixe das palavras da equipe com a visão de mundo e padrões da família.

Algumas famílias e determinadas pessoas mudam de frases favoritas e de atributos quando abordam um problema (i. é, usam palavras diferentes para descrever outros aspectos de sua situação total). Quando isto acontece, a equipe observará o acontecido e usará palavras não-problemáticas (anotadas durante o prelúdio) para elaborar e apresentar a mensagem terapêutica. Isto é feito para ajudar a família a perceber uma nova diferença e assim promover mudança.

OBTENÇÃO DE DADOS

Cerca de 10 minutos depois de iniciada a sessão, o líder interrompe o prelúdio e passa a abordar a principal questão da sessão (por aproximadamente 30 a 35 minutos), perguntando à família: "Bem, qual é o problema em que *podemos* ajudá-los?" Este tipo de pergunta em geral é feito à família como um todo, e não a uma pessoa. A *resposta* às vezes indica quem está mais perturbado pela queixa. Às vezes, a discussão sobre *quem* deverá responder pode dar à equipe informações a respeito de como tomam decisões e de como são os relacionamentos entre os membros da família.

Assim que alguém houver respondido, o líder suscitará a visão diferente do mesmo problema, segundo todas as outras pessoas daquele grupo familiar. Uma vez que a visão de cada um é diferente, o líder elicia esta informação para ajudar a equipe a planejar a tarefa de intervenção.

Ao longo de toda a sessão, a atitude do líder é tão isenta de crítica quanto possível, apesar de isto não significar inatividade. Tudo que a família diz e faz é aceito como "suficientemente natural e normal *dada a situação*".

O líder toma um cuidado especial para descobrir o que a família já fez como tentativa de solucionar o quebra-cabeça que trouxe para terapia. (As tentativas da família de lidar com seu problema estariam na realidade servindo para agravá-lo?) Por exemplo, uma família que tenha alguém a urinar na cama pode atravessar todo o ritual de consultas a médicos na tentativa de encontrar a cura, sem sequer considerar a criança como uma "criança problema". Ou, podem considerar como traquina a criança que molha a cama e por isso puni-la. Algumas famílias pegam a criança, levam-na à igreja e rezam por ela; outras consideram molhar a cama como normal, mas o médico da família, seu pastor religioso, ou alguém da escola pode se perturbar com a situação. É importante diferenciar cada uma destas variações sobre o tema urinar na cama. Cada uma destas situações, em famílias diferentes, provavelmente terá padrões muito diferentes e serão diversos também os modos de cooperar demonstrados pelas mesmas.

Ao aprovar os esforços da família no sentido de lidar com suas queixas, o líder está evidentemente consolidando seu relacionamento com a mesma. E também está aprendendo como os seus membros cooperam, com outras pessoas e entre si mesmos. Ao ser não-crítico, o líder também mantém em aberto a opção da equipe de cumprimentar a família por seus esforços.

Ao fazer com que os membros da família falem entre si e uns dos outros, os esforços da equipe no sentido de obterem dados padronizados são significativamente facilitados. Um método indireto parece muito mais eficiente do que a forma direta de dizer às pessoas "falem umas com as outras a respeito disto". Se a discussão estava girando em torno de a filha ter consciência dos momentos em que chupa o dedo e do que faz a mãe na tentativa de impedir tal comportamento, o líder pode perguntar a uma terceira pessoa quais são seus comentários a respeito do que se passa entre mãe e filha, quanto a este problema; ou seja, o pai pode ser pesquisado quanto ao que vê acontecer quando a mãe vê a filha chupando o dedo. Pode-se depois pedir que a mãe diga o que acontece quando o pai pega a filha em flagrante, e que a filha relate o que sucede entre sua mãe e seu pai. Parece muito mais fácil para as pessoas descreverem interações entre duas pessoas do que descrever interações nas quais tenham um papel ativo. Se há uma terceira pessoa, por exemplo um irmão, pode-se obter ainda mais dados de observação, se ele puder descrever o que acontece entre os outros três. Às vezes, as versões coincidem, às vezes, não. De qualquer maneira, estas descrições dão à equipe algumas informações a respeito de como os membros da família percebem-se uns aos outros. Uma vez que as pessoas parecem gostar de corrigir umas às outras, esta "técnica de entrevista interativa" pode em muitas ocasiões promover animadas discussões entre os membros da família, que sejam relevantes para a tarefa. Quer dizer, em resposta a estes tipos de perguntas, a família dá à equipe informações sobre seus "moldes" e sobre a seqüência comportamental.

Em algumas situações, os membros da família descreverão um grupo de queixas que parecem relacionar-se umas às outras; em outras situações, podem descrever problemas que não parecem relacionados. A tarefa do líder é ajudá-los a enfocar uma queixa em particular sobre a qual começar a trabalhar. Entretanto, nem sempre é possível esse tipo de enfoque. Com freqüência, as várias queixas obedecem a um mesmo padrão (ou meta-padrão) e, portanto, a escolha do que enfocar não será relevante, já que a intervenção pode ser elaborada neste meta-nível.

O líder atuará ajudando a família a determinar um objetivo, ou objetivos, para a terapia; ao relacionar um objetivo com um problema, facilitará o enfoque mais nítido das tarefas necessárias à consecução do(s) mesmo(s).* Em geral, o líder pergunta à família (e não a uma pessoa) algo do tipo: "O que você quer conseguir com este trabalho aqui, conosco?" Mais uma vez, é provável que o líder enfatize como são inevitáveis opiniões diferentes a respeito disto, assinalando que tentará ajudar a família a estreitar seu foco de atenção para um só objetivo. Quando auxilia a família a enfocar um problema, o líder tenta também facilitar o esclarecimento de suas próprias respostas ao mesmo e a adoção de uma descrição tão específica e comportamental quanto possível de seu(s) objetivo(s). O líder não forçará sua tentativa de ajudar a família neste sentido se ela demonstrar incapacidade de focalizar um objetivo e tampouco abandonará sua atitude não-crítica.

O enfocar é muito importante porque enquanto os objetivos da família forem por demais globais ou distantes, no futuro não existirá maneira eficaz nem para a família, nem para a equipe, de saber a utilidade da terapia. Portanto, como parte do processo de enfoque, o líder pergunta à família: o que a convencerá de que "estão sendo feitos progressos significativos em direção do objetivo"? Ou: "O que

---

* Devemos nos lembrar de que as famílias são em geral muito aristotélicas. Portanto, o líder aborda seqüências com a família "como se" estivessem em funcionamento regras simples de causa e efeito. As famílias não têm interesse pelo refinamento implícito em pensar circularmente, independente do quanto possam ser epistemologicamente corretas as idéias implicadas.

deverá necessariamente acontecer, no mínimo, para que vocês tenham certeza de que o problema está em vias de ser resolvido?"

A técnica de entrevista interativa pode ser útil também quando se tentam estabelecer os sinais de progresso ou de objetivos. Por exemplo, o líder pode perguntar este tipo de coisa a cada pessoa: "Sra. H., como é que a senhora acredita que o Sr. H. se convencerá de que o problema está em vias de ser solucionado?" Depois, ele pode perguntar a mesma coisa sobre a sra. H. para o sr. H. As respostas a este tipo de questão fornecerão à equipe algumas informações a respeito de como os membros da família percebem-se uns aos outros. Este tipo de informações é parte importante dos dados necessários à equipe para seu trabalho de remodelagem.

O líder em geral mostra-se bastante ativo quanto a ajudar a família a definir este "sinal" de progresso em termos concretos. Por exemplo, a família pode estar querendo que pare a chupação de dedo. Isto parece ser um obejtivo suficientemente razoável. Contudo, nunca se poderá ter certeza de que o êxito será alcançado. Portanto, os sinais de progresso são necessários tanto para a família quanto para a equipe saber que seus esforços estão sendo recompensados. É mais fácil medir alguma coisa quando ela começa do que ter certeza de que algo parou porque — mesmo depois de um longo intervalo — ela poderá recomeçar. Em geral as famílias escolhem um período de tempo como sinal de que o problema está em vias de ser resolvido, quer dizer, tantos e tantos dias sem que o dedo seja chupado.

Os objetivos dos clientes podem ser aproximadamente alinhados ao longo de um *continuum* de vagos a específicos. O líder ajudará a esclarecer o tipo do objetivo, para que a equipe consiga verbalizá-lo como o começo de alguma coisa, mesmo que a família não consiga. Contudo, nem sempre é possível encontrar uma maneira para ajudar famílias extremamente vagas ou confusas a se tornarem mais específicas. Justamente com famílias muito vagas ou enormemente confusas é que o líder tentará definir sinais mais nítidos de progresso, que possam ser empregados mesmo que os objetivos permaneçam indefinidos.

Quando as queixas da família forem muito vagas, seus objetivos provavelmente serão tão vagos quanto aquelas ou quanto quaisquer sinais de progresso que consigam identificar. Às vezes, o líder deverá simplesmente aceitar essa imprecisão como parte dos esforços da família em cooperar. O líder tem toda liberdade para, em sessões posteriores, renovar estes esforços para a determinação de objetivos devido à necessidade da família de conhecer a utilidade da terapia. Evidentemente, esta imprecisão é tão útil à equipe quanto qualquer outro tipo de informação porque informa-a sobre a melhor maneira de ser isomórfica com os padrões familiares.

Os sinais podem, com freqüência, indicar o movimento da família para fora de seu molde (inferido), em direção da consecução do objetivo de eliminar o padrão de queixa. Além disso, a consecução dos sinais (subobjetivos) ajuda a indicar para a equipe o momento de aumentar o intervalo entre as sessões porque o molde já está rompido e mudanças espontâneas poderão ocorrer à medida que começar a reorganização do sistema, processo esse que leva tempo. Quer dizer, com freqüência, sinais são comportamentos aceitáveis e recentes que indicam o início de funcionamento de um novo conjunto de regras ou definições.

A postura não-crítica do líder está relacionada ao conceito de Selvini-Palazzoli de "conotação positiva"; este implica atribuir "intenções positivas ao tipo de comportamento interpessoal comumente descrito como destrutivo ou prejudicial" (55, p. 228). No entanto, a postura de não-criticidade se aplica à situação total que a família descreve e à sua visão de mundo, não se limita à "situação problema". Esta atitude de aceitação ajuda a gerar o tipo de cooperação supra-sistêmica, necessária a uma terapia bem-sucedida. Primeiro, o líder aceita os padrões da família e os moldes específicos por ela utilizados na definição do que é que está acontecendo. É somente então que a família permite à equipe cooperar com a mesma na promoção da mudança: este princípio foi aprendido com Erickson.

Durante as sessões do prelúdio e da obtenção de dados, a equipe está fazendo muito mais do que apenas observar um outro terapeuta trabalhando com uma família. Depois que a equipe derrubou a barreira imposta pelo vidro, tornou-se mais empenhada na terapia do que apenas ajudar o terapeuta em seus momentos de necessidade. À medida que a equipe veio percebendo que era participante integral da sessão terapêutica e que também fazia parte do mesmo supra-sistema que incluía o sistema familiar e o terapeuta em sala com a família, a equipe, repetimos, percebeu que seus papéis e tarefas precisavam ser definidos de modo que a família pudesse colher os benefícios de sua experiência coletiva.

Uma das tarefas primordiais definidas pela equipe, para si mesma, enquanto se localizava atrás do espelho, consistia em descrever o sistema família de um modo tal que fosse facilitado o desenvolvimento de intervenções isomórficas e de cooperação entre família e equipe. Uma vez que estes conceitos são correlatos e uma vez que definem a interação familiar a partir de ângulos diferentes, será preferível um instrumento descritivo que inclua os dois tipos de informações de modo que seja útil à equipe.

Ao longo de toda a sessão, a equipe está observando os padrões que a família emite em resposta às ações-reações do líder. Sobretudo, a equipe está atenta a quaisquer padrões que os membros da família descrevam como ocorrências regulares. Evidentemente, a equipe está especialmente interessada nos padrões que a família descreve como ocorrências em torno da área de queixa. A equipe interessa-se por seqüências comportamentais nas quais caibam tais padrões e nos moldes-significados-crenças que os membros da família atribuem aos comportamentos que fazem parte da seqüência. (A técnica de entrevista interativa, descrita acima, é útil aos esforços da equipe para a obtenção destes tipos de dados porque pode eliciar informação a respeito de seqüências e de moldes.)

Contudo, devido a uma falta de palavras na língua inglesa *, estes padrões devem ser descritos em seqüência mesmo que os comportamentos possam acontecer simultaneamente e que vários membros da família possam descrever a seqüência como fenômeno ocorrendo em diversas ordens. É claro que o líder e a família, enquanto partes de uma discussão social, falam necessariamente sobre os padrões "como se" o padrão fosse governado por uma simples "causa-efeito" e como se o padrão acontecesse em seqüência simples. Este tipo de descrição é suficiente desde que a equipe tome o cuidado de se lembrar que os padrões são circulares e multicausais.

Foi desenvolvida uma técnica de mapeamento para facilitar a descrição desses padrões, incluindo tanto a seqüência quanto os padrões, pelo menos na forma de esboço, e que é útil para a descrição dos padrões e para o desenvolvimento das intervenções. O padrão clássico "amolação-retraimento" será usado para ilustrar o uso da técnica. Por exemplo, se o marido está pedindo à esposa que lhe diga que ela o ama e ela não o faz, e se o casal descreve estes comportamentos como repetitivos, então pode-se fazer o tipo de mapa exibido na página ao lado (Figura 3.1).

Devemos nos lembrar de que esta pontuação é arbitrária e que o mapa poderia ter começado com "*l. Esposa está silenciosa*", que é pontuação do marido. Quer dizer: quando o marido descreve esta seqüência, ele explicará que pergunta à esposa alguma coisa sobre o amor que ela nutre por ele "porque ela está silenciosa e não fala disso por si". Quando a esposa descreve esta seqüência, ela explicará que não responde às repetidas perguntas que lhe são feitas porque "ele só faz me

---

* E na língua portuguesa, neste sentido. (N. da T.)

amolar o tempo todo". Em resumo, ele descreve a seqüência como "Eu amolo porque ela se retrai", enquanto ela descreve a mesma seqüência como "Eu me retraio porque ele me amola". O casal poderá acrescentar outras explicações. Ele poderá dizer que precisa perguntar-lhe repetidas vezes se ela o ama porque se sente inseguro já que faz um certo tempo que ela não lhe diz isso. Por outro lado, ela poderá dizer que não responde às suas perguntas freqüentes pois fica zangada pela insistência das perguntas que indicam a falta de confiança que ele deposita nela. Além disso, ela poderá dizer: "Atos falam mais alto que palavras" e ela efetivamente *demonstra* que o ama. Parte destas informações pode ser acrescida ao mapa para ajudar a equipe a descrever o contexto ou moldes segundo os quais ocorre a seqüência (vide Figura 3.2).

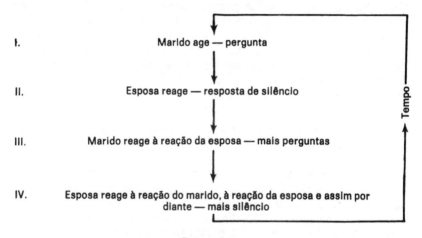

Figura 3.1.

Assim que a coluna de "moldes", ou de "significados atribuídos" ou "dos nomes do contexto" for acrescida ao mapa da seqüência comportamental, a equipe pode introduzir uma terceira coluna ao mapa para introduzir algumas indicações de caminhos possíveis para a remodelagem da situação, significados diferentes possíveis que a mesma seqüência comportamental eventualmente tenha.* Estes novos significados poten-

---

* Não perder de vista as três colunas é um dos propósitos da existência de uma equipe atrás do espelho. É difícil para uma só pessoa (terapeuta sem uma equipe) acompanhar o desenvolvimento (1) da seqüência, (2) os

MOLDES

Marido sente-se inseguro

Esposa sente que marido não confia nela

Marido sente-se mais inseguro, ameaçado

Esposa sente-se zangada

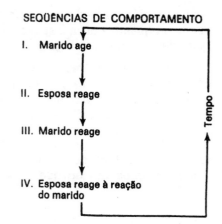

Figura 3.2.

cais são verbalizados de forma positiva para que aconteça um novo ângulo de visão. Por exemplo, o silêncio da esposa poderia ser descrito como atitude protetora em relação ao marido no caso de ela realmente exprimir a profundidade de seus sentimentos. Ou, as questões que ele faz poderiam ser descritas como protetoras em relação à esposa, evitando que ela tenha dúvidas a respeito de seus sentimentos enquanto ele está tanto tempo em viagem. (Estes significados são apenas sugeridos. A remodelagem que a equipe faz depende do contexto e este em geral não é transferível de uma família para outra.) A equipe poderia ainda incluir, no trecho do mapa, o sistema representacional preferido pela família (nesta situação em particular). De acordo com esta descrição, pode-se inferir que o marido

---

moldes, e (3) as remodelagens possíveis. Portanto, à guisa de dispositivo de treinamento, estas três tarefas são executadas separadamente. Pede-se ao treinando que primeiro anote o que está acontecendo usando para essas anotações apenas termos positivos; isto já confere ao líder material para usar em remodelagens. A tarefa seguinte que se pede do treinando é que não perca de vista a seqüência de comportamento descrita. Em geral, o líder aborda explicitamente a seqüência e os moldes da família e, portanto, esta informação está gravada em fita ou em vídeo-teipe. Uma vez que as intervenções da primeira sessão tendem a ser gerais e amplas, o material de remodelagem é de suma importância. As duas outras colunas do mapa podem ser derivadas do teipe. É claro, este é o objetivo de treinar a formação de profissionais em terapia breve que possam realizar um trabalho eficiente se trabalharem sem uma equipe. Esta técnica de mapeamento pode ser imediatamente transferida para anotações, quando se trabalha com uma equipe, logo que o terapeuta tenha experiência bastante.

prefere o sistema auditivo — ele quer "ouvir" palavras ditas por ela — enquanto que a esposa prefere o sistema visual — ela quer *demonstrações* (Figura 3.3).

Esta forma de mapear uma seqüência interativa pode ser de grande utilidade para o terapeuta ou para a equipe, em sua elaboração de intervenções ou remodelagem de mensagens. Os elementos do mapa (I, II etc.) representam os fatos concretos da situação. As setas têm um duplo sentido: (1) *representam* "*leva a*" e (2) representam o "contexto" da seqüência comportamental. A coluna de "moldes" dá os nomes do contexto que a família apresenta ou que a equipe consegue inferir a partir das descrições da família. Os "significados possíveis" estão na coluna que apresenta à equipe nomes alternados do contexto que podem ser usados tendo em vista a remodelagem. Quando se elabora uma mensagem de remodelagem, as setas estão sujeitas a transformações. O isoformismo é mantido porque os elementos (I, II etc.) continuam os mesmos, mas os significados que a equipe possa atribuir conferem à mensagem terapêutica um "ângulo diferente" e assim a família poderá receber um bônus, a notícia de uma diferença que pode conduzir a mudanças.

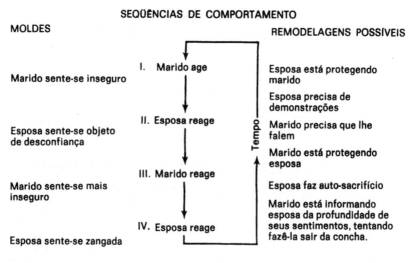

Figura 3.3.

Sobretudo, esta forma de mapear também descreve a própria seqüência. Se a maneira de cooperar exibida pela família inclui o desempenho de tarefas, então este mapa também fornece os dados a respeito da seqüência que a equipe pode usar para a elaboração de tarefas. (As diretrizes para o desenvolvimento de tarefas serão descritas no Capítulo 4.)

Esta técnica de mapeamento não se limita a casais em terapia: pode ser usada com famílias maiores. Por exemplo, a família pode descrever a seguinte seqüência: (1) criança comporta-se mal; aí (2) pai grita com a criança e (3) a criança chora enquanto a mãe intervém; depois (4) mãe e pai discutem, enquanto criança sai de cena; (5) pai retoma a atitude disciplinadora em relação ao filho e (6) mãe retira-se para seu quarto. Após um certo período, a seqüência se repete (Figura 3.4).

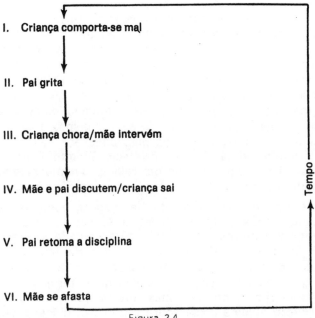

Figura 3.4.

A família pode oferecer um grande leque de significados para esta seqüência. Por exemplo, o pai pode gritar com a criança porque pensa que ela precisa aprender o jeito certo de aprender as coisas. Ele pode pensar também que a mãe não é severa o suficiente com relação ao comportamento da criança. A mãe pode não ter punido aquele comportamento em particular por não tê-lo considerado "merecedor" de uma intervenção; acabou interferindo porque pensou que o pai estava sendo por demais severo. Portanto, mãe e pai discutiram a respeito deste desacordo e a criança chorou porque (1) o pai foi severo demais ou (2) porque os pais discutiram. O pai, considerando que a mãe estava sendo mole demais, retoma a disciplina adotada no caso enquanto a mãe está zangada com o pai e afasta-se dele.

Dentre os vários significados alternativos que a equipe poderá atribuir à seqüência, o seguinte possivelmente se enquadrará e será útil. O pai, ao disciplinar a criança e assim parecer "mau sujeito", poderia estar protegendo a mãe que é "boa pessoa" e, deste modo, estar protegendo o relacionamento mãe-filho. A mãe, ao intervir, pode estar protegendo o relacionamento pai-criança, tentando ajudar o pai a parecer menos "mau sujeito". Sobretudo, a discussão entre os pais pode proteger a criança de passar pelo rancor da raiva do pai. O mau comportamento da criança pode proteger o casamento dos pais, na medida que os aproxima e esta pode ser a resposta intuitiva da criança à sua percepção de uma distância excessiva entre eles. A retomada da disciplina pelo pai, após a discussão, poderá proteger a mãe de ter que comportar-se como má pessoa e, portanto, ser entendida como auto-sacrifício de sua parte, já que então ele estaria disposto a parecer um mau sujeito. O afastamento da mãe pode ser visto como protetor do direito do pai de ter um relacionamento aberto e direto com sua criança, ao invés de um relacionamento mediado pela mãe, como ocorre em muitas famílias (vide Figura 3.5).

Este tipo de procedimento de mapear pode ser iniciado bem esquematicamente, na primeira sessão, com um número crescente de informações sendo acrescentado à medida que o líder for tendo condições de eliciá-las da família. Independente dos detalhes da primeira sessão, esta técnica de mapeamento pode ajudar a equipe a desenvolver formas de comportar-se isomorficamente em suas intervenções, e ajudá-la também a inferir alguma coisa sobre a provável maneira de cooperar típica daquela família. Em parte, esta última informação decorre da própria entrevista, porque a interação do líder com a família indica (o bastante para que a equipe tenha uma boa pista a respeito) a maneira que a família tem de cooperar. Se a família pratica uma forma de cooperação que permite ao líder obter muitos detalhes, então a equipe pode inferir que as tarefas sejam eventualmente úteis. Se a família apresenta uma forma relativamente vaga de cooperar, que deixa o mapa vazio

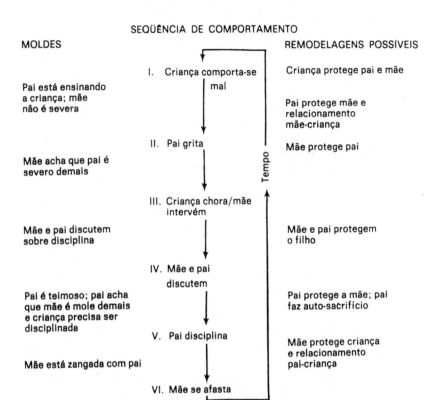

Figura 3.5.

de detalhes, então a equipe pode assumir que as tarefas não serão úteis, provavelmente.

Esta técnica de mapeamento ajuda a pôr em parcial organização os dados que dão à equipe o entendimento dos padrões, apesar de os detalhes precisarem talvez de esclarecimentos ou correções, conforme prosseguir a terapia. Apesar disso, esta aproximação mantém a ênfase circular que pode ser útil à elaboração da intervenção pela equipe. Estes procedimentos apresentam vantagens nítidas porque o mapa tem tanto "os fatos concretos" descritos pela família quanto o "contexto". Além disso, este mapeamento começa a definir o ângulo diferente que a equipe precisará usar na promoção da mudança.

PAUSA PARA DELIBERAÇÃO:
ELABORAÇÃO DA INTERVENÇÃO

Os sinais, os objetivos e as informações constantes nos mapas fornecem à equipe os dados necessários para a elaboração de uma intervenção que, segundo o formato do CTFB, tem duas partes: (1) o cumprimento e (2) a pista. Tanto quanto possível, a equipe precisa verbalizar a intervenção empregando as frases favoritas da família e seus atributos escolhidos, enquanto tem em mente que a intervenção deve se basear numa descrição feita de ângulo diferente. Essa maneira de verbalizar facilita à equipe o desenvolvimento e a apresentação isomórficos; assim fica mais fácil para a família aceitá-la, na medida em que respeita suas realidades. A família parece sentir-se como tendo sido ouvida, quando a equipe usa a linguagem desta maneira.

Cumprimento

Assim que a equipe tenha descrito o(s) padrão(ões) familiar(es) em termos tanto de suas seqüências quanto de seus significados, pode a seguir desenvolver uma intervenção que se constitua no primeiro passo de um "conjunto sim" (27, 28). Quer dizer, algumas afirmações positivas com as quais a família possa concordar são usadas para facilitar sua aceitação das pistas (sugestões ou tarefas) que seguem-se ao cumprimento. Este conjunto sim tem início obtendo-se a focalização da atenção da família no líder, ao voltar à sala onde estão aguardando por quaisquer comentários que ele venha a fazer. Depois, na primeira parte de sua declaração, ele valoriza e reconhece as experiências atuais da família (tanto na sala terapêutica quanto fora dela, ao lidarem com a sua situação), e estas ele irá associar com a pista a respeito de como começar a solucionar o quebra-cabeça daquela família. Basicamente, o conjunto sim está destinado a aumentar a probabilidade de que a família venha a encontrar uma forma de cooperar com a sugestão ou com a tarefa terapêutica. Esta probabilidade aumenta se a intervenção da equipe houver sido elaborada para ser isomórfica.

Quando o líder retorna à sala, após a pausa para deliberação, é provável que a família esteja esperando uma série de *insights* profundos e interpretações agudas a respeito de sua configuração psicológica. (Como o disse certo cliente: "Bom, e quando é que vou ficar sabendo do que tá podre?") A família poderá até mesmo estar preparada para rebater os ataques nos "tipos negativos de colocação" (como um adversário). Ao invés disso, a equipe desenvolve afirmações elogiosas que se baseiam na sessão de remodelagem (do mapa) e em detalhes da descrição da família. Em geral, o cumprimento da primeira sessão é bastante superficial, e os cumprimentos vão se tornando mais específicos à medida que prosseguem as sessões.

Por exemplo, se uma família forneceu à equipe detalhes suficientes para ser preenchido o mapa anterior, visto na Figura 3.5, então o cumprimento da equipe poderia sair mais ou menos como este:

> Antes de mais nada, estamos impressionados com todos os ótimos detalhes que vocês nos deram a respeito de sua situação. A maioria das famílias que já atendemos está muito longe de ser tão observadora destes detalhes. Suas descrições nos foram de muita serventia. Está claro para nós que vocês dois são pais amorosos e dedicados, criativos ao máximo em suas tentativas de solucionar o problema. Outra coisa· incomum nos surpreendeu: vocês parecem se importar muito com o modo como o outro trata o garoto. A maioria dos pais só costuma se interessar pelas dificuldades da criança.

Este cumprimento inclui o segundo passo na construção de um conjunto sim, a saber, fixar a atenção da família em suas experiências presentes. O terceiro passo consiste em relacionar indiretamente as experiências presentes da família com a pista.

Pista

Esta parte da intervenção, a pista, deverá utilizar a parte abrangida pela seqüência comportamental no mapa, ao mesmo tempo em que tratará de ser tão isomórfica quanto possível. Quanto mais nitida· mente houver sido descrita a seqüência comportamental, mais fácil será para a equipe a criação de uma tarefa.

Por exemplo, com a mesma família, o líder poderia continuar dizendo o seguinte:

> Daqui até a próxima vez que nos encontrarmos, a equipe gostaria que cada um de vocês observasse o que acontece quando· estão sozinhos com Jimmie e se ele se comporta errado, dessa maneira. E gostaríamos de conhecer alguns outros detalhes: quando, durante a semana — em que dias e momentos — Jim se comporta mal com mais freqüência, enquanto vocês dois estão lá.

A maioria das pistas, tal como esta, está associada com algo que é razoável de se esperar num futuro imediato, quer dizer, o mau comportamento da criança prosseguindo mais um tempo. Com freqüência, estas "sugestões contingentes podem ser vinculadas umas às outras, formando uma rede de associações que cria um sistema de apoio mútuo e de impulso para o início e para a execução de um padrão terapêutico de respostas" (27, p. 33). Ou seja, se a família aceitou o cumprimento, existe uma probabilidade de que venha a considerar a tarefa ou sugestão associada como existente em sua forma de cooperar. Os exemplos de caso mais adiante no livro ilustrarão o uso do conjunto sim ou da combinação de um cumprimento com uma pista, como a forma de intervenção. Este conjunto de intervenções permite à equipe operacionalizar os conceitos correlatos de isomorfismo e cooperação.

Assim que a intervenção estiver planejada, o líder passará à leitura da mesma, ou a sua apresentação caso não esteja escrita. Cerca de 10 minutos depois, o líder volta à sala de terapia.

TRANSMISSÃO DA MENSAGEM

Enquanto o líder está transmitindo a intervenção, a equipe está observando como cada um dos membros da família reage às mensagens. Com freqüência, os membros da família demonstrarão sua aceitação assentindo com a cabeça quando ouvem certos trechos assinalados pelo líder (de onde o rótulo "conjunto sim"). Se a mensagem tiver sido construída de maneira descritiva realmente isomórfica, a família acrescentará comentários com outros exemplos que indicarão que a equipe entendeu os padrões.

Se, contudo, a família não mostrar sua aceitação do cumprimento, o líder pode abordar outros pontos mais, baseados nos dados do mapa. A equipe pode telefonar para a sala sugerindo outros pontos ou então poderá sugerir que o lider *não* transmita a pista planejada. Se a família não aceitar o cumprimento então é provável que não encontre uma forma de cooperar com a pista. Se a família deixar de exibir sinais de aceitação pelo cumprimento, esta informação significa que a descrição da equipe provavelmente não foi isomórfica o suficiente.

Assim que o líder está relativamente seguro de que a família aceitou o cumprimento, ele continua transmitindo a pista. Depois disso, ele dá à família um pouco de tempo para esclarecer as sugestões e para reagir a toda a mensagem. No ínterim, outras discussões são mantidas num mínimo para que a rede de associações possa ganhar impulso para que a família possa eliciar uma resposta terapêutica. Outros tópicos e novas informações poderão interferir com este processo, e sendo assim o líder passa rapidamente para o final da sessão.

ESFORÇOS DE ESTUDO

Depois que a família saiu, a equipe se encontra para avaliar as respostas imediatas da família à mensagem e depois prevê o tipo de respostas à tarefa que ela provavelmente relatará na sessão seguinte.

Primeiramente, a equipe anotará suas observações das respostas da família ao cumprimento e à pista. A partir disto, a equipe fará algumas predições. Se a família mostrou aceitação, a equipe preverá que retornarão para a próxima sessão. A seguir, a equipe fará predições a respeito do tipo de respostas que a família relatará à pista: realizarão a tarefa de maneira direta e objetiva, irão modificá-la, farão o contrário da mesma, não a executarão, ou será a resposta vaga demais para que a equipe a entenda (vide Capítulo 4). Se a equipe achou que a maneira de cooperar da família, por um lado e, por outro, o cumprimento e a pista, foram suficientemente isomórficos, então a habilidade de predição da equipe chegará mais perto do alvo.

Em segundo lugar, a equipe fará previsões a respeito da probabilidade de que a família tanto relate mudanças no padrão da queixa quanto mostre à equipe algumas modificações, na sessão seguinte. Todas estas predições são registradas como parte dos arquivos da equipe.

A equipe geralmente obtém os melhores resultados quando está experimentando, sem qualquer resultado específico em mente como objetivo para uma intervenção em particular. Os sinais e objetivos dão à equipe uma direção segundo a qual se movimentar, mas nenhuma informação a respeito de como chegar lá. O "como chegar lá" vem mais das respostas às mensagens que a família relatará na sessão seguinte. Em particular, com a pista inicial, a equipe *não* está procurando um resultado específico mas, sim, procurando prever qual dos conjuntos de resultados prováveis irá ocorrer. Os principais resultados das mensagens da primeira sessão são as informações fornecidas pelo relatório das respostas familiares.

O Capítulo 4 tratará especificamente dos padrões de relato de respostas e da construção de tarefas. Este e os capítulos subseqüentes abordarão padrões familiares mais complexos e vagos do que os aqui mencionados, neste capítulo, sobre os procedimentos da primeira sessão. Uma vez que é necessário o mesmo tipo de informações e que o método de construção das mensagens é o mesmo, o formato das sessões finais permanece inalterado. Os dados principais a serem obtidos centralizam-se em torno do relatório de respostas da família à tarefa, o que confere à equipe uma descrição progressivamente mais útil da maneira peculiar daquela família cooperar. Estas informações garantirão maior precisão na elaboração de tarefas.

CAPÍTULO 4

Mais Procedimentos

INTERCONEXÕES

O Capítulo 3 descreveu os procedimentos usados na primeira sessão. Nas últimas, o formato continua o mesmo e são usados os mesmos procedimentos. Assim que a família retorna para a segunda sessão, a equipe terá mais informações a respeito da maneira de cooperar por ela demonstrada; deste modo, a equipe terá melhores condições de cooperar com os esforços de mudança da mesma. Cada intervenção subseqüente será erigida à base dos resultados mencionados em relação à mensagem anterior e, portanto, a descrição da equipe mapeará cada vez mais de perto os padrões da família.

Uma vez que não podemos seguir a família com uma equipe de câmera oculta, durante o intervalo entre as sessões, não podemos detalhar o mecanismo da reação da família à intervenção. Mesmo com a técnica da câmera oculta, ainda não teríamos certeza de estarmos lidando com um simples relacionamento "causa-efeito" porque intervenção e mudança, idéia que facilmente demais torna-se linear, não é útil numa situação ecossistêmica. Na situação de terapia, só podemos controlar — no melhor das nossas habilidades — as intervenções terapêuticas.

Talvez não necessitemos nos preocupar tanto com causa e efeito como possa parecer à primeira vista. Como o sugeriu Capra, "as estruturas e os fenômenos que observamos na natureza nada mais são do que criaturas de nossa mente mensuradora e categorizadora" (13, p. 266). Os físicos subatômicos só podem observar os resultados de seus experimentos com colisões a alta velocidade estudando as fotografias do que já aconteceu. Os físicos desenvolveram diagramas da teoria da matriz S que não retratam mecanismos detalhados de uma reação mas apenas especificam as partículas iniciais e finais. Assim, a matriz S "é uma coleção de probabilidades para todas as possíveis reações que envolvem hadrons" (13, p. 266).

78

O novo conceito importante na teoria da matriz S é a mudança na ênfase, de objetos, para eventos; seu interesse básico não são as partículas, mas a reação das mesmas. Essa mudança de objetos para eventos é exigida tanto pela teoria dos quanta como pela teoria da relatividade. Por um lado, a teoria dos quanta esclareceu que uma partícula subatômica só pode ser entendida como uma manifestação da interação entre os vários processos de mensuração. Não é um objeto isolado mas, ao contrário, uma ocorrência, ou evento, que interliga-se com outros eventos de maneira particular... As interligações numa tal rede não podem ser determinadas com certeza, mas são associadas com as probabilidades. Cada reação ocorre com certa probabilidade (13, p. 252, 254).

Apesar de a física subatômica só poder ser superficialmente aplicada como metáfora à situação terapêutica, a mudança de ênfase, dos objetos, para os eventos e daí para processos de múltipla causalidade é semelhante nos dois casos. Não estamos estudando pessoas, ou famílias ou a terapia como objetos. Ao invés disso, estamos estudando as interações entre os subsistemas de um ecossistema. Estamos em busca de eventos e de processos que indiquem a existência de interconexões entre as séries de eventos da primeira sessão e as séries de eventos na segunda: o estado inicial (durante a primeira sessão) do sistema familiar, depois uma intervenção, depois um período de tempo, seguido por um novo estado da família que ela demonstrará à equipe, na segunda sessão. Cada sessão de terapia pode ser considerada como um "experimento" independente, tendo a sessão seguinte o valor de medida do estado novo, alcançado desde a sessão anterior. Podemos registrar as interligações indicadas sem considerar a intervenção como "causadora", no sentido tradicional.

Evidentemente, o terapeuta (como cientista/artesão) precisa enxergar a intervenção e a mudança como interligadas, senão a terapia seria sem sentido e caótica, aleatória. Este pressuposto pode ser atenuado pelo conhecimento de que este não é um simples relacionamento causa-efeito mas, ao contrário, que faz parte de uma cadeia de múltipla causalidade. Esta cadeia multicausal é complexa demais para ser estudada de modo linear. Mas pode ser descrita da seguinte maneira: (1) a família descreve sua situação para a equipe terapêutica; (2) a equipe elabora um mapa descritivo desta situação, baseando-se nessa descrição (da descrição da família); (3) a equipe elabora uma intervenção (isomorficamente e concordante com a esperada maneira de cooperar); (4) a família recebe a intervenção; (5) durante o intervalo entre as sessões, a família reage à intervenção e às situações de vida diária; (6) a família retorna à terapia, onde descreve sua reação à intervenção e à sua situação de vida; (7) a equipe faz a descrição da família, e assim por diante. Deste modo, podemos seguir os padrões dos subsistemas família e equipe terapêutica, as interações do supra-sistema também, como um processo de séries de eventos observados que mantém nítidos os relacionamentos do observador com o observado. Desta maneira, a segunda sessão (6, acima) é semelhante às fotografias dos eventos que os físicos estudam (Figura 4.1). Nem o físico, nem o profissional de terapia familiar breve, podem conhecer os detalhes dos complexos mecanismos que atuam entre o evento 1 e o evento 2. A matriz S só pode fornecer ao físico uma probabilidade para cada um dos possíveis resultados. Os profissionais de terapia familiar breve também podem conhecer, dentro de certa probabilidade, a margem de ocorrência de cada resultado (vide Figura 4.2).

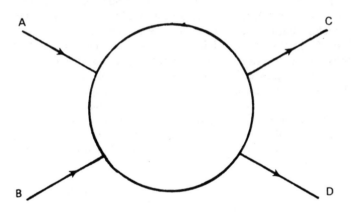

Figura 4.1. Diagrama da matriz S (segundo Capra). "Os processos Hadron... são representados simbolicamente por diagramas como o acima, que retrata uma das reações mais simples e gerais com partículas: A e B sofrem uma colisão e emergem como duas partículas diferentes C e D. Estes diagramas... não retratam o detalhado mecanismo da reação, especificando simplesmente as partículas iniciais e finais" (13, pp. 250-251).

TAREFAS

Uma vez que um grande número de modelos de terapia familiar e de terapia breve inclui o uso de tarefas, diretrizes, ou compromissos como parte de seu método de intervenção, parece bastante curioso o escasso montante de material disponível para a orientação de terapeutas na construção de intervenções específicas que possam incluir tarefas para que a família realize entre as sessões de terapia.

Diversos autores, incluindo Haley (38), Minuchin (49), Watzlawick *et al.* (64) e de Shazer (20, 21, 24) discutem o valor e o uso de tarefas na terapia. Parece que "a prática de dar instruções a pacientes, na forma de comportamentos, é pelo menos tão antiga quanto o próprio conceito de cura" (1, p. 96). As tarefas são, muitas vezes, uma forma de intervenção estratégica que serve a diversos propósitos. Em geral, a atribuição de tarefas tem o objetivo de *promover mudanças*, ou seja, ativar novos padrões transacionais" (1, p. 99).

Haley enuncia alguns outros propósitos:

> Dar diretrizes ou atribuir tarefas a pessoas individualmente ou a famílias serve a diversos propósitos. Primeiramente, o objetivo principal da terapia é levar as pessoas a se comportarem diferentemente e a terem experiências subjetivas diferentes. As diretrizes são uma forma de levar estas mudanças a ocorrerem. Em segundo lugar, as diretrizes são usadas para intensificar o relacionamento com o terapeuta... Em terceiro, as diretrizes são usadas para a coleta de informações (38, p. 49).

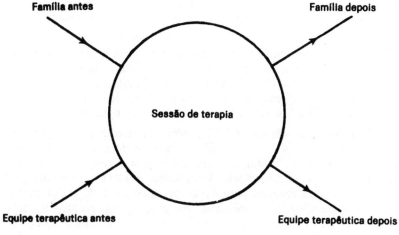

Figura 4.2. Diagrama de matriz S. A sessão de terapia está simbolicamente representada pelo diagrama acima. O sistema familiar e o sistema terapia sofrem uma colisão, com o objetivo de modificar a família. Este diagrama não retrata o detalhado mecanismo da sessão terapêutica, especificando apenas os estados inicial e final tanto da equipe como da família.

A experiência clínica registra que algumas pessoas desempenharão suas tarefas, enquanto outras não. Algumas informações, fornecidas pelo campo da farmacologia, dizem que, em média, as pessoas só conseguem tomar metade das doses prescritas para elas e que, em certos casos, as pessoas deixam de tomar até 90% dos medicamentos prescritos (11). Apesar de uma pesquisa semelhante não ter sido aparentemente feita no campo da terapia familiar, não há razão para se assumir que uma pesquisa em psicoterapia fosse produzir resultados significativamente dessemelhantes para o campo como um todo.

Para a maioria dos terapeutas familiares, a atitude relativa ao completamento de tarefas parece ser que

> às vezes a família aceita uma tarefa e descobre que os comportamentos alternativos eliciados pela mesma são preferíveis aos antigos, descobrem que a família pode funcionar melhor, no âmbito mais amplo. Outras vezes, a família modifica a tarefa, a contradiz ou a evita (49, p. 152).

Quando a família não executa a tarefa, a maioria dos modelos sugere que ela estaria demonstrando resistência à mudança. Esta noção pode ser entendida como fracasso por parte do terapeuta em pontuar a situação de tal modo que a "falta de cumprimento" possa ser vista como produto da situação interacional — o supra-sistema. Seja qual for a resposta da família às tarefas, seu relato provê os terapeutas com novas informações, que esclarecem as situações.

Alguns autores fizeram sugestões para o aumento da probabilidade de que uma família venha a aceitar a tarefa e então executá-la. Juntamente com o grupo do IPM (64), de Shazer sugeriu a verbalização de tarefas usando a "linguagem" da família, de tal sorte que as tarefas se enquadrem melhor dentro da visão de mundo da família (19). Isto facilitará a aceitação da diretriz por parte da família.

O modelo de terapia familiar breve sugere que a resposta da família a uma tarefa é produto da interação e da comunicação entre os dois subsistemas, e também uma mensagem a respeito do relacionamento entre os subsistemas. Além disso, a resposta relatada pela família é uma mensagem, para a equipe, a respeito de como pratica sua forma peculiar de cooperação. Portanto, qualquer resposta relatada pela família pode ser incluída em uma de cinco categorias (direta e objetiva, modificada, oposta, vaga, nula) e faz parte do padrão da família, bem como parte do padrão do supra-sistema. Deste ponto de vista, todas as tarefas são bem-sucedidas porque dão ao terapeuta mais informações a respeito das diferenças entre seus mapas e a forma de cooperar que aquela família está lhe mostrando.

Até que ponto a família ou seus membros em separado realizaram a tarefa? A família relata alguma mudança? A equipe nota alguma mudança? Como são as mudanças? As mudanças observadas e relatadas pela família são correlatas às predições da equipe? Todas essas perguntas e suas respostas são informações necessárias que a equipe deve ter antes de ser planejada a próxima intervenção. Portanto, a obtenção destas informações é a principal preocupação do líder, durante a fase de "coleta de dados" da sessão. As respostas que a família relata — (1) direta e objetiva, (2) modificada, (3) oposta, (4) vaga, (5) nula — indicam ao terapeuta que tipo de resposta este precisa apresentar para cooperar com uma família em particular.

Relato de Respostas — Padrões de Intervenção

1. Se a família recebeu uma tarefa direta, como parte da pista, e relata tê-la desempenhado de modo direto e objetivo, então o modelo sugere que a próxima intervenção incluirá uma outra tarefa direta. A família demonstrou que sua maneira de cooperar inclui a realização de tarefas diretas e, portanto, a equipe pode continuar cooperando, valendo-se de uma outra tarefa direta para ajudar na promoção de mudanças.

Por exemplo: a família Powells recebeu a incumbência de observar e registrar a freqüência de discussões, brigas e provocações entre seus dois filhos (meninos de 6 e 8 anos). Na segunda sessão, o relato da família incluía datas, horas, lugares das brigas, para cada um dos dias do intervalo de duas semanas. Os pais observaram que a freqüência de provocações e sua duração diminuiu à medida que se aproximou o final do intervalo. Seu relato indicou também que a mãe interferiu mais freqüentemente que o pai, embora o pai estivesse em casa, no período.

Dado que a família relatou uma resposta direta e objetiva à primeira tarefa, a equipe planejou uma outra tarefa também direta e objetiva: solicitou-se ao pai e à mãe que alternassem os dias em que tomariam sozinhos conta das brigas e provocações dos meninos. O outro pai deveria observar e permanecer tão distante quanto possível. A equipe previu que a família Powells realizaria a tarefa. Na terceira sessão, o relato indicou que a família não adotou uma forma direta e objetiva e que a freqüência e a duração das provocações diminuiu independente de qual dos dois genitores interferia.

2. Se a família relata a modificação de uma tarefa direta, então o modelo sugere que a equipe continua a cooperar, dando à família uma tarefa que ela possa facilmente modificar. Às vezes, a própria equipe pode adiantar estas opções para a família, ou pode apresentar-lhe uma tarefa indireta dentro da pista (como contar uma história cujo padrão seja isomórfico aos padrões da família). A família poderá relatar uma resposta que indique ter ela modificado uma tarefa indireta em direta. Quer dizer, ao apresentar seu relato à equipe, a família mostrará que estava seguindo uma diretriz.

Por exemplo, o sr. Rosa tinha a incumbência de observar o que acontecia entre sua esposa e seu filho, quando esta o surpreendia em uma de suas freqüentes mentiras. A sra. Rosa recebeu a tarefa inversa: deveria observar o que acontecia quando o marido flagrava o menino. Foi-lhes pedido que fizessem isso toda noite, entre a hora do jantar e a hora de ir para a cama. Na segunda sessão, relataram ter executado a tarefa de modo muito mais aleatório.

Uma vez que a família relatou uma modificação de uma tarefa direta, a equipe elaborou uma intervenção que poderia facilmente garantir a cooperação da família, modificando novamente a tarefa. Os pais ouviram uma história a respeito de uma outra família, em que havia uma criança mentirosa, e que tinha conseguido um milagre. Toda vez que a mãe observava o pai lidando com o filho por causa de uma mentira, ela dava uma moedinha de um centavo para a criança; o pai fazia o mesmo quando observava mãe e filho tratando de alguma mentira. Os pais tomavam o cuidado de fazer isso com irregularidade e de não dizer uma palavra quando davam o dinheiro para o filho. Por alguma razão, as mentiras cessaram. Depois desta história, o sr. e a sra. Rosa receberam a tarefa de acompanhar a freqüência das mentiras contadas no intervalo das duas semanas seguintes. A equipe previu que o casal adotaria alguma versão do "truque do centavo".

Quando a família voltou para a sessão seguinte, relataram "ter seguido o conselho da equipe", dando ao garoto um centavo quando o pegavam trabalhando sua mentira com o outro genitor. Inicialmente, o menino pareceu confuso e depois eles ficaram horrorizados quando as mentiras aumentaram durante um dia, mas respeitaram o conselho fielmente. Depois de três dias, as mentiras atingiram o ponto máximo, depois subitamente desapareceram. Não tinham apanhado o menino mentindo durante 10 dias seguidos.

Comentário. Este tipo de intervenção ou truque é com freqüência rotulado de maneira errada como "intervenção paradoxal". Ela não é paradoxal. A intervenção pode ser mapeada de maneira direta e objetiva e sobreposta aos padrões da família e à resposta por ela relatada à tarefa anterior. Os padrões da família não são descritos como paradoxais e, portanto, a intervenção não pode ser rotulada de paradoxal, porque não existe paradoxo que a intervenção tenha que confrontar.

Conforme o assinala Dell (17), só porque o resultado não foi o que seria de se esperar à base de premissas aristotélicas, isto não significa que a intervenção seja paradoxal.

> Quando um problema permanece inalterado face a uma solução tentativa, os ocidentais não concluem que suas premissas estejam incorretas. Ao contrário, decidem que o problema é sério e persistente. Esta interpretação é considerada "sensata". Os orientais, por outro lado, con-

cluiriam que a *solução* foi inapropriada. Para estes, a realidade da situação reside na interação entre o "problema" e a solução tentativa. Também esta é a visão do terapeuta interativo. "Sensatez", aparentemente, é algo relativo à "cultura" da pessoa (17, p. 40).

O terapeuta que usa este tipo de intervenção, espera que haja um resultado: o fim das mentiras do menino e o fim da interação dos pais com ele, a respeito de mentiras. Portanto, esta intervenção, para o terapeuta, não soa "absurda" ou paradoxal, apesar de assim poder parecer para a família (que pode ser considerada como sistema que usa premissas aristotélicas).

3. Se a família relata a execução do oposto de uma tarefa direta, então o modelo sugere que a equipe tem melhores condições de continuar cooperando com o modo de cooperar da família dando-lhe uma tarefa que inclua respostas "opostas" em potencial.

Por exemplo, a sra. Miller passou a primeira sessão inteira detalhando suas queixas a respeito do marido e do seu relacionamento com ele. A situação abusiva da situação piorara recentemente mas ela rejeitava a idéia de se separarem. A equipe deu-lhe a tarefa de "pensar e anotar o que *não* queria que mudasse no marido e no relacionamento com ele". Apesar de mostrar-se surpresa e confusa, concordou em fazer a tarefa.

Quando voltou para a segunda sessão, relatou que só tinha sido capaz de pensar no que estava *errado* e, portanto, tinha ido embora. Nesta altura, sentia-se exultante e enxergava as coisas todas cor-de-rosa; não permitia que essa disposição interferisse em seus pensamentos a respeito dos passos práticos que necessitava adotar. Dado que relatara uma "resposta oposta" à primeira tarefa, a equipe deu-lhe uma tarefa baseada nesta informação. Sugeriu-lhe que, quando se desfaz um casamento, a maioria das pessoas logo fica muito deprimida e começa a pensar em voltar à união, novamente. Portanto, a equipe perguntou se a sra. Miller poderia observar os sinais do início de uma depressão, anotando-os.

Ao retornar para a terceira sessão, a cliente relatou apenas aspectos positivos e, portanto, tinha acompanhado as coisas boas que haviam ocorrido. Não via sinal algum de uma depressão emergente e pensava que a equipe estava enganada em sua avaliação da situação por ela apresentada.

4. Se o relato da família a respeito de suas respostas a uma tarefa direta for vago e/ou confuso, então o melhor meio de a equipe continuar cooperando com o padrão exibido pela família consiste em planejar e dar-lhe uma tarefa vaga. Freqüentemente, esta

imprecisão é exibida à equipe durante a discussão de objetivos da primeira sessão. Não obstante, a equipe em geral dá uma tarefa direta para que o relato da terceira sessão possa esclarecer esta situação. Em muitas ocasiões, a imprecisão se manterá constante até que se esclareçam as necessidades da família. Então a equipe precisará responder com nitidez.

Por exemplo, o sr. e a sra. Bell eram incapazes de especificar um objetivo para a terapia que fosse além de "melhor comunicação". Saberiam que isto estaria ocorrendo quando ambos "se sentissem melhor". Em momento algum da primeira sessão, conseguiram descrever quaisquer mudanças de comportamento que pudessem indicar tanto melhor comunicação quanto melhores sensações. Inclusive as perguntas sobre modificações comportamentais provocaram mais descrições de vagos sentimentos de incômodo. A equipe pediu ao sr. e à sra. Bell que observassem o que se passaria quando experimentassem estas sensações de desconforto, ou sofressem um bloqueio na comunicação.

Durante a segunda sessão, o sr. e a sra. Bell relataram como experimentaram suas reações ao bloqueio na comunicação e como achavam que os sentimentos ruins os haviam despertado para "olha só como nos sentimos mal". Nenhum dos dois foi capaz de descrever o que estava se passando entre eles para provocar tais sentimentos e sensações. A equipe pediu ao casal que "observasse quando estivessem começando a se sentir incomodados e nesse exato minuto *fizessem* alguma coisa diferente". Depois, a equipe pediu-lhes que "relatasse de que maneira se sentiam melhor por terem feito algo diferente".

No transcorrer da terceira sessão, o sr. e a sra. Bell relataram sentirem-se melhor. A esposa atribuía isto à equipe terapêutica que sugerira a ela a escolha entre "sensações boas ou ruins". Depois de cumprimentá-los por esta descoberta, a equipe sugeriu que era provável a volta dos sentimentos desagradáveis, ou então que poderiam novamente predominar em sua experiência. Além disso, a equipe sugeriu que esta recaída "daria ao casal mais experiências para escolher os bons sentimentos em vez dos ruins".

O casal relatou, na sessão seguinte, que os dois sentiam-se melhor do que nunca, em relação aos últimos anos. A terapia se encerrou com esta sessão.

Comentário. Em ponto algum desta terapia foram estabelecidos objetivos comportamentais ou sinais de progresso. Neste tipo de situação é sempre difícil para a equipe *saber* se a terapia foi bem-sucedida, exceto pelos relatos dos clientes. No entanto, a equipe pode desenvolver intervenções ou mensagens isomórficas tão vagas quanto o é a informação da família. Tendo em mente que estas mensagens são apresentadas à família "de um ângulo diferente", esta pode assim receber o bônus da mudança desejada. Já que os padrões da família e as intervenções são vagas, naturalmente o resultado será vago.

5. Se a família relata a não execução de uma tarefa direta (por qualquer motivo), isto poderá significar: (a) que a não execução de tarefas faz parte da maneira de cooperar dessa família, assim demonstrada à equipe, ou (b) o mapa feito pela equipe dos padrões de cooperação da família, conforme ela os exibiu na primeira sessão, não foi suficientemente isomórfico. Em ambos os casos, a equipe precisa redefinir seus entendimentos dos padrões familiares. A seguir, pode ser dada uma tarefa direta como "experimento", para testar a nova descrição da equipe. Se subseqüentemente, a família relatar a realização do experimento, então a nova descrição da equipe provavelmente foi mais isomórfica. Se, contudo, a família relatar que *não* realizou o experimento, então isto pravavelmente demonstre à equipe que executar tarefas não faz parte da maneira de cooperar daquela família. Em todo caso, a resposta relatada fornece à equipe mais informações sobre como ser isormórfica e como continuar cooperando da melhor forma possível. Mesmo sem tarefas diretas, a mudança pode ser promovida através de mensagens suficientemente isomórficas para darem à família o bônus desejado. Evidentemente, a equipe pode continuar cooperando não dando tarefas, ou então usando histórias (vide 2, acima). A família pode *não fazer* coisa alguma para cooperar uma vez que está sendo diretamente solicitada a não *fazer* nada.

(Este método pode ser usado efetivamente com famílias relutantes ou mesmo com clientes involuntários.)

Por exemplo, o sr. e a sra. King, e sua filha Janet (de 14 anos) queixaram-se do que acontecia quando Janet fazia coisas erradas. Além de freqüentes acessos de birra, Janet saía às vezes de casa e ficava até tarde da noite na rua. Solicitou-se à família que observasse quando, onde e quem estava envolvido nesses transtornos, durante o intervalo das sessões.

Na segunda sessão, nenhuma das pessoas da família King foi capaz de relatar alguma coisa sobre tais detalhes. Logo após a primeira sessão, Janet teve um "grande acesso de birra" e isto perturbou todo mundo. Embora tivessem havido outros acessos durante a semana, ninguém conseguia recordar-se de quando tinham acontecido nem de quem estava envolvido. O sr. e a sra. King continuaram a esmiuçar suas queixas a respeito do comportamento de Janet. À medida que prosseguia a sessão, ficou claro para a equipe que a família estava mostrando que considerava o problema como "localizado em Janet" e que o sr. e a sra. King não iriam realizar tarefa alguma uma vez que isso implicava em concordarem que *eles* é que precisavam mudar. No que dizia respeito aos pais de Janet, era a filha quem tinha um problema e era ela quem precisava mudar. Da mesma forma, Janet mostrou à equipe que ela não iria mudar. A equipe desculpou-se por ter-lhes dado uma tarefa inadequada na sessão anterior, e sugeriu que estavam felizes com a resolução da família de não ter levado avante a tarefa, uma vez que provavelmente teria piorado as coisas. A equipe cumprimentou-os por sua descrição da delicada situação em que se encontravam e sugeriu que tinha havido de sua parte (da equipe) um mal-entendido quanto à séria dificuldade de Janet. A sessão acabou com estes comentários.

As queixas relativas à má conduta de Janet prosseguiram na terceira sessão. A família não relatou qualquer mudança. A equipe sugeriu ao casal que, apesar de evidentemente Janet estar passando por sérios problemas, uma experiência da parte dele poderia ajudar a equipe a esclarecer a verdadeira natureza do problema. Portanto, foi solicitado do sr. e da sra. King que fizessem alguma coisa diferente — não importava o quê — da próxima vez que Janet tivesse um acesso de birra. A resposta de Janet ajudaria os profissionais a determinarem exatamente "que tipo de problema" Janet realmente teria. (A equipe não esperava que o sr. e a sra. King executassem o experimento. Esta tática foi elaborada apenas para testar a descrição feita por ela da maneira de cooperar da família King.)

Na sessão seguinte, o sr. e a sra. King relataram terem sido incapazes de pensar em alguma coisa diferente para fazer e que, por conseguinte, não tinham feito o experimento. (Isto esclareceu à equipe a maneira de cooperar que a família King estava evidenciando.) Foi elaborada uma intervenção em que nenhuma das pessoas dessa família teria que fazer alguma coisa como tarefa. Nesta mensagem, a equipe afirmou que os problemas de Janet eram: (a) uma tentativa imatura de manter seus pais intimamente envolvidos com seus maus comportamentos infantis; (b) passíveis de continuar até que lhe fosse provado que seus pais continuariam intensamente envolvidos com ela depois que seus problemas desaparecessem. Estes dois aspectos foram explicados demoradamente e não foi prescrita nenhuma tarefa.

No transcorrer do intervalo de três semanas entre as sessões, os acessos de birra de Janet diminuíram de freqüência e intensidade. Isto não afetou aparentemente o número de queixas dos pais. Após duas outras semanas, o número de queixas caiu também, além de continuar declinando a freqüência das birras.

Comentário. Esta quinta categoria de padrões de resposta pode ser a mais difícil para a equipe responder com mensagens isomórficas. A princípio, é geralmente difícil de discernir se a "não-realização" das tarefas é uma mensagem para a equipe no sentido de que não tinham feito uma boa descrição da provável maneira de cooperar demonstrada por aquela família, ou se a não-realização é o que a família está mostrando como sua forma de cooperação. Uma tarefa experimental em geral é uma forma eficiente de esclarecer o significado desta mensagem.

A quinta categoria é aquela que pode favorecer intervenções paradoxais. Os padrões da família King podem ser descritos como incluindo a seguinte mensagem: "Ajude-nos a mudar/nada faremos para ajudar vocês a nos ajudarem a mudar." Esta afirmação, inferida pela equipe, é evidentemente auto-reflexiva. A segunda parte — inferida da não-realização da tarefa — é descrita como "meta" à primeira parte da colocação; comenta sobre si mesma, num nível diferente. Portanto, a intervenção pode ser descrita como contra-paradoxal porque a mensagem da equipe simplesmente "explica" o comportamento problemático e depois não sugere coisa alguma a ser feita até o problema ser resolvido. A equipe sugere que a única maneira de solucionar o problema consiste em os pais demonstrarem que continuarão preocupados, depois da solução do problema. Ou seja, a equipe está dizendo para a família *não* mudar até que tenha mudado: imagem em espelho da descrição feita pela equipe do que era a mensagem da família King.

Contudo, esta ginástica conceitual não é necessária. Os conceitos de cooperação e isomorfismo sugerem uma explicação diferente. A família King demonstrou à equipe que o cumprimento de tarefas não fazia parte de sua maneira de cooperar e que, portanto, a equipe poderia ajudar ao máximo se não prescrevesse tarefas. A intervenção isomórfica pode ser mapeada, de ângulo diferente, e sobreposta aos padrões da família, de modo que a família consiga receber o bônus da mudança. As mudanças comportamentais que se seguiram mostram que existe alguma inter-relação entre a mensagem e a mudanças.

Fluxograma ou Esquema de Decisão

Estas vinhetas clínicas ilustram os padrões de relato de respostas-intervenção. Na qualidade de vinhetas, os exemplos esboçam apenas os padrões que serão explorados com mais detalhes e que podem ser colocados num gráfico (conforme a ilustração da Figura 4.3) para ajudar o terapeuta a decidir qual será o melhor padrão terapêutico de cooperação.

Leitura do Gráfico. Ao final da primeira sessão, a família é cumprimentada e recebe uma pista, que se baseia na descrição feita pela equipe dos padrões da família demonstrados durante a primeira sessão, e também na descrição temporária por ela esboçada da maneira como a família virá a praticar sua maneira de cooperação. Baseada na premissa de que as tarefas podem ser úteis na promoção de mudanças, a pista da primeira sessão é, na maioria dos casos, uma tarefa direta. A resposta relatada pela família na sessão seguinte é informação a respeito da diferença entre a descrição temporária da equipe e a maneira demonstrada pela família.

Se a família realiza a tarefa direta de maneira direta e objetiva e faz relato disso na sessão seguinte, então a equipe poderá intensificar a cooperação equipe-família seguindo esta orientação (Figura 4.3, coluna 1) de outra tarefa direta. (Vide exemplo 1, acima.) Esta intervenção irá produzir *alguma* resposta (embaixo na coluna 1), que será relatada na sessão seguinte.

A resposta relatada na terceira sessão será lida novamente no alto do gráfico (Figura 4.3) e a coluna apropriada será seguida: se a resposta for direta e objetiva, então a equipe retoma a coluna 1; se a família modificou a tarefa, então a equipe muda para a coluna 2; se a família relatar que fez o contrário, então a equipe vai para a coluna 3; se a família faz um relato vago ou confuso, então a equipe usa a coluna 4; se a família relata que não fez a tarefa, então a equipe usa a coluna 5.

Se a família recebe uma tarefa indireta ou modificável (por exemplo, uma história) e seu relato indica que a modificaram para uma tarefa direta, então a equipe pode mudar para a coluna 1 e dar à família uma tarefa direta.

Ou, se a família recebeu uma tarefa vaga (coluna 4) e volta com dados concretos ou exige clareza, então a equipe pode continuar cooperando mudando para a coluna 1. Isto é semelhante à "técnica confusional" de Erickson (35) que acrescenta mais confusão até que o sujeito exija clareza (vide Capítulo 5). Portanto, a equipe, cooperando com a imprecisão da família, interviu de tal modo que alterou a maneira de cooperar da família, como fica evidente pela troca de resposta em seu relato.

Evidentemente, este fluxograma ou esquema de decisão (Figura 4.3) é somente um guia para ajudar o terapeuta a determinar qual categoria de tarefa criar. Como elaborar tarefas é algo que ultrapassa este simples gráfico, será abordado a seguir. O que importa reconhecer aqui é que o relato de resposta feito pela família mostra à equipe qual a melhor maneira de prosseguir cooperando com a forma de cooperar da família em questão. Isto é uma comunicação a respeito do desenvolvimento de padrões do supra-sistema. As tarefas não são simplesmente jogadas, dependendo da fantasia do terapeuta. Ao contrário, a tarefa é elaborada a partir das informações

Figura 4.3.

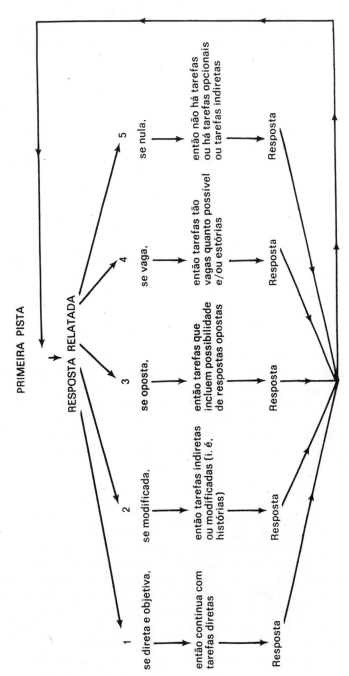

baseadas no padrão de resposta demonstrado pela família. Mais ou menos como a luz vermelha no painel de instrumentos, o relato da família informa ao terapeuta que ação ele precisa adotar a seguir para manter o supra-sistema voltado para o resultado final desejado.

Elaboração de tarefas

Diversos terapeutas parecem concordar que a elaboração de tarefas eficazes para serem usadas na terapia familiar é algo difícil porque o plano deverá levar em conta não só o comportamento problemático de uma pessoa (o sintoma tradicional) como deverá também incluir todo o padrão interativo da família que circunda o comportamento problemático. Além disso, este modelo sugere que os padrões do supra-sistema devem ser levados em conta.

O Grupo de Milão (54) descreveu um "ritual familiar", uma tarefa em-dose-única que parece destinada a solapar dramaticamente a necessidade da família por um sintoma. O Grupo assinalou que este tipo de tarefa é feita sob medida e com exclusividade, para um sistema familiar em particular e que precisa ser isomórfica em vários níveis. Estes rituais familiares são difíceis de serem inventados e portanto não são reutilizáveis com outras famílias, não importando o grau de similaridade das descrições dos terapeutas. Mais recentemente, o Grupo descreveu uma "prescrição ritual" (57) utilizável com muitas famílias que incluam um ou mais filhos problemáticos. Exceto por detalhes insignificantes, esta prescrição não varia de família. O que é mais importante, o Grupo de Milão lida com a utilidade para a equipe que existe no não-cumprimento de tarefas. Papp (51) descreveu a "prescrição do sistema", que é uma "intervenção paradoxal" para instruir a família a continuar fazendo o que ela já está fazendo, mas tendo em vista o bem da família e não porque não se pode impedir de fazê-lo. Haley (38), Minuchin (49), Andolfi (1), Watzlawick *et al.* (64) e de Shazer (19, 20, 22, 24) todos descrevem o uso de tarefas na promoção da mudança.

Tarefas eficientes parecem obedecer determinados meta-padrões (ou padrões de padrões). Goffman (31) estudou o processo de mudar atividades "sérias" em atividades "lúdicas". A partir de seu estudo de moldes e de mudar os mesmos, desenvolveu algumas diretrizes para esta transformação que pode ser usada como meta-padrão. Estas diretrizes podem ser usadas na íntegra (24) ou em parte, para ajudar o terapeuta a elaborar tarefas eficientes. O propósito destas diretrizes é ajudar os terapeutas a manterem seus planejamentos constantemente baseados nos padrões das famílias, em forma modificada e num contexto diferente.

Diretrizes

1. Os atos lúdicos são realizados de tal forma que suas funções habituais sérias não são percebidas. São feitos esforços para igualar a força "dos que brincam".

2. Há um exagero de alguns atos normais.

3. A seqüência normal serve como padrão que não é nem fiel nem completamente obedecido mas que está sujeito a inícios e paralisações arbitrárias.

4. As atividades necessárias são repetitivas.

5. Qualquer das pessoas que brinca tem o poder de interromper o jogo assim que ele começar.

6. Durante o jogo, a ordem de dominação pode ser misturada ou invertida.

7. O jogo parece independente de quaisquer necessidades externas dos participantes e continua por mais tempo do que o fariam as reais interações nas quais se baseia.

8. O jogo é social no sentido de envolver mais do que um participante, e assim sua natureza lúdica pode ser sustentada mais facilmente.

9. Existem sinais disponíveis que assinalam o início e o fim da natureza lúdica das ações (adaptado de 31, pp. 41-43).

Assim que a maneira de a família cooperar tiver sido demonstrada para o terapeuta, estas diretrizes poderão ser usadas para ajudar a elaboração de tarefas. O padrão familiar, a seqüência comportamental conforme tiver sido mapeada, devem formar a base deste tipo de intervenção. Os "fatos concretos" do padrão em torno da queixa devem ser usados, e estas diretrizes podem ajudar o terapeuta a decidir como modificar a seqüência e o contexto em que é desempenhado o padrão. Em outras palavras, as diretrizes de Goffman (31) podem ser usadas para ajudar o terapeuta a remodelar a seqüência comportamental, mudando partes da seqüência. Dados de estudos de caso ilustrarão este processo de remodelagem e o uso do fluxograma ou esquema de decisão.

MUDANÇA DE CLAVES

Pode parecer um pensamento banal o de que mudanças pequenas são mais fáceis de serem executadas do que as grandes. Terapeutas e famílias também, porém, são freqüentemente forçados a aceitar mudanças pequenas como a "única coisa possível", tipo "a segunda melhor alternativa". Muitas vezes esta é a atitude expressa por observadores de terapia familiar breve. O observador verá a equipe trabalhando cuidadosa e deliberadamente no sentido de uma pequena mudança, de um sinal de progresso, e considerando o trabalho bem-sucedido quando acontece uma pequena modificação no molde que contém o quebra-cabeça daquela família. Este aspecto da terapia familiar breve sempre surpreende os observadores. Indagam e às vezes em voz alta: "Como é que uma equipe de terapeutas pode considerar tão significativa para a família e para o problema que esta apresenta uma mudança tão restrita?"

As mudanças pequenas que começam o processo de remodelagem causam, porém, resultados maiores: a solução do quebra-cabeça quando o objetivo é atingido. Quando a pequena mudança é alcançada, a família torna-se então capaz de perceber o padrão da queixa de modo diferente e assim seus membros recebem o bônus.

O conceito sistêmico de holismo e a "tautologia autocurativa" de Bateson (9) sugerem que havendo mudança em algum aspecto do sistema, a organização toda do mesmo será deste modo alterada; cada aspecto do sistema implica todo o restante do mesmo. Este tipo de reorganização leva tempo e o terapeuta precisa respeitar este tempo, variável de família para família. O Grupo de Milão adotou intervalos padronizados de um mês, devido ao tempo que a reorganização parece levar (56).

Analogicamente, a composição musical pode ajudar a tornar mais nítida esta noção de efeitos causados por mudanças pequenas. À semelhança de qualquer outro empreendimento humano, a música tem regras e padrões que o compositor segue consciente ou inconscientemente. Quando ouvimos música, percebemos uma seqüência de notas que ou é agradável aos ouvidos ou não é. Assim que reconhecemos uma seqüência particular de notas, qualquer desvio nos fará imediatamente saber que existe algo diferente. E ainda mais o compositor que "sabe" existir alguma coisa "errada" quando está construindo a seqüência. A título de experimento, podemos imaginar que J. S. Bach compôs a seqüência mostrada na Figura 4.4.

Estas notas obedecem uma seqüência específica: fá-lá-si-dó-lá-ré--dó-si-lá. Se você for tocar esta seqüência no piano, perceberá que só as teclas brancas serão necessárias. Podemos ouvir esta melodia como agradável ou não agradável.

Como qualquer seqüência de um trabalho humano, percebemos a música como eficaz ou não eficaz. Se acharmos que a música "não está muito bem", então (na qualidade de compositores experimentais) podemos modificá-la.

Figura 4.4.

Se pudermos imaginar que Bach realmente compôs esta seqüência deste modo e achou que ela estava incompleta, então diversas alterações são possíveis. As várias notas (ou comportamentos) da seqüência podem ser modificadas (por exemplo, dó poderia ser substituído por ré), ou a clave poderia ser alterada (nome de contexto), talvez a abordagem mais fácil e rápida à questão. Na realidade, Bach escreveu mesmo esta seqüência mas com uma pequena modificação *no começo* da mesma, como é mostrado na Figura 4.5.

Devido a esta mudança de clave (ou contexto), as notas obedecem a uma ordem ligeiramente diferente: fá-lá-si bemol-dó-lá-ré-dó-si bemol-lá. A pequena mudança introduzida por Bach na clave afetou a melodia (comportamento). Quer dizer, usar si-bemol ao invés de si tornou-lhe a música mais eficaz. Comparando as duas versões da melodia, ouvimos peças diferentes de música, as quais mudam toda nossa percepção da seqüência. Contudo, não é só a questão de um si-bemol que substituiu um si na seqüência que a torna diferente. Longe disso, o som todo (contexto) da melodia está muito diferente e por isso nossa apreciação é diferente. E como Bach, podemos achar que esta mudança foi ou não eficiente.

Se podemos imaginar que Bach deu este mesmo passo na composição desta melodia, então tudo o que tiver escrito depois desta seqüência também terá sido profundamente afetado pela mudança na clave. Esta pequena mudança afetará a harmonia (uma parte do contexto) e outras notas que lhe são vinculadas, na composição total (comportamento). Ao acrescentar o sinal de si-bemol (uma mudança, ou notícia de uma diferença, muito pequena), Bach conseguiu encontrar o caminho mais simples de modificação do sentido musical da seqüência de notas e da nossa experiência da mesma.

Quando mudou a clave, Bach fez uma coisa parecida com o que o terapeuta faz quando ele inicia um processo de remodelagem e ajuda a família a fazer uma pequena modificação no "início" de uma seqüência de interação (ou seja, o padrão de queixa). A seqüên-

Figura 4.5.

cia como um todo não será mais a mesma. Toda vez que a nota no meio da pauta tiver que ser tocada, é si-bemol, ou seja, meio-tom abaixo de si. O resultado desta modificação será sentido através da peça musical inteira e não só nesta breve melodia como também na harmonia que a rodeia.

O compositor tinha outras alternativas para realizar uma mudança nesta seqüência. Qualquer uma das notas individuais na seqüência poderia ter sido alterada, mas o acréscimo do sinal de bemol no começo (mudança de clave, ou contexto, não só de uma nota) foi uma das mudanças mais fáceis de se fazer. Na arena da terapia familiar breve, o processo de mudança de clave por meio de uma intervenção isomórfica é o caminho mais fácil possível. A mudança de clave indica ao músico que deve tocar diferentemente e ao ouvinte que deve perceber a música de outra maneira. Em terapia, a mudança de clave começa a alterar o contexto ao modificar um comportamento que, portanto, altera todo o significado. Contudo, nem sempre esta mudança de clave é uma tarefa simples para o profissional de terapia familiar breve e, provavelmente, não o é também para o compositor.

Holismo. A música é como qualquer outro sistema. Se for feita uma mudança, outras irão seguir-se naturalmente. As mudanças de si para si-bemol fizeram mais do que apenas abaixar meio-tom na linha intermediária da pauta. Dentro do sistema musical, esta mudança na clave também "muda os relacionamentos" de todas as notas na composição, como um todo. Por exemplo, existem três meios-tons entre ré e si ao passo que há quatro entre ré e si-bemol. Existe sempre uma diferença de meio-tom entre as notas das duas seqüências: um meio-tom a mais quando se sobe a escala até si-bemol e um meio-tom a menos, quando se desce a escala até si-bemol.

No sistema musical, os resultados da mudança de si para si-bemol sempre acarretam os mesmos resultados previsíveis. Ré é sempre ré. Pelo menos na linguagem musical de Bach, não há como ré ser transformado em si-bemol e a próxima nota não cair em alguma tecla, ou ser "não exatamente ré". Uma nota não pode estar a uma distância de 3 ½ tons de qualquer outra nota.

Por outro lado, as seqüências de interação humana não são previsíveis. Uma seqüência, assim que estiver determinada, obedece fatalmente determinados padrões (ou metapadrões) e — dentro de certos limites — é bastante previsível. Os trechos de comportamento que parecem ser capazes de substituir uns aos outros, dentro de uma seqüência, podem ser geralmente descritos como elementos pertencentes à mesma classe de comportamentos. Espancar uma criança, gritar com uma criança ou atirar uma criança no chão são todos trechos de comportamento que podem ser descritos como membros da mesma classe, que pode ser denominada "comportamentos disciplinares".

Quando os profissionais de terapia familiar breve promovem a mudança modificando a clave, ajudam a família a acrescentar algum trecho de comportamento de uma nova classe ao início do padrão de queixa. Mas as mudanças seguintes da seqüência não são sempre previsíveis. A única coisa certa é que a seqüência não pode permanecer a mesma. Devido à sua própria natureza (talvez) ou, pelo menos, devido à própria natureza de nossas descrições, as seqüências interativas são geralmente descritas como redundantes. Estas seqüências parecem rígidas no sentido de que apenas comportamentos da mesma classe substituem "espontaneamente" uns aos outros. Quando é introduzida uma mudança na clave, o novo comportamento funciona como se abrisse as portas para qualquer trecho aleatório de comportamento, oriundo de uma classe diferente. A mudança de clave "destrói" a seqüência e introduz o acaso ou o elemento aleatório na interação. Um novo comportamento pode suscitar uma resposta a 3 ½ meios-tons de distância do comportamento original, nota esta que se localiza nas fissuras entre as teclas do piano. Evidentemente, o novo comportamento que a mudança de clave elicia é limitado pela gama de comportamentos possíveis que a pessoa traz para a situação. Embora duas famílias possam começar uma seqüência nova com um esguicho de água de uma seringa de brinquedo, as seqüências resultantes poderão ser muito diferentes. Embora os mapas das equipes a respeito dos padrões familiares possam ser muito parecidos e elas decidam usar uma mudança de clave como parte de uma intervenção, os resultados podem ser muito diferentes.

EXEMPLO DE CASO

A técnica da mudança de clave pode ser um instrumento útil com casais (ou famílias mais numerosas) quando a seqüência de comportamento estiver clara e a equipe houver descoberto que a maneira de cooperarem inclui o relato de respostas diretas e objetivas a uma tarefa direta. O sr. e a sra. Harper tinham se mudado havia pouco para a cidade, vindos de uma municipalidade rural. Uma das razões principais para a mudança foi que o sr. Harper começou a formar uma reputação de violento e a sra. Harper começou a ficar envergonhada pela idéia de que todo mundo considerava a violência sua culpa. Uma vez que o sr. Harper tinha vivido na região sua vida toda, a súbita violência em casa era tida como culpa da sra. Harper. Fora de casa, o sr. Harper era um homem dócil e de maneiras suaves, "incapaz de matar uma mosca".

1.ª Sessão

Durante a sessão, o sr. Harper se desculpava enquanto sua esposa forçava-o a aceitar a culpa por mais uma vez ter quebrado sua promessa de evitar a violência. Do ponto de vista dele, se ela fosse um mínimo previsível então a violência não ocorreria. Ele estava muito abatido, mas não conseguia viver com os métodos errados de organização da casa usados pela mulher; num dia, ao voltar para casa, o jantar estava pronto na mesa para ser comido; noutros dias, o jantar demorava horas. Do ponto de vista dela, ele era imprevisível. Num dia, ele se queixava de que o jantar estava demorando e, portanto, no dia seguinte ela o aprontava para quando ele chegasse em casa. Aí ele se queixava de que a refeição estava pronta e isso não lhe dava oportunidade de relaxar e ler o jornal antes de comer. Ele lamentava exercer esse tipo de pressão sobre ela mas não podia prever em que dias teria de trabalhar mais.

Três dias antes de vir à terapia, o jantar demorou. Quando o sr. Harper chegou em casa, vindo do trabalho, estava zangado por causa de uma greve iminente e pelo fato de que havia previsto — a caminho de casa — que a refeição não estaria pronta. Portanto, quando entrou porta a dentro, tinha uma expressão zangada no rosto. A sra. Harper tinha acabado de pagar a assinatura do jornal mais do que achava que devia e portanto tinha uma expressão zangada no rosto. Gritaram e esbravejaram um com o outro por meia hora quando então ele subitamente empurrou-a para o chão e ameaçou estrangulá-la. O telefone tocou e a seqüência chegou ao fim, versão moderada de seus habituais episódios violentos.

Declararam claramente seus objetivos: ambos desejavam que a violência parasse. Ela queria que ele começasse a se controlar e ele queria que ela fosse mais organizada. Ela estava certa de que se ele chegasse da rua com uma expressão zangada *e* não ocorresse nenhuma violência em seguida (sinal certeiro de progresso), então estariam a caminho de um melhor casamento. Também ele queria ser recebido à porta sem raiva, quando estivesse sentindo raiva por alguma coisa "fora do casamento". Queriam também resolver a questão de "por que" havia violência e "de quem era a culpa" pela violência, no fundo. Descreveram sua mudança para a cidade com muito humor, que desmentia os transtornos pelos quais passavam. Descreveram também as peças que pregavam um no outro, o que era do agrado de ambos. Durante a mudança tinham tido diversas discussões que não haviam gerado violência mas nenhum dos dois estava conseguindo explicar por que algumas discussões levavam à violência enquanto outras não levavam.

A equipe ficou surpresa pelo humor que os dois manifestavam quando falavam a respeito de qualquer outra coisa que não fosse violência. A equipe considerou que as discussões' durante a mudança teriam sido "suficientes para causar" violência em muitos casais. O humor e os trotes do sr. e da sra. Harper indicaram à equipe um caminho para serem isomórficos e para promoverem a cooperação. Este último aspecto foi confirmado pela predição da equipe, baseada na descrição do casal, de que sua maneira de cooperar incluiria a realização de tarefas. Portanto, a equipe preparou um "roteiro secreto" para uma tarefa que era um "trote", mudança de clave para que eles pusessem em prática no primeiro momento em que se reunissem à noitinha. (Vide Figura 4.6).

A equipe cumprimentou-os por terem tentado tantas coisas com a finalidade de acabar a violência: mudarem-se de cidade, trocar o horário de refeições, promessas, autocontrole e agora terapia. Sem dúvida devem estar frustrados com tudo isso e devem estar querendo uma maneira rápida de pôr fim à violência. Mas a equipe estava se perguntando se eles se satisfariam com um método que apenas desse fim à violência sem jamais vir à tona "por que a violência aconteceu" e "de quem é a culpa pela violência". O sr. e a sra. Harper concordaram que a cessação da violência estava em primeiro lugar. O líder sugeriu que assim que a violência cessasse estas respostas poderiam surgir.

O líder então deu-lhes as notas preparadas que deveriam ser mantidas em segredo, um do outro, mas logo seriam descobertas. Os dois concordaram.

1. O sr. Harper foi instruído a chegar pela porta de trás ou a ficar de costas para a porta da frente quando estivesse um mínimo zangado ao chegar em casa.

2. A sra. Harper foi solicitada a escolher uma hora para o jantar, independente do que pudesse achar que o marido queria. Além

disso, ela deveria esperar por ele na cozinha ou no banheiro, ao invés de na porta da frente, se estivesse um pouquinho só zangada ou se achasse que ele estaria zangado.

Os dois leram as notas e concordaram em experimentar as idéias ali sugeridas.

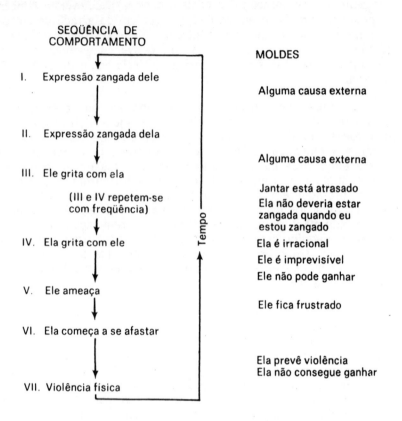

Figura 4.6.

Estas pistas foram elaboradas a partir da predição de que os dois seriam capazes de encontrar uma forma de cooperar com tarefas diretas e que achariam engraçado o resultado destes trotes. Se um ou os dois seguissem as pistas, então a "seqüência de chegar em casa" seria suficientemente diferente para que seu encontro transcorresse de modo diverso do habitual. Os comportamentos exatos que poderiam ocorrer a equipe não tinha condições de prever. Tampouco eram ingênuos a ponto de predizer que esta mudança de clave seria o fim inevitável da violência, já que provavelmente havia mais coisas na seqüência e nos moldes em torno dos eventos. Mas esta abordagem poderia impedir a violência entre a primeira e a segunda sessões, e esse é o âmbito das intervenções e previsões da primeira sessão.

2.ª Sessão

Tanto o sr. Harper quanto sua esposa experimentaram as sugestões anotadas. Quando o sr. Harper chegou de costas na porta da frente um pouco mais cedo do que a sra. Harper o esperava, ela estourou numa gargalhada que ele imediatamente acompanhou. Outro dia ela o aguardava no banheiro, quando ele entrou pela porta de trás. Ela ficou surpresa por encontrá-lo esperando por ela na cozinha. Todos os dias, a sra. Harper apresentou o jantar 45 minutos depois da hora habitual de seu marido chegar em casa.

Quando a violência ocorrera, antes, jamais fora na cozinha, no banheiro, no porão, ou fora de casa. A violência acontecia freqüentemente de duas a três vezes durante um período de duas semanas e depois desaparecia por diversos meses. Nestes meses eles ainda discutiam mas nenhum dos dois conseguia ver a diferença entre discussões que provocavam violência e que não provocavam. Tampouco conseguiam descrever como cada tipo de discussão terminava. A única diferença nítida entre as discussões era que as brigas violentas geralmente aconteciam logo depois de ele entrar em casa, enquanto que as não-violentas começavam mais tarde, de noite.

À equipe parecia claro que ou o sr. Harper ou a esposa ficavam zangados com alguma coisa "fora de seu relacionamento" e portanto a violência começava quando se reuniam novamente, enquanto "lutavam furiosamente" — uma profecia auto-realizada. A equipe lembrou-se de que a violência mais recente tinha sido interrompida quando o telefone tocou. Portanto, a equipe suspeitou que algum sinal de fim da briga poderia ser útil aos Harper.

Baseando-se na resposta relatada ter sido direta e objetiva (coluna 1 do esquema de decisão), a equipe resolveu que poderia continuar cooperando com os Harper dando-lhes uma outra tarefa direta. Também estavam conscientes de que, devido às brincadeiras dos Harper e a seu relato de resposta, poderiam continuar cooperando, sugerindo outras brincadeiras ou outros truques "ilógicos". A equipe também queria descobrir se haveria "sinais de paralisação" envolvidos na seqüência não-violenta que pudessem ser generalizados para a seqüência violenta.

A equipe cumprimentou o casal por ter feito o que pareciam instruções bobas, dadas na semana anterior. O líder pediu-lhes que confirmassem com um aceno de cabeça se, ao fazerem estas coisas, ou momentos depois, outras idéias igualmente bobas haviam ocorrido a eles. Os dois assentiram. O líder ·pediu-lhes que mantivessem essas brincadeiras em segredo, para usar tais idéias da próxima vez que a situação ocorresse. Concordaram.

A equipe previu que os Harper usariam mais algumas brincadeiras e que tentariam encontrar sinais de paralisação para suas discussões. As idéias bobas que ocorreram aos Harper pareceram ser alguma espécie de evidência de que a mudança de clave poderia ser eficiente na "destruição da antiga seqüência". Esta noção ficou mais fortalecida pelos comportamentos que os Harper descreveram como subseqüentes às brincadeiras em segredo que a equipe planejou.

3.ª Sessão

Os Harper relataram que suas duas discussões não-violentas em duas semanas tinham "simplesmente se desviado para alguma outra coisa". As duas aconteceram tarde da noite. Certo dia, quando a sra. Harper esperava que o marido viesse zangado para casa, ela saiu e comprou para ele sua cerveja predileta e uma rosa. Acabou acontecendo o que ela esperava. O sr. Harper veio pela porta de trás, encontrou a cerveja e a rosa com um bilhete: "Eu te amo". A sra. Harper esperava no banheiro e lá ficou até que ele tivesse encontrado os presentes. Tiveram uma agradável noite juntos.

Parecia óbvio que os Harper haviam ultrapassado seu molde original. A mudança de clave destruíra a seqüência original. Mais uma vez, relataram uma resposta direta e objetiva (coluna 1) a uma tarefa direta. Agora a equipe precisava continuar cooperando de tal maneira que os Harper conseguissem permanecer do lado de fora do molde antigo, uma vez que não se podia esperar que nenhum dos dois pudesse controlar os encontros diários dele ou dela, desta maneira, para todo o sempre. Uma vez que estavam em dúvida quanto a terem mesmo resolvido seu problema de violência e já não tinha ocorrido o sinal (ele chegar em casa, mostrar raiva e isso não provocar violência), a equipe resolveu elaborar uma "luta estrutural" que obedecesse as diretrizes oferecidas por Goffman, e na qual estivesse incluído um sinal de paralisação. A estrutura inclui inícios e paradas arbitrárias, exagero de padrões, sinais nítidos de início e término. É social à medida que envolve os dois. A intervenção está baseada na seqüência que os Harper descreveram (Figura 4.6). Já que a forma de cooperação do casal Harper incluía a realização de tarefas, esta intervenção poderia acentuar o trabalho iniciado com a mudança de clave.

O sr. e a sra. Harper foram cumprimentados pela progressiva utilização e criação de idéias bobas e originais. Foram cumprimentados ainda pelo emprego do método da distração, para dar fim às suas mais recentes discussões, apesar de uma desvantagem deste método: as pessoas podem não passar simplesmente para alguma outra coisa; a discussão pode apenas mudar de tema.

O líder pensava que suas brigas, principalmente as violentas, pareciam-se mais com brigas de rua. Concordaram; parecia que eles não tinham regras. O líder sugeriu que uma briga com regras, como o boxe, poderia ser mais benéfica. Eles consideraram que a idéia de regras poderia ser útil. A seguir, o líder deu-lhes as seguintes regras para as brigas, sendo que as mesmas deveriam ser usadas em duas noites diferentes, nas duas semanas seguintes. Estas brigas deveriam ocorrer imediatamente após a chegada do marido em casa.

Regras

1. Lançar uma moeda para tirar de quem é a primeira vez.

2. Depois, o vencedor escolhe qualquer coisa que lhe venha à mente e grita e esbraveja sem parar durante 10 minutos.

3. Enquanto isso o perdedor só ouve.

4. Depois, o perdedor começa a gritar e a esbravejar a respeito de qualquer coisa, não necessariamente em resposta às queixas do vencedor.

5. Enquanto isso o vencedor só escuta.

6. Depois, um intervalo de 10 minutos de silêncio entre os "rounds", antes da repetição.

7. Um relógio de cozinha, com alarme bem alto, deverá ser usado para sinalizar o final de cada segmento de 10 minutos.

8 Estas "lutas de boxe" deverão ocorrer na cozinha.

O líder advertiu-os sobre a possibilidade de em alguma outra noite, no transcorrer das duas semanas, ele achar possível que tivessem uma briga de rua em estilo antigo. Explicou que recair em hábitos antigos uma ou duas vezes era parte normal do processo de mudança. Sugeriu que estas lutas estruturadas poderiam ser suficientes para evitar as lutas à moda antiga, mas eles não deveriam ficar surpreendidos se acontecesse uma luta de verdade.

Seguimento

O sr. e a sra. Harper não mais tiveram brigas no estilo antigo. Relataram que haviam obedecido às regras de uma luta estrutural e isso proporcionara alívio às suas tensões. Uma vez, antes da quarta sessão, o sr. Harper voltou para casa com uma expressão zangada em seu rosto, mas não se seguiu nenhuma discussão e nenhuma violência. Seis meses mais tarde relataram que usavam a briga estruturada, de vez em quando, apenas para aliviar a tensão. Não tinha havido violência.

Comentário. Evidentemente, esta terapia foi mais complexa do que "apenas mudar a clave", apesar de esta técnica poder ser entendida como destruidora do padrão. As outras intervenções podem ser entendidas como "corretoras da harmonia", para que se enquadrasse na nova seqüência e, portanto, esta última pudesse funcionar como um padrão normal.

CAPÍTULO 5

Fita de Möbius

CONFUSÃO SISTÊMICA

Antes do desenvolvimento da teoria binocular da mudança, o conceito de isomorfismo apareceu como um instrumento *descritivo* usado para explicar *post hoc* o planejamento de intervenções. Depois, o conceito sofreu uma ampliação para ser usado como instrumento *prescritivo*, orientando os esforços do terapeuta na promoção de mudanças que então interviria de um ângulo diferente, baseando-se na descrição dos padrões familiares. Este desenvolvimento levou às técnicas de mapeamento introduzidas no Capítulo 3.

O esquema de decisão apresentado no Capítulo 4 foi primeiramente criado para organizar as observações que a equipe faria dos padrões de cooperação demonstrados pelas famílias e, depois, para ajudá-la a decidir qual tipo de intervenção teria a maior probabilidade de dar continuidade aos esforços da mesma no sentido de cooperar com o cliente. Este capítulo abordará o uso da coluna 4 do esquema de decisão: relatos de respostas vagas ou confusas.

De muitas maneiras, a coluna 4 do esquema de decisão é produto de uma tentativa de enquadrar uma anomalia dentro de um esquema conceitual existente. O modelo de terapia breve do IPM (65, 67) não oferece ao terapeuta diretrizes claras seja para o tratamento de casais, seja para o de famílias, que se mostrem incapazes de descrever um objetivo específico para sua terapia, ou quando cada pessoa da família tem um objetivo específico que exclui os objetivos dos outros.

A "técnica da confusão" de Erickson (35) é uma técnica de indução de transe que funciona pela criação de confusão em cima de confusão, até que o cliente esteja pronto para e seja capaz de aceitar uma declaração inequívoca por parte do hipnotizador. Ou seja, Erickson toma seu primeiro princípio de aceitar o que o cliente traz para terapia (confusão, neste caso) e de utilizar esse comportamento para criar um procedimento ou técnica de indução de transe.

Por analogia, o casal ou família que tem objetivos mutuamente excludentes, ou objetivos que são incapazes de articular, pode ser descrita como um "sistema confuso", no sentido de que nem pessoas de fora, nem seus membros, podem saber para onde estão indo aqueles indivíduos, ou para onde querem ir, ou talvez, até mesmo não saibam o que está se passando. Deste ponto de vista, o problema apresentado ao terapeuta pode ser descrito como "a confusão". Pode-se inferir disto um "objetivo implícito" de dar fim à confusão. Deste modo, a técnica de Erickson pode ser ampliada para ser útil a sistemas confusos (18, 20). Ou seja: o terapeuta familiar pode aceitar o que o sistema família está trazendo, a saber, sua maneira peculiar de demonstrar como está cooperando (os padrões confusos). A seguir, o terapeuta pode utilizar esses mesmos padrões para desenvolver intervenções isomórficas, criando confusão em cima de confusão até que se alcance alguma forma de esclarecimento.

A confusão sistêmica parece assumir muitas formas diferentes, sendo que todas elas podem ser rotuladas de "vagas" quando a descrição cresce para comportar o supra-sistema. Subsistemas confusos, e alguns outros subsistemas, podem ser considerados como demonstrando alguma espécie de padrões vagos e algumas formas vagas de cooperar, que freqüentemente fazem os terapeutas mostrar confusão. Este capítulo mostrará os conceitos de cooperação e de isomorfismo quando são aplicados a padrões familiares vagos.

Os dois exemplos de caso descreverão os processos descontínuos de mudança pelos quais dois casais passaram durante a terapia. ("Mudança descontínua" é um rótulo para um processo de mudança que se vê ocorrendo "aos saltos", ao passo que "mudança contínua" é outro rótulo usado para descrever processos de mudança observados como ocorrências "passo a passo".) Os dois casais deram saltos repentinos ou mudaram bruscamente, depois de uma "intervenção isomórfica", que lembra a fita de Möbius,. padrão que se dobra de volta sobre si mesmo. Uma vez que as intervenções isomórficas baseiam-se numa descrição que é uma imagem de espelho (mas de ângulo diferente) dos padrões familiares, o uso repetido de intervenções tipo Möbius permitiu ao CTFB estudar processos de mudança descontínua vide Figura 5.1).

Num sistema aberto multicausal, é difícil rotular "causa e efeito" como "evento $_1$ causou evento $_2$". Esta modalidade não é suficiente para descrever uma cadeia circular de eventos. O processo de mudança descontínua pode ser visto como uma interação complexa de diversos

106

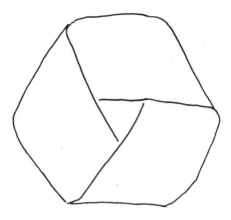

Figura 5.1. Fita de Möbius.

fatores. Apesar de não virem numa ordenação determinada, os seguintes fatores parecem destacar-se: a confusão sistêmica da família (segundo o mapeamento feito pelo terapeuta); a demonstração que a família faz de uma vaga maneira de cooperar; o desconforto percebido espontaneamente pela família e por ela descrito; os temores descritos pela própria família de sua desintegração sistêmica; uma intervenção que seja baseada em todos estes fatores e que descreva a situação de um ângulo diferente. Cada um destes fatores pode ser entendido dentro de uma interação com cada um dos demais, separada e coletivamente, como se vê na Figura 5.2.

PROTÓTIPO

No início do desenvolvimento do modelo de terapia familiar breve, logo depois da invenção da pausa para deliberação e da necessidade percebida de uma perspectiva ecossistêmica, mas antes do desenvolvimento da teoria binocular da mudança, veio um casal até o CTFB em busca de ajuda para seu casamento. O telefonema inicial foi breve e as informações principalmente demográficas.

Em muitos aspectos, a terapia deste casal foi o gérmen do desenvolvimento de um novo modelo e da teoria binocular da mudança. Com base em muitas sessões de revisão dos vídeo-teipes, a equipe acabou *vendo* os esforços do casal como tentativas de cooperar ao invés de como forma de "resistência à mudança". Durante as três sessões primeiras (de Shazer era o líder e Marilyn LaCourt estava atrás do espelho), a equipe planejou tarefas para ajudar o casal a tornar-se mais concreto e específico a respeito de sua situação e do que desejava ver modificado. O casal respondia de uma maneira que parecia razoável. Do ponto de vista do casal, suas respostas eram exatamente o que a tarefa pedia. Contudo, a equipe ficava confusa com as respostas. Entre as sessões, a equipe se encontrava diversas vezes para reprisar o teipe e imediatamente antes da quarta sessão foi planejada uma idéia de intervenção que seria isomórfica aos padrões do casal e concordante com a maneira de cooperarem por eles demonstrada.

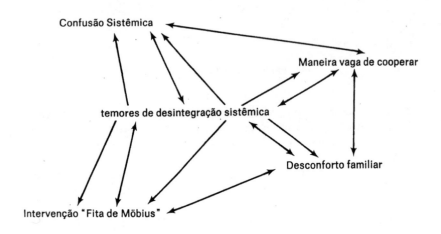

Figura 5.2.

Quando a equipe elaborou pela primeira vez a intervenção, estava tentando adequar-se ao uso todo seu que o casal fazia da língua inglesa e à natureza interativa de suas queixas. Basicamente, a idéia era que, se a equipe conseguisse aumentar ainda mais a confusão dos padrões daquele casal, então ele poderia inverter seu campo, tornar-se menos confuso, e assim tentar alguma elucidação. Isto estava fundamentado numa versão generalizada da técnica da confusão (18, 20), mas era acentuadamente experimental nesta situação, porque o tipo de confusão sistêmica do casal era diferente.

Antes desta "descoberta" da equipe, muitas horas da equipe foram dedicadas à elaboração de alguma maneira de ajudar este casal a tornar-se mais concreto e mais específico. Nenhuma das sugestões provou ser útil. A equipe (e todos os profissionais do CTFB) estavam sendo vítimas de seu próprio molde: a terapia breve precisa ter objetivos concretos e específicos a fim de ser eficiente, noção herdada do IPM. Foi somente quando este conjunto particular de padrões foi descrito como "confuso" que a equipe conseguiu usar uma técnica de confusão. A terapia deste casal ocorreu antes do desenvolvimento do esquema de decisão e, na realidade, foi parte do que levou à criação do dito esquema e à inclusão da coluna 4.

1.ª sessão

Exemplo do intercâmbio verbal do casal com o líder, na primeira sessão:

de Shazer: O que vocês gostariam que fosse modificado?

Barbara: Livrar-me de um monte de vergonha que pareço carregar comigo o tempo todo. Desenvolver mais autoconfiança e tornar-me mais, ter mais espontaneidade e menos tensão. Livrar-me da tensão. (*Peter está observando intensamente, assentimento com a cabeça.*) E, em nosso relacionamento, gostaria de sentir-me mais solta em minhas manifestações sexuais com você (Peter), han, deu um branco na minha cabeça.

de Shazer; Han, está bem.

Barbara: Tenho muitas coisas encaraminholadas que eu realmente gostaria de trabalhar.

de Shazer: Evidentemente, não vamos fazer tudo de uma vez agora à noite. Portanto, quando isso vier de novo à tona, então, você poderá falar a respeito.

Barbara: Manifestações sexuais. Tenho uma coisa: Tento proteger todo mundo como se fosse a mãe deles e gostaria de ser menos maternal com Peter... Ser mais comunicativa do que tivemos sido. Passamos por um certo treinamento e isso melhorou tudo mas preciso trabalhar mais nisso do que tenho feito. E, realmente, eu gostaria de sair dessa e ser uma melhor ouvinte, principalmente de Peter. Acho que isso dá conta da coisa toda.

de Shazer: Han, foi uma imagem muito boa. E quanto a você, Peter?

Peter: Bom, quanto a mim, é aumentar meu nível de confiança até poder desenvolver ou intensificar minha capacidade de aceitar responsabilizar-me por mim mesmo e por meus comportamentos. Costumo atribuir a responsabilidade a outros, ou culpar situações e outras pessoas por minha inatividade, ou falta de respostas. Acho que este é um dos grilos maiores. Acho, o que Barbara disse, manifestações sexuais... soltar-me a ponto de permitir-me prazer, ou ficar no aqui e agora ao invés de pensar a respeito de situações antes que ocorram, ou determinar as coisas segundo um pensamento analítico rígido. Tipo pôr meu ego de lado. Aceitar a mim mesmo, simplesmente.

de Shazer: Ok.

Barbara: (*Falando junto*) Acabou? Um grilo dos grandes para mim é aceitar auto-responsabilidade.

de Shazer: Bem, o que os levou a telefonar na semana passada? Por que não foi, por exemplo, há seis semanas?

Barbara: Bem, foi sendo adiado. Protelando. Fiquei pensando — nós dois ficamos pensando — bem, e se só tentarmos trabalhar nisso, usarmos nossas habilidades de comunicação, seremos capazes de lidar com isso. Não sei o que aconteceu na semana passada. Fiquei supermal, de novo.

Peter: Acho que foi, na minha opinião, uma irritabilidade crescente. Coisa assim de uma intensidade que chegou ao ponto de ficar de saco cheio por conta do jeito de ser das coisas. Nossas conversas tornaram-se irritantes para o outro. Perdi a paciência e tive assim umas espécies de explosões. E Barb ficando mal e deprimida. Para mim foi o auge, entende, e aí eu disse: "Talvez devêssemos."

Barbara: Eu fiquei assim meio assustada de, han, como é que me sinto? Uma coisa que se sente muito desanimada. (*Lágrimas.*)

de Shazer: O que é tão desanimador? (*coçando a cabeça*)

Barbara: Simplesmente eu, será que tenho algum valor como ser humano?

Peter: Quando Barb fica desse jeito, me percebo fugindo do relacionamento.

de Shazer: (*expressão confusa*) Depois que você foge, como é que você volta?

Peter: Às vezes, assim, eu me toco, vejo o que estou fazendo. Ou, às vezes, quando Barb fica mal demais e chora, ou quando diz que precisa de proximidade, ou alguma coisa assim.

A seguir, o líder procurou esclarecer algumas das colocações acima, relativas ao problema, e tentou obter informações específicas embutidas nas descrições apresentadas. No entanto, estes esforços tiveram pouco êxito. As respostas do casal a tais perguntas foram parecidas com o diálogo transcrito acima. Ao final de um certo tempo, de tanto olhar os teipes (desta sessão e da seguinte), a equipe aprendeu uma parte da seqüência: por alguma razão desconhecida, Barbara entrava em "depressão", e assim Peter tentava alegrá-la com modos joviais. Ela não apreciava isso que rotulava de "papel de garotinho" e portanto a tentativa de seu marido a deprimia ainda mais; aí, ele "fugia".

O único material concreto que saiu das primeiras três sessões foi que Peter estava restaurando uma valiosa peça de antigüidade. Através de uma série cuidadosa de perguntas, descobriu-se que Peter estivera trabalhando neste projeto durante anos. Ultimamente, ele trabalhava muito pouco nele. Isto dava "ganas" em Barbara porque tinham o plano de vender a peça de antiquário para financiar a mudança para uma outra parte do país. Periodicamente, portanto, ela o amolava por causa disso, mas mesmo assim ele não fazia coisa alguma. Barbara considerava esta questão um verdadeiro problema porque ela realmente queria se mudar. Na verdade, estava com medo de que Peter nunca terminasse o trabalho e que, por isso, eles nunca conseguissem se mudar. Peter disse que não fazia a resto da restauração porque tinha medo de que a mudança não estivesse à altura de suas expectativas, apesar de perceber que a mudança provavelmente o ajudaria a atingir seu verdadeiro "potencial". Sendo assim, era seguro para ele não trabalhar no projeto e encarar a possibilidade de perder seu sonho.

Nesta altura da primeira sessão, a equipe fez sua pausa para deliberação. Os dados em torno da antigüidade eram o único material específico que surgira nos primeiros 40 minutos de sessão. Este tipo de confusão sistêmica paralisava Barbara e Peter e deixava a ambos divagando a respeito do que estaria acontecendo. Mas terminar a restauração era o único item concreto com o qual os dois concordavam a respeito do quê a equipe conseguia articular um objetivo. Contudo, a equipe decidiu não atirar-se ativamente na consecução deste objetivo porque desejava evitar uma atitude que parecesse favorável "a ela", implícita na escolha deste como o objetivo formal. Embora Barbara e Peter dissessem que queriam se mudar, quando e para onde eram detalhes ainda muito vagos. Mais uma vez, isto parecia muito mais "objetivo dela" que dele. A equipe decidiu fazer mais tentativas no sentido de definir um objetivo.

Quando o líder voltou para a sessão, pediu ao casal que pensasse no jeito que seria seguro para eles como indicador de que a

111

terapia tinha dado certo. Acharam que esta seria uma boa idéia e a sessão terminou. A equipe previu que Barbara e Peter voltariam para a sessão seguinte.

2.ª sessão

A resposta do casal a esta questão abrangeu diversos aspectos: (1) a necessidade de amor incondicional; (2) a questão de como saber o que é "verdadeiramente real"; (3) a sensação do casal de estar amarrado pela tentativa de agradar. Uma vez que estas questões ficassem resolvidas, eles achavam que saberiam então ter tido êxito a terapia. Contudo, o líder não conseguiu fazer com que Barbara e Peter descrevessem como *saberiam* que estes três problemas teriam sido resolvidos, ou o que estaria diferente em seus comportamentos ou em suas vidas, de modo geral, logo que estas questões estivessem resolvidas. Eles "simplesmente saberiam", "se sentiriam melhor".

A equipe tentou criar uma tarefa que estivesse mais próxima da linguagem do casal e de sua visão de mundo. O líder pediu-lhes que pensassem em como saberiam que eram realmente amados um pelo outro. "Quais comportamentos vocês veriam e que lhes permitiriam saber que esta questão está começando a ser resolvida?" Como tarefa final, veio um telefonema perguntando: "Como vai o projeto da antigüidade?" Peter não trabalhara nele em absoluto.

3.ª sessão

Peter anunciou à equipe (atrás do espelho) que trabalhara no projeto por 10 horas, enquanto Barbara estava fora da cidade. Não tinha sido importunado nem relembrado por Barbara, tendo-o feito por sua própria iniciativa. Os dois concordaram que quando Barbara voltou para casa as coisas estiveram menos tensas. Ela não se sentia triste nem deprimida, e ele não tinha sentido necessidade de fugir. Veio à tona também que tinham tido relação sexual pela primeira vez depois de cinco meses, tópico ao qual haviam aludido na primeira sessão e evitado daí em diante. Os dois haviam pensado na tarefa mas nenhum deles conseguiu produzir algum sinal comportamental específico. Cada um deles "simplesmente sabia" com toda certeza que era verdadeiramente amado pelo outro.

Durante a pausa para deliberação, a equipe resolveu que a tarefa anterior também tinha "errado o alvo". Apesar de o casal ter se desempenhado de maneira direta e objetiva, a equipe ainda estava cega, procurando comportamentos específicos e concretos. A equipe decidiu tentar uma tarefa que incluísse a necessidade de alguma ação. A equipe tinha consciência de que "algo estava diferente" e que Barbara e Peter tinham efetuado algumas mudanças: menos tristeza, menos fugas, mais atividade sexual. Entretanto, a equipe estava muito pouco segura de que estas mudanças fossem "diferenças que fizessem uma diferença". Ou seja, a equipe não sabia que estas mudanças estavam dentro dos moldes antigos ou se eram passos além deles. Uma vez que a sessão como um todo pareceu mais clara, a equipe decidiu que estas modificações tinham relação estreita com a terapia. E mesmo que este pressuposto acabasse se mostrando errado, a equipe decidiu agir "como se" as diferenças fossem devidas à terapia, já que Barbara e Peter tinham realmente realizado algumas mudanças desde o início da terapia, sobre as quais se poderia conseguir mais.

> de Shazer: Estamos um pouco preocupados com a rapidez com que as coisas parecem ter mudado, na situação de vocês. Durante a maior parte das duas semanas, você não se sentiu nem triste nem deprimida e você não precisou nem fugir, nem tentar reanimá-la. Nos incomodamos quando as coisas mudam tão depressa porque o menor dos contratempos parece tão desgraçadamente grande que as pessoas ficam tentadas a pensar: "Está tudo do jeito que era antes". Portanto, cuidado. Vão um pouco mais devagar. Daqui até a próxima sessão, gostaríamos que cada um de vocês iniciasse alguma atividade nova, junto com o outro. Não precisa ser nada espetacular, nem custar uma fortuna. Pode ser qualquer coisa, até uma bobagem mesmo. Não falem disso agora, não deixem que o outro saiba "então é isso"! Vamos ver se o outro consegue adivinhar.

4.ª sessão

Quando Barbara e Peter voltaram para a sessão seguinte, duas semanas mais tarde, relataram que o "progresso" tinha continuado por mais alguns dias e que, depois, as coisas voltaram ao costumeiro quando ela ficou triste de novo. Ele tentou alegrá-la e o padrão continuou. Os dois relataram que tentaram pensar em alguma coisa diferente para fazer mas só Peter alegou ter imaginado uma coisa e tê-la posto em funcionamento. Seu relato surpreendeu Barbara, pois ela achava que ele tinha começado *duas* coisas diferentes. Barbara estava aborrecida consigo mesma porque não tinha sido capaz de pensar em nada novo para iniciar. Por sua vez, o relato de Barbara surpreendeu Peter porque ele a percebeu iniciando uma coisa nova. (Portanto, ela poderia ser vista como alguém que tinha executado a tarefa mais sem tê-lo percebido.) Peter começara a jogar boliche (algo que os dois não faziam há muitos anos), enquanto Barbara iniciou um jogo de Banco Imobiliário (que nunca tinham jogado a sós).

113

O tema principal da sessão centralizou-se em torno de uma questão importante: "Como sei o que é real?" Quando as coisas iam mal, os dois duvidavam de que o outro realmente amasse o cônjuge incondicionalmente. E a realização/não-realização da tarefa, por parte de Barbara, levou esta questão a um nível de dúvida ainda maior: como é que ele teria percebido que ela havia realizado sua tarefa quando ela mesma achava que não havia? (A questão da realização da tarefa é um outro exemplo da confusão sistêmica.)

Ao final da sessão, o líder apresentou uma intervenção planejada que a equipe elaborara entre as sessões. A intervenção tem um padrão bastante parecido com o estilo de interação e de comunicação de Barbara e Peter.

> de Shazer: Sabe, a sua tristeza serve a um outro propósito. Não é apenas autoprotetora, protege a ele também.

> Barbara: (*Concordando com a cabeça*) Não tinha pensado nela desse jeito.

> de Shazer: Protege-o de diversas maneiras. Uma das coisas que sua tristeza faz é que ele irá tentar alegrá-la. Protege-o — se não existisse essa tristeza — de ele ter de comprometer-se com a crença de que você o ama seriamente.

> Barbara: Eu não via a coisa desse jeito.

> de Shazer: Vale o mesmo para a sua maneira alegre de ser. Protege-a — até onde podemos ver — de ter que encarar o fato de que você realmente a ama. E, portanto, ela teria que comprometer-se a acreditar na realidade de seu amor. Portanto, a maneira descontraída e alegre de ser e a tristeza funcionam muito bem. E não há nada errado em ser alegre ou triste. Mas, pensamos que vocês dois devam continuar a ser tristes ou alegres, conforme a necessidade. (*Observou-se que os dois estiveram assentindo com a cabeça ao longo de toda a mensagem.*)

Comentário. Nas primeiras quatro sessões, Barbara descreveu que considerava sua tristeza autoprotetora. Quando ficava triste, não ia atrás de Peter e, portanto, via-se imune ao risco de ser rejeitada. Considerava a alegria de Peter como autoprotetora uma vez que isso o impedia de encarar "emoções negativas". Ela se queixava da atitude jocosa por parte dele porque isso "fazia com que" ela ficasse mais triste; e ele se queixava da tristeza dela porque "fazia com que" os dois se distanciassem mais e mais.

A intervenção algo confusa acima citada baseou-se num desdobramento da técnica de confusão de Erickson, conforme sua expansão da hipnoterapia para a arena da terapia familiar (18). De modo geral, ao usar este tipo de intervenção, o líder pode empregar um dilúvio de palavras dentro de um enquadramento mutante ou de um referencial ambíguo. O contexto pode ser trocado para criar uma falta de referencial e isso impede as pessoas de se concentrarem nos detalhes da produção verbal do líder. A necessidade do casal de focalizar, ou encontrar um significado, é cada vez mais frustrada *até que se revoltem* e exijam mais nitidez. Depois que esse tipo de intervenção é apresentado pela primeira vez, o líder se comportará em sessões posteriores com a mesma espécie de ambigüidade e confusão.

Quando a equipe elaborou este tipo de intervenção, entre a 3.ª e 4.ª sessões, a verbalização da mensagem era simplesmente destinada a "confundir" Barbara e Peter *remodelando suas queixas a respeito um do outro como mutuamente benéficas.* A tentativa de remodelar interativamente as duas queixas fez parte da tentativa de confundir mais ainda as coisas para que Barbara e Peter pudessem responder com alguma nitidez.

Últimas sessões

Três semanas depois, Barbara e Peter retornaram. Peter relatou que menos de 10 horas de trabalho eram dedicadas à peça de antigüidade. Comentaram que sua vida sexual tinha continuado a progredir com aumento de freqüência das relações. Os dois sentiram a diminuição da tensão, apesar de nenhum dos dois conseguir indicar uma razão para estas mudanças. Neste momento, o líder fez uma colocação muito ambígua e Barbara pediu-lhe que fosse mais específico. De modo geral, Barbara e Peter pareceram mais descontraídos e menos confusos. Ele relatou ter tido uma atitude firme, numa questão em seu trabalho, o que lhe deu uma certa satisfação e ela estava satisfeita porque a antigüidade estava quase toda restaurada.

Não foi antes da última sessão, um mês depois, que a verdadeira clareza tornou-se óbvia à equipe dos intercâmbios de Barbara e Peter com o líder. (A equipe havia solicitado a vários outros membros do quadro do CTFB para participarem desta sessão, no caso de a confusão original ter retornado.) Durante a sessão, Barbara e Peter estiveram muito mais concisos. A peça de antigüidade estava pronta e fora posta à venda. Haviam estabelecido uma data limite para a mudança e ele empreendera uma viagem com a finalidade de achar um emprego. Encontrou um posto que lhe convinha. Além disso, haviam decidido que ela ficaria grávida tão logo estivesse finalizada a mudança. Antes desta sessão, todas estas decisões pertenciam "a algum momento do futuro", para serem resolvidas "algum dia" Com mútuo consentimento, a sessão terminou em meia hora e a terapia chegou ao fim.

Realmente, parece ter havido uma "diferença que fez diferença" nas interações observadas entre Barbara e Peter, e entre eles e o líder. Os membros-extra da equipe, que observaram a sessão final e assistiram aos teipes, também puderam constatar uma tremenda diferença entre a primeira e a última sessões.

Toda a equipe do CTFB reviu os teipes na esperança de encontrar mais clareza a respeito da eficiência da intervenção. A equipe não estava muito satisfeita de que era uma simples questão de, primeiro, devolver ao casal sua confusão e, segundo, observar o casal se revoltar e, a seguir, vê-lo tornar-se mais claro. Foi buscada uma explicação mais rigorosa; usos anteriores de uma técnica confusional haviam produzido freqüentemente resultados semelhantes e, portanto, a explicação simples satisfazia. Este caso representava uma oportunidade ímpar para desenvolver mais o entendimento da aplicação da técnica em questão e da construção peculiar dessa intervenção.

Quando a equipe reviu os teipes, a confusão do casal — se não fosse por mais nada — tornou-se ainda mais nítida, quer dizer, ficou *mais confusa* para a equipe. A linguagem de Barbara e Peter estava cheia de incongruências, ambigüidades, funções indistintas; suas sentenças, regra geral, eram malformadas, incluindo uma ausência de índices referenciais (2, 3). Comumente, estes fenômenos lingüísticos são considerados de natureza "individual" e não "sistêmicos". Contudo, a observação atenta dos teipes ajudou a equipe a aprender a natureza sistêmica destas dificuldades lingüísticas. Peter e Barbara podiam ser descritos como participantes de uma gramática particular que cada um deles pensava que o outro compreendia. Conforme o pessoal do CTFB ouvia suas conversas, ouviam frases sem referencial empilhando-se umas sobre as outras. Portanto, não era mais surpreendente aos membros da equipe que tivessem ficado confusos porque, em muitas ocasiões, não havia meios de o ouvinte determinar "pelo contexto" o que determinada palavra ou frase vaga realmente queria dizer. Começou a evidenciar-se à equipe que Barbara e Peter não conseguiam tomar decisões porque só *assumiam* que o outro realmente entendia e este pressuposto mostrou-se falho. Finalmente, a equipe entendeu que tanto Barbara quanto Peter estavam sendo tão claros quanto podiam a respeito de seus problemas, que nenhum dos dois aliás entendia nem um pouco.

Apesar de suas verbalizações iniciais (apresentadas na íntegra acima) terem sido confusas para a equipe, Barbara e Peter indicaram a esta que entendiam plenamente o que o outro estava dizendo. Contudo, várias seqüências nos teipes estavam repletas de ambigüidades ainda maiores; uma revisão posterior dos teipes deu uma forte impressão à equipe de que Barbara e Peter assumiram *erroneamente* que um compreendia o que o outro dizia.

Ainda mais importante, ficou claro para o pessoal do CTFB que Barbara e Peter não estavam "resistindo". Ao contrário, ficou evidenciado que os dois estavam tentando ao máximo fazer a equipe tomar conhecimento do que desejavam que a terapia lhes trouxesse. A equipe não encontrou realmente uma forma de cooperar antes da quarta sessão, apesar de o líder ter rapidamente adotado um tipo vago e ambíguo de verbalização, na primeira sessão. Mas assim que foi encontrada uma maneira de cooperar com a forma de cooperar do casal, este recebeu um prêmio, na forma de uma mudança perceptiva, como o demonstraram as alterações de comportamento.

Nas sessões de revisão da intervenção na quarta sessão esclareceram à equipe quais aspectos pareciam ter tornado uma intervenção relativamente tão confusa em algo tão eficaz quanto parecia ter sido. A intervenção foi isomórfica, mas de um ângulo diferente que remodelou as duas queixas individuais em queixas interativas ou mútuas. A seqüência "triste-alegre", pontuada deste modo, forneceu à equipe a descrição que constituiu os fundamentos interativos da intervenção, como o ilustra a Figura 5.3.

De acordo com o molde de Barbara, sua tristeza era por ela entendida como autoprotetora e a forma alegre de Peter, como autoprotetora e também agravante, para ela. Por outro lado, Peter considerava a tristeza dela como autoprotetora e agravante, para ele; considerava suas fugas como agravantes para ela.

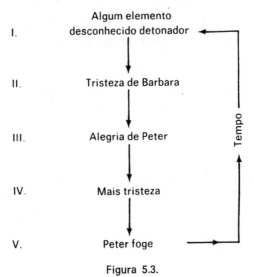

Figura 5.3.

A intervenção remodelou toda a idéia de proteção (atribuída às setas da Figura 5.3, entre III e IV, e entre IV e III) para enfatizar a mutualidade ou circularidade. Portanto, a proteção (segundo este novo ângulo) tornou-se "heteroprotetora" ao invés de autoprotetora. Ou seja: a intervenção tipo Möbius descreveu as queixas de Barbara a respeito de Peter como realmente protetoras em relação a ela, enquanto as queixas de Peter a respeito de Barbara realmente protegiam a ele.

A intervenção tipo Möbius descreveu a seqüência como útil a um propósito específico em seu relacionamento. A proteção mútua foi descrita como protegendo cada um deles de tomar realmente conhecimento do verdadeiro amor incondicional de um pelo outro. Esta certeza da "realidade" do amor do outro era algo que os dois desejavam, sendo um tópico bastante discutido. Portanto, a intervenção tipo Möbius voltou-se sobre si mesma e descreveu suas queixas principais a respeito um do outro (agora rotuladas como "protegendo o outro") como úteis ao propósito de proteger o outro contra a consecução de um objetivo altamente desejado.

Com base no estudo deste protótipo de intervenção, o CTFB aprendeu muito a respeito de como as famílias demonstram suas tentativas de cooperar de uma maneira totalmente peculiar. Além disso, a equipe aprendeu ainda mais como promover a cooperação equipe-família. Depois da intervenção tipo Möbius, aprendemos mais coisas sobre a utilidade de intervenções isomórficas. A partir do mapa desta intervenção (Figura 5.4), a equipe está em condições de elaborar intervenções semelhantes, quando as queixas do casal formarem parte de uma seqüência de comportamento de reações mútuas.

Tendo à mão mapas como estes (Figuras 5.3 e 5.4), o terapeuta pode considerar-se preparado para o planejamento de outras intervenções, úteis quando forem traçados mapas semelhantes para descrever interações de casais. O mapa de Möbius tem, aparentemente, sua serventia na orientação do planejamento de intervenções terapêuticas para casais, cujas queixas de um membro para o outro sejam passos relacionados, dentro de uma seqüência. No mapa da Figura 5.4, "A" representa uma pessoa por vez; as queixas ("B") da outra pessoa são tratadas separadamente; o mapa, assim, é usado duas vezes para a elaboração da intervenção. O par de queixas precisa ser "interativo e seqüencial"; ou seja, pode-se descrever Peter como alegre "em resposta" à tristeza de Barbara. Além disso, as queixas precisam ser moldadas pelo casal como "mutuamente causais"; isto é, Peter considerava seu estado de jocosidade "causado" pela tristeza de Barbara enquanto esta via a intensificação de sua tristeza "ser causada" pela atitude brincalhona de Peter. Estes pontos são aparentemente importantes qaundo se considera o uso do mapa de Möbius porque o padrão interativo descrito que serve como base, define a estrutura do mapa. Se as queixas recíprocas — com ou sem a confusão sistêmica — estão distanciadas no tempo ou são percebidas como partes de seqüências diferentes, então estes territórios pedem um mapa diferente.

O uso destes mapas com um outro caso trará mais esclarecimento da utilidade do mapa de Möbius na qualidade de instrumento descritivo para o planejamento de intervenções com casais que apresentem queixas mútuas. Uma vez que as respostas relatadas pelo casal também indicam uma mudança descontínua, pode-se tirar conclusões interessantes dos processos envolvidos.

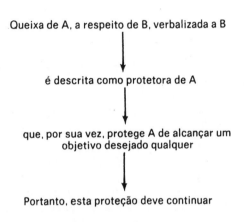

Figura 5.4. Mapa de Möbius.

SEGUNDO EXEMPLO DE CASO

Meg e Tony Cummings tinham sido casados 19 anos e tinham quatro filhos, todos com menos de 16 anos. Na ocasião da primeira sessão, estavam separados há seis meses. Depois de quatro meses e meio, tinham começado a namorar de novo, mas sem aprofundamento de contato. Suas saídas juntas tinham sido muito agradáveis aos dois até que Tony começou a falar em voltar para casa. Este tema tinha aparecido há duas semanas e meia, antes da primeira sessão. O assunto com que Meg ficasse tensa; sua tensão provocou em Tony uma sensação de "desespero" a respeito da situação. Ele tinha dúvidas de se ela realmente se importava com ele e se estava efetivamente interessada em reatar a relação.

O trabalho de Tony fazia-o ausentar-se de casa por alguns dias, cada vez, algo de que ele não gostava; mas o serviço em si, ele

119

apreciava. Quando estava trabalhando, ele telefonava freqüentemente pàra Meg. Estes telefonemas irritavam Meg porque ela achava que ele a estava vigiando; de seu lado, ele estava apenas tentando demonstrar a ela seu interesse. Estes telefonemas eram um dos elementos detonadores das muitas discussões que tinham tido ao longo dos anos. Uma vez que os dois descreviam-se como teimosos, suas discussões podiam durar até cinco dias, após o que era comum ficarem sem se falar durante semanas a fio. Até onde cada um dos dois conseguia se recordar, esta era a 12.ª separação. Tinha sido a mais prolongada e a mais séria. Meg chegou até a pensar num divórcio e consultar um advogado. Contudo, nenhum dos dois queriam *realmente* um divórcio, pois os dois diziam que se amavam.

1.ª sessão

O objetivo de Meg e Tony foi colocado claramente: queriam voltar à situação de casados *e* ficar juntos. Nessa altura da história, não tinham nenhum limite específico de tempo em mente. Meg achava que um passo muito positivo no sentido da consecução desse objetivo aconteceria quando ficasse confortável durante visitas de Tony à sua casa. Para Tony, um passo muito positivo aconteceria quando Meg lhe desse uma manifestação de afeto — um simples abraço — sem que ele tivesse que pedi-lo.

Meg e Tony foram atendidos numa sala, sem espelho monofásico e sem equipe; de Shazer foi o terapeuta. Este consultório filial do CTFB foi criado para testar a metodologia envolvida no uso deste novo modelo e deste novo formato, num trabalho de terapeuta único.

Depois de terem sido estabelecidos os sinais e os objetivos, o terapeuta fez uma pausa para "pensar a respeito do que os dois me disseram até agora". Parecia evidente que tanto Meg quanto Tony desejavam ficar juntos de novo e que já tinham começado a trabalhar nesse sentido. Contudo, tinham se separado tantas vezes antes, e conseguido achar maneiras de se reunirem, sem a ajuda de terapeuta algum. Portanto, o problema não era reuni-los de volta, mas sim, fazer com que essa reunião fosse diferente, de algum jeito, que lhes permitisse permanecerem juntos.

Uma vez que já tinham tomado algumas medidas no sentido de voltarem a ficar juntos, a tarefa do terapeuta seria cooperar com eles, dentro da opção decidida por eles. Os passos que já tinham dado formavam a base do cumprimento e, portanto, ajudaram o terapeuta a elaborar a intervenção para que fosse isomórfica. O terapeuta tinha consciência de que Meg e Tony poderiam decidir não reatar a relação; se o fizessem, porém, então havia a probabilidade de que tivessem ainda uma outra discussão e talvez mais uma separação. Este parecia seu padrão habitual.

Depois de ter voltado de sua pausa, o terapeuta deu-lhes a seguinte tarefa (intervenção), que ele havia anotado para si mesmo:

de Shazer: A mim me parece que é preciso ter muito fôlego, os dois, para decidirem trabalhar juntos na reunião de seu casamento. Estou impressionado com isso. Não sei qual é a margem de risco de vocês realmente conseguirem voltar e ficar juntos. E, tenho certeza de que vocês também não o sabem; estou impressionado por vocês estarem dispostos a tentar, apesar disso.

Bem, parece-me que vocês já deram o primeiro passo: sair para namorar, falar a respeito de voltarem, e agora virem aqui. Todos estes parecem passos dados na direção certa; e parecem estar apropriadamente espaçados no tempo; concordo que devam continuar lentamente.

Daqui até a próxima vez que nos encontrarmos, quero que cada um de vocês — em separado — pense a respeito do que não querem ver modificado em seu relacionamento.

Tony: Entendi. Isso vai nos dar alguma coisa positiva sobre a qual nos fundamentarmos.

de Shazer: Sim, e talvez vocês queiram anotar alguma coisa.

A sessão terminou aí. Os dois concordaram em "continuar indo devagar" e os dois aceitaram realizar a tarefa.

Meg e Tony pareceram dar total atenção às duas fases da intervenção. Os dois assentiram com a cabeça, em diversos momentos, e os dois pareciam descontraídos e alegres, ao final da sessão. O terapeuta previu que retornariam para a próxima sessão e que os dois fariam alguma coisa a respeito da tarefa que viesse a fornecer mais informações a respeito de sua maneira de cooperar. Meg pareceu especialmente aliviada quando o terapeuta concordou que "fossem devagar", mas o terapeuta ficou incerto a respeito da reação de Tony. E não esperou que houvesse mudanças significativas durante esse intervalo, apesar de realmente esperar algum relato de "mais passos".

2.ª sessão

Três semanas mais tarde, Tony já estava em casa há uma semana.

de Shazer: Bem, como foi que aconteceu?

Meg: Certa noite, simplesmente decidimos tentar de novo. Tony estava mais seguro do que eu, mas eu me sentia suficientemente à vontade para deixar que ele ficasse.

121

de Shazer: Humm. Agora estou preocupado. Parece que vocês dois estão realmente apressando as coisas. Espero que isso não signifique que a coisa vá se desfazer com a mesma velocidade com que vocês voltaram a ficar juntos.

Tony: Desde então, nós dois estamos tentando ao máximo tratar bem um ao outro.

Uma vez que a primeira parte de seu objetivo tinha sido alcançada, decidiram trabalhar nas suas discussões, que os dois consideravam ser o fator preponderante na separação do casal. Sem essas discussões, os dois achavam que poderiam ficar juntos. Relataram que, desde que Tony tinha voltado, tinham tido cinco dias realmente bons e só um dia ruim. Tinham discutido um pouco mas a briga tinha sido rapidamente resolvida. Tinham tomado providências para terem certeza de que não iriam para a cama com raiva, e esta era uma nova regra entre eles. Meg achava que poderiam dar um jeito de continuarem juntos, se este padrão se tornasse regular para eles.

Descreveram sua seqüência típica de discussão: (1) Meg ficava quieta (por alguma razão). (2) Tony interpretava isto como "ela está de mau humor", o que o provocava a tentar descobrir "por que". Depois (3) ela respondia "nada". (4) Mas isto não o satisfazia e ele portanto continuava a fazer perguntas. (5) Ela pedia que ele a deixasse em paz e (6) se ele não a deixasse em paz então teriam uma discussão. Ou seja, o silêncio dela era visto como "causando" nele a vontade de perguntar, enquanto as perguntas dele eram vistas como "causando" nela mais silêncio.

Em resposta à tarefa 'da sessão anterior, Meg viu que não queria que Tony mudasse seu senso de humor, nem sua maneira direta de enfrentar desafios. Também não queria que ele deixasse de ser compadecido e compreensivo com as pessoas. Ela o considerava paciente e sociável e também não queria que estes aspectos fossem modificados.

Tony não queria perder os bons momentos que tinham quando se afastavam dos filhos. Além disso, ele não queria mudar o fato de Meg ser honesta, ponderada e fiel. Ele também apreciava sua persistência. (Esta fora uma discreta modificação da tarefa, que solicitara deles lidar com seu relacionamento, e *não* com a personalidade do outro. Portanto, uma tarefa subseqüente deveria deixar espaço para quaisquer modificações).

A descrição que fizeram da seqüência típica que desembocava em discussões tem uma espantosa semelhança com a "seqüência de reação mútua" do exemplo anterior. Foi construído um mapa semelhante, mostrado na Figura 5.5. Este mapa do padrão de Meg e Tony levou o terapeuta a começar a considerar a possibilidade de usar o mapa de Möbius para elaborar a intervenção em alguma sessão subseqüente, pois isto poderia ser uma intervenção isomórfica o suficiente para promover alguma mudança significativa.

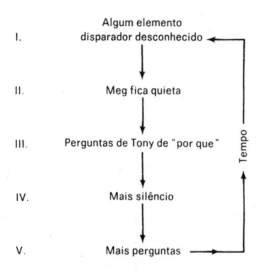

Figura 5.5.

Desde que Meg e Tony estavam juntos de novo, a primeira parte de seu objetivo estava satisfeita. No entanto, isto não pareceu um passo fora de seus moldes antigos, só mais um passo dentro dos mesmos. Não mudou o molde e, portanto, as chances seriam mais de voltarem a se separar de novo. Criar alguma maneira de discutir sem ficarem zangados, na hora de irem para a cama, pareceu um sinal razoável o suficiente para vincular à segunda parte de seu objetivo: ficarem juntos. O terapeuta não estava seguro do sinal que Meg e Tony usaram para dar fim às discussões, principalmente aquelas que terminavam sem algum entendimento razoável.

de Shazer: Estou impressionado com todas as mudanças que vocês dois fizeram nas últimas três semanas. Parece que trabalharam bastante para voltarem a ficar juntos e para tratarem bem um ao outro. Tenho certeza de que não foi fácil evitar discussões, mas vocês fizeram isso. Uma briguinha numa semana é muito bom, principalmente porque nenhum dos dois foi zangado para a cama.

Contudo, estou preocupado com a velocidade com que as coisas mudaram. Parece-me que, se vocês tivessem tido uma discussão que acabasse com um dos dois ainda irritado na hora de irem para a cama, então, bom, vocês iriam achar que era "a mesma coisa de sempre" e poderiam separar-se de novo.

Uma vez que os dois querem muito que as discussões terminem, isso não será possível acontecer num futuro imediato. Pessoas que vivem juntas entram em desentendimentos de vez em quando. Portanto, o que eu gostaria que vocês dois fizessem, daqui até a próxima vez, trata de observar como terminam essas discussões ou desentendimentos; como é que fazem para que parem ou, pelo menos, para terminar uma rodada em particular. Façam apenas uma anotação disso para mim.

Tony: Você quer dizer que gostaria de saber o que acontece depois das brigas?

de Shazer: Certo. Eu gostaria de saber o que vocês dois fazem de modo que não vão para a cama com raiva um do outro.

Meg: Entendi. E você quer que a gente anote.

Esta tarefa é facilmente modificável. Eles poderiam não anotar as razões, ou poderiam prestar atenção apenas nas discussões que não os fizessem ficar com raiva ao irem para a cama, ou poderiam prestar atenção nas brigas que não conseguiam interromper e que os forçava a irem zangados para a cama. O terapeuta previu que seriam capazes de anotar *alguma coisa* a respeito de "como" suas discussões terminavam. Além disso, previu que teriam uma grande discussão e que não seriam capazes de relatar como teria acabado. Também previu que, em sua maioria, Meg e Tony passariam duas boas semanas. Uma vez que o terapeuta os aconselhara a ir devagar e eles se haviam reunido muito depressa, o terapeuta também pode predizer com alguma probabilidade que Meg e Tony seriam incapazes de fazer a tarefa por causa de uma falta de discussões sobre as quais falar com o terapeuta.

3.ª sessão

Duas semanas depois, Meg telefonou para cancelar a sessão porque Tony tinha que trabalhar. Meg informou que estava tudo indo muito bem entre eles. Várias horas de sessão foram canceladas consecutivamente, com o mesmo relato "ótimo" até que a terceira sessão foi finalmente realizada 12 semanas após a segunda.

Quando Meg e Tony chegaram para a sessão, estavam no meio de uma discussão. Estavam os dois sem trabalho e essa briga tinha começado 10 horas antes. Relataram que, ao longo das 12 semanas precedentes, tinham tido só umas duas briguinhas, mas nenhum dos dois se lembrou de como terminaram.

Meg: Se ele simplesmente pudesse me aceitar do jeito que sou então nada disto teria importância.

Tony: Mas não pára de mudar de estado de espírito. Nunca sei em que pé estou com você, porque quando você fica quieta, eu me pergunto: "Que foi que eu fiz?"

Meg: E eu fico só repetindo que você não fez nada, que eu só quero ficar um pouco sozinha, quieta.

Tony: Mas eu sempre penso que você está zangada e ...

Meg: (*Falando junto*) Mas eu estou só cansada.

Tony descreveu sua necessidade de ser constantemente reassegurado de que Meg o amava e não estava zangado e ficava "com ciúme" de quaisquer outros interesses que Meg demonstrasse. Ele considerava seu silêncio como preocupação com alguém ou alguma outra coisa. Quando ele a pressionava com dúvidas de se ela o amava, ela começava de novo a desejar que ele saísse de casa. Contudo, ela continuava tentando evitar as brigas, permanecendo calada, o que servia para "provocar" ainda mais dúvidas e perguntas da parte dele.

Tony descrevia os silêncios dela como "mudanças de humor" e portanto amolava-a por causa disso, tentando ir até o fundo da coisa. Ele continuava achando que todo e qualquer período de silêncio era um sinal de que ela estava zangada com ele por alguma coisa que tivesse feito.

O terapeuta, que sabia que a próxima sessão tanto poderia ser adiada quanto não, decidiu terminar a sessão sem nenhuma tarefa explícita, simplesmente com o cumprimento. E o terapeuta decidiu ter uma intervenção escrita pronta para ser usada na próxima sessão, intervenção esta fundamentada em sua seqüência de reação mútua. Neste momento, remodelar o *status quo* sem denominá-lo nem briga nem discussão estava dentro dos planos, apesar de a tentação ser prescrever a mesma tarefa. No entanto, um longo intervalo entre as sessões poderia tornar esta pista ineficaz, mesmo que tivessem relatado a realização da mesma. Evidentemente, este relato de resposta também indicava que não tinham feito a tarefa; a coluna 5, da figura 4,3, sugere "não se deve dar agora nenhuma tarefa concreta".

125

de Shazer: Estou realmente impressionado com a habilidade de vocês dois para permanecerem juntos e continuarem insistindo na solução deste problema. Apesar de eu também pensar que seria desejável aceitar um ao outro simplesmente do jeito que são, não penso que isso vá ser fácil ou rápido. Suspeito que vocês dois, Meg e Tony, continuarão evitando brigar tanto quanto puderem.

Tony: Mas o que precisamos fazer?

Meg: Isso não pode continuar desse jeito.

de Shazer: Bom, não sei. Parece mais complicado do que eu, a princípio, pensei que fosse. Preciso pensar a respeito. Acho que vocês precisam só continuar agüentando.

Tony: Mas e as mudanças de humor dela?

Meg: E o ciúme dele?

de Shazer: Neste momento agora, isso está me confundindo. Preciso conversar com meu grupo a respeito.

O terapeuta previu que ou (1) aquela discussão virava briga, e eles se separariam, ou (2) por alguma razão inexplicada, as coisas ficariam subitamente muito melhores, à semelhança do que tinha acontecido nas primeiras duas sessões. Se a primeira previsão se mostrasse correta, o terapeuta considerava que a separação seria breve.

A intervenção para o intervalo entre as sessões foi fundamentada no mapa de Möbius. A queixa de Meg a respeito de Tony seguia imediatamente a queixa dele em relação a ela. Os silêncios dela foram descritos como provocadores das perguntas dele; as perguntas dele "faziam com que" ela ficasse mais quieta. O isomorfismo entre os padrões de queixas de Meg e Tony e os de Peter e Barbara, além do comparecimento errático e portanto indistinto e confuso, que confundia a eficácia das tarefas bem como os relatos das respostas, foram fatores que todos juntos fizeram surgir a idéia de que uma intervenção elaborada de acordo com o mapa de Möbius seria eficiente. À medida que o terapeuta revia o caso e começava a elaborar uma intervenção, tornou-se claro que a seqüência de reação mútua de Meg e Tony poderia ser sobreposta ao mapeamento já executado da seqüência de reação mútuo do exemplo anterior. Em ambos os casos, o elemento disparador da seqüência é descrito como "desconhecido" e, nos dois casos, o detonador é seguido pelas duas queixas de maneira gradativa, como passos que vão sendo dados um após o outro.

4.ª sessão

Esta ocorreu, depois da terceira, após um mês. Meg e Tony relataram que "as coisas estavam indo bem". Tinham tido menos que uma discussão por semana, ao longo desse mês. Tony comentou que Meg não tinha ficado amuada durante o período todo.

Meg: Simplesmente demonstrar-lhe que eu o amo, mais freqüentemente, parece conduzir a menos conflitos.

Tony: Meu ciúme está melhorando porque ela está demonstrando afeição mais do que nunca em toda a nossa vida.

Neste ponto, a tentação é abortar a intervenção planejada porque a seqüência de reação mútua não parece ter sido acionada. Parece que Meg e Tony encontraram seus sinais e estão a caminho de atingirem seu objetivo de permanecerem juntos. Contudo, seu padrão maior parece incluir estes períodos de paz e, por isso, o terapeuta decidiu que Meg e Tony poderiam ser auxiliados a continuar de fora deste antigo molde, que dava sinais de estar pelo menos rompido, se não destruído. Talvez intervir na seqüência de reação mútua durante uma fase pacífica se mostrasse mais eficiente. Poderá mudar as coisas bastante radicalmente, se conseguir o resultado previsto e assim ajudá-los a permanecerem fora de seu antigo padrão.

Após a pausa, o terapeuta leu a seguinte mensagem:

de Shazer: Conversei com nosso consultor — um psiquiatra — e com o restante de meu grupo, a respeito da situação de vocês. Chegamos a diversas conclusões, mas não estou certo de concordar com todas elas.

Achei bom que vocês tivessem apontado, no telefonema que fizeram para cancelar a sessão de duas semanas atrás, o que parece ter sido da minha parte evitar a questão do ciúme e das mudanças de humor. Isso acontece às vezes. Talvez eu tenha me descuidado. Minha única desculpa é que sinto que essas questões são por demais centrais.

Pareceu-nos que Meg fica silenciosa quando já ouviu demais. Suspeitamos que ela tenha ouvidos muito sensíveis e que quando existem palavras em excesso, barulho demais, ela simplesmente desliga os ouvidos. Não importa o tipo de barulho: palavras, música, buzinas de automóveis etc.

Por outro lado, Tony parece que fica descontente quando encontra as coisas fora do lugar — suspeitamos que ele tem olhos sensíveis e que enxerga "vermelho" quando existe muita bagunça e muita confusão. Quando Tony encontra um grande número de coisas fora do lugar, seus olhos ficam cansados de trabalhar e ele se aborrece.

Suspeitamos que em algum ponto do caminho — talvez durante seu crescimento — Tony tenha aprendido que "silêncio é igual a raiva". Talvez sua mãe tenha feito você calar a boca quando ela estava muito zangada com você. E, claro, você também estava zangado com ela. Portanto, ficar em silêncio significa estar com raiva.

Bom, mas isso não é tudo. Não é assim tão simples. Achamos que o ciúme e as mudanças de humor são partes muito importantes do relacionamento de vocês. Eu tinha esperança de poder ajudá-los a ficarem juntos melhor do que antes, a conservar seu casamento, sem confundir essas coisas. Pois, para mim, os silêncios e o ciúme são muito importantes. Achamos que vocês vão pensar nisso como uma espécie de quebra-cabeça. Eu também. Portanto, deixem-me terminar de ler isto, antes de fazerem seus comentários.

Parece-nos Tony, que seu ciúme protege Meg de descobrir o tanto que ela se importa com você, Tony. O seu ciúme a tranqüiliza de seu cuidado por ela. Ela reage com mudanças de humor e com silêncios porque, se ela não o fizesse, teria medo de que você ficasse avassalado pela profundidade dos sentimentos dela.

Parece-nos, Meg, que seus silêncios protegem ainda mais Tony de perceber como são realmente constantes seus sentimentos. Se fosse para ele perceber como são leais e verdadeiros seus sentimentos em relação a ele, então ele não teria o desafio de que necessita. Ele poderia ficar entediado — ou até mesmo deprimido — se não tivesse os desafios que seus silêncios representam para ele.

Sendo assim, pensamos que vocês dois precisam continuar protegendo-se um ao outro, com seu ciúme e com seus silêncios. Meg, você precisa continuar quieta toda vez que sentir que ele precisa de um desafio, ou ele então se sentirá avassalado. E Tony, você precisa ser ciumento toda vez que achar que Meg não percebe o quanto você se importa com ela, ou você vai ficar entediado.

O terapeuta observou que cada um deles assentiu com a cabeça diversas vezes, enquanto ele lia a mensagem. Ele disse que lhes enviaria cópias pelo correio e sugeriu que pensassem nisso antes da próxima sessão, marcada para daí a um mês.

O terapeuta previu que esta intervenção ajudaria Meg e Tony a continuarem fora de seu molde antigo e, assim, continuariam a fazer outras mudanças que poderiam até ser descontínuas. Além disso, previu que não haveria "mais brigas" e que as queixas a respeito tanto do ciúme quanto das mudanças de humor seriam mínimas.

Seguimento

Uma semana depois, Tony telefonou para cancelar a sessão seguinte, porque sabia de antemão que não poderia comparecer. Relatou — sem que lhe fosse perguntado — que as coisas estavam bastante confusas, mas que não se sentia mais ciumento e que não notara mudanças de humor em Meg. Marcou novo horário e dia. Uma semana antes da nova sessão, Meg telefonou para dizer que estava tudo indo bem e que não precisavam mais de terapia. Outras informações foram recebidas da pessoa que os encaminhara, amigo íntimo da família há mais de 15 anos. Nunca os vira terem tanto prazer um com o outro, como agora estava acontecendo. "É difícil imaginar que são o mesmo casal. Não brigam mais." Um telefonema meses mais tarde recebeu de Meg o mesmo relato.

ISOMORFISMO

As seqüências comportamentais dos dois casos aqui apresentados podem ser mapeadas em conjunto (vide Figura 5.6). O isomorfismo dos dois padrões de queixa são uma vantagem-extra para o terapeuta e para a equipe porque os dois estudos de caso diferentes fornecem pontos de vista diferentes, que criam idéias a respeito de sistemas.

O que surpreende é que o mapa das intervenções tipo Möbius pode ser usado para descrever as intervenções nos dois casos, e estes mapas podem ser combinados, como se ilustra na Figura 5.7.

Evidentemente, o primeiro caso serviu de protótipo para o segundo e para outros mais. Contudo, o isomorfismo obtido entre os dois mapas e a similaridade das respostas relatadas pelo casal são de fato surpreendentes. Os dois casais parece que passaram por um período de maior confusão, durante o qual diminuíram as queixas até que, subitamente, (pelo menos é repentino do ponto de vista do observador) fizeram grandes mudanças. O amigo da família Cummings "mal podia reconhecer neles o mesmo casal". Pode-se observar que os dois casais se reorganizaram sem os antigos padrões de queixa. Em resumo, a confusão/imprecisão sistêmica parece ter desaparecido.

Parece existir algum vínculo comum à intervenção tipo Möbius e às mudanças que se lhe seguem. A teoria binocular da mudança sugere que, depois da intervenção, a seqüência é vista pelo casal de um ângulo diferente. Ou seja, se parece que a seqüência está começando, vários elementos dos nomes do contexto são suficientemente "escorregadios" (ou seja, começaram a desenvolver um significado atribuído diferente) para que a nova seqüência possa desdobrar-se espontaneamente. Por exemplo, se Barbara começava a ficar "triste"

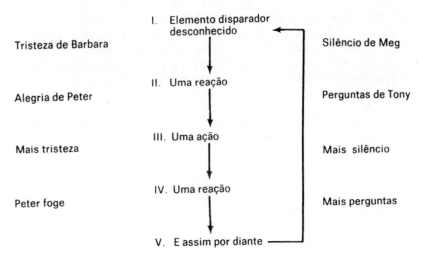

Figura 5.6.

de novo (o que é provável), Peter está apto a se perguntar se não "deveria protegê-la tornando-se alegre". Existe alguma probabilidade de que o significado de sua alegria e/ou a tristeza dela sejam suficientemente escorregadios para que um novo comportamento possa ser favorecido. Na verdade, Barbara realmente ficou "triste", no intervalo anterior à última sessão. Ao invés de ficar alegre, Peter pôs os braços em volta dela e ouviu-a durante uma hora. Em seguida, tomaram a decisão de ter um filho tão logo sua mudança estivesse terminada.

Apesar de não termos conhecimento disso, existe alguma probabilidade de que se Peter tivesse respondido com alegria à tristeza dela, então Barbara poderia ter pensado se não seria o caso de "protegê-lo, tornando-se ainda mais triste". Existe também alguma chance de que este significado seja escorregadio o suficiente para favorecer em Barbara a emissão de uma resposta diferente. Por exemplo, ela mesma poderia responder com algum comportamento alegre ou mostrar-se francamente zangada. De qualquer modo, isso daria início a uma nova seqüência. A intervenção introduziu a possibilidade de algum comportamento aleatório, pertencente a uma classe não inclusa na seqüência original. É impossível predizer qual será o comportamento específico, quais serão os comportamentos específicos.

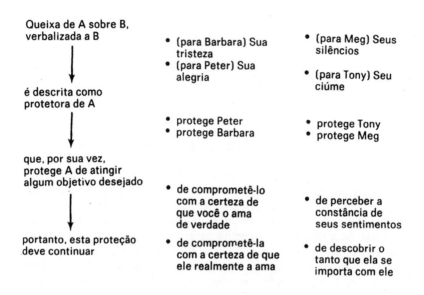

Figura 5.7. Intervenções tipo Möbius.

CAPÍTULO 6

Objetivos: Equilíbrio de Mapas Teóricos *

TEORIA DO EQUILÍBRIO

Apesar de a utilização da teoria do equilíbrio ter sido descartada por ser epistemologicamente inconsistente na descrição dos relacionamentos familiares e sua mudança, (vide Capítulo 1), a teoria de Heider (41) pode ser um instrumento útil para guiar nossas idéias a respeito de a terapia ser dirigida para os objetivos (21). Heider descreve os relacionamentos (de A para B, de B para C, de C para A) entre três elementos (A, B e C) de uma configuração (ou conjunto mental) como relacionamentos interdependentes de um elemento em relação a todos os outros. Descreveu-se tais relacionamentos como naturalmente propensos a um estado equilibrado (estado estável); quando estão num estado equilibrado, as configurações tendem a permanecer desse jeito. Heider definiu dois tipos de equilíbrio: "No caso de três entidades, existe um estado equilibrado se todas as três relações são positivas... ou se duas são negativas e uma positiva" (41, p. 110). Além disso, "se não existe um estado equilibrado, então surgirão forças na direção deste estado" (41, p. 108). Se uma configuração está equilibrada de uma destas formas, sua tendência será para a manutenção desse equilíbrio. No entanto, se a configuração não estiver equilibrada, sua tendência será o deslocamento para *um ou outro* dos dois estados de equilíbrio: (1) todas as relações positivas ou (2) duas relações negativas e uma relação positiva.

Uma rápida ilustração usando os diágrafos-assinalados, criados por Cartwright e Harary (14), esclarecerão a teoria de Heider. Para preservar a simplicidade, a ilustração será apresentada do ponto de

---

* Uma outra versão de parte deste capítulo apareceu antes como "Transformando Sintomas: Abordagem de um Procedimento de Erickson", *American Journal of Clinical Hypnosis*, 22: 17-28, 1979.

vista de uma só pessoa, como foi a concepção original da teoria por Heider.

Se uma pessoa, "p", está envolvida com uma outra pessoa, "o", a quem ama e "p" faz um pote de cerâmica, "x", que realmente gosta, então é importante para "p" que "o" também goste desse objeto. Se realmente "o" gostar de "x", então a configuração está equilibrada, e esse estado pode ser mapeado (como o mostra a Figura 6.1, gráfico 1).

Se "o" não gostar de "x", então descreve-se "p" como vivendo uma situação tensa. A configuração, ou o mapa cognitivo de "p" a respeito da situação, não está equilibrada: duas relações positivas e uma negativa (vide gráfico 2). De acordo com a teoria de Heider, no cerne desta configuração haverá tendências para o deslocamento no sentido de um estado equilibrado; (1) "p" pode considerar que "o" está começando a gostar de "x" (gráfico 1); (2) "p" pode passar a não gostar de "x" (gráfico 3); (3) "p" pode passar a não gostar de "o" (gráfico 4); ou, se acontecer o pior, (4) "p" pode passar a não gostar nem de "o", nem de "x" (gráfico 5). O gráfico 5 ilustra um caso especial chamado de "equilíbrio no vácuo" (14) no qual todas as relações são descritas como negativas, sendo esta uma configuração cuja tendência é manter-se prolongadamente; portanto, considera-se que está equilibrada como num vácuo.

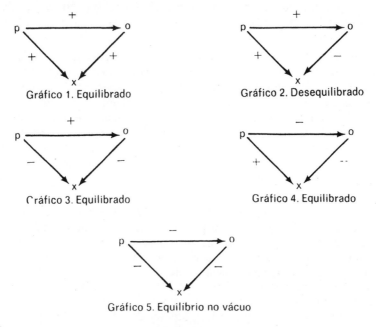

Figura 6.1.

Cartwright e Harary (14) generalizaram a teoria de Heider para uso com grupos ou unidades de quaisquer números e expandiram ainda mais a teoria a fim de incluir tanto relacionamentos recíprocos (simétricos) quanto não-recíprocos (complementares). Essencialmente, são usadas as mesmas medidas de equilíbrio: considera-se um estado equilibrado se (1) ou todas as relações são descritas como positivas, ou se (2) o observador descreve um número par de relações negativas. Considera-se um equilíbrio como existindo no vácuo se todas as relações são descritas como "negativas" pelo observador.

Tendo a teoria do equilíbrio como instrumentos descritivo, uma explicação de um dos procedimentos de Erickson ilustrará a orientação em termos de objetivos, típica a esta abordagem. O procedimento de Erickson será mapeado empregando-se a teoria do equilíbrio e depois este mapa será ainda mais aprofundado para ilustrar a orientação em termos de objetivos típica da terapia familiar breve.

ORIENTAÇÃO PARA UM OBJETIVO — ERICKSON

Contrariamente a muitas conceituações terapêuticas, Erickson não parece pensar que o sintoma ou a queixa de uma pessoa possa ser normalmente tratada com a mesma abordagem utilizada para outras pessoas que tenham o mesmo sintoma. Sua abordagem dos problemas humanos parece organizar-se e ser governada por premissas diferentes.

Haley (37) organizou alguns dos casos de Erickson ao longo de um contínuo do ciclo de vida familiar. Nesta abordagem, os problemas são considerados como bloqueios que se desenvolvem e impedem a passagem de um estágio da vida para o seguinte, por exemplo, da vida de adulto solteiro para a de adulto casado. A abordagem de Haley ajuda a esclarecer um determinado aspecto do trabalho de Erickson que é crucial: todos os procedimentos terapêuticos são elaborados tendo em mente um objetivo específico. Segundo o referencial de trabalho de Haley, esse objetivo foi descrito como a passagem para um estágio seguinte do ciclo.

O objetivo de Erickson pode ou não ser explícito e pode ou não ser compartilhado com seu paciente, em "nível consciente". Ainda mais importante, estes objetivos não parecem ser apenas a remoção de sintomas. Quando a eliminação de um sintoma faz parte da intervenção de Erickson, como usualmente faz, isto de certo modo parece secundário dentro dos resultados por ele obtidos. Por exemplo, uma mulher veio visitar Erickson por causa de uma úlcera estomacal e ele a ajudou a parar com visitas indesejadas dos parentes por parte de seu marido (intervenção verdadeiramente sistêmica). Assim que esse "sinal", ou subobjetivo foi conquistado, a úlcera desapareceu como conseqüência da mudança da mulher em seus relacionamentos com os parentes por afinidade (37).

Ao examinarmos os casos dispostos por Haley em cada fase do ciclo familiar, emergem determinadas consistências nas intervenções de Erickson. Uma destas constantes é que a abordagem de Erickson é determinada mais pela situação ou contexto em que a pessoa se encontra do que pela natureza dos sintomas ou da fase do ciclo em que se acha. Ou seja, os mesmos padrões de intervenção terapêutica reaparecem em casos de várias fases do ciclo familiar *e* com vários sintomas.

Embora Erickson não tenha identificado nos procedimentos o mesmo projeto básico, este meta-padrão pode ser abstraído de sua abordagem de seis casos diferentes, descritos na literatura. Os sintomas cobrem um largo âmbito, todos os problemas parecem singulares e os métodos usados por Erickson (ou o meta-padrão descrito através do uso da teoria do equilíbrio) aparecem com pessoas em vários estágios do ciclo de vida familiar: com um adolescente de 16 anos que chupava dedo (35, p. 428), em dois casos de "paralisia histérica" (35, p. 390), com um adolescente que tinha um "'dente grande" (35, p. 414), com uma mulher sofrendo de úlcera estomacal (37, p. 153), e numa moça de 21 anos que tinha uma falha nos dentes da frente (35, p. 414).

Diversos aspectos do método de Erickson, nestes casos, merecem atenção particular se é que nos interessamos por entender a referida abordagem bem como a da terapia familiar breve. Em cada um destes casos, Erickson pode ser descrito como um terapeuta que determinou um "objetivo primário" (O) para sua abordagem, que se baseia naquilo que a pessoa lhe oferece. Nos artigos, este objetivo está às vezes mais subentendido do que explicitado. Em cada um dos casos este objetivo primário pode ser descrito em termos muito específicos e sua apresentação ocorre de tal forma que parece pertencer à visão de mundo da pessoa. Obedecendo à natureza sistêmica do trabalho, este objetivo primário é normalmente de teor "interativo", não consistindo na eliminação da queixa em si. Mais freqüentemente, descreve-se o desaparecimento "espontâneo" da queixa através de alguma modificação do comportamento interativo da pessoa.

Quando estabelece um objetivo primário, é como se Erickson estivesse perguntando a si mesmo: "O que pode acontecer na vida desta pessoa que o sintoma consiga desaparecer sem que para isso tenha que chamar muita atenção?" A seguir, verifica-se que Erickson adota uma abordagem passo a passo para a consecução do objetivo (O) estipulado por sua respósta à pergunta acima. Segundo o referencial de Haley, esta pergunta relaciona-se com uma mudança para a fase seguinte do ciclo de vida familiar. Dentro do modelo de terapia familiar breve, esta pergunta relaciona-se à determinação de objetivos e sinais.

Para a mulher com úlcera de estômago tratada por Erickson, mudou a situação com respeito às indesejáveis visitas de seus parentes por afinidade e, a seguir, desapareceu a queixa. Pode-se considerar que o objetivo primário seja a eliminação da úlcera, alcançado de maneira imperceptível quando a mulher modificou seus relacionamentos com os parentes.

Para Erickson,

Um objetivo terapêutico apropriado é aquele que ajuda o paciente a funcionar tão adequada e construtivamente quanto possível, em face das desvantagens internas e externas que fazem parte de sua situação de vida e de suas necessidades. Conseqüentemente, a tarefa terapêutica torna-se uma questão de utilizar intencionalmente a sintomatologia neurótica para satisfazer as necessidades singulares daquele dado paci. Essa utilização deve... fornecer subsídios para ajustamentos consirutivos favorecidos pela manutenção dos neuroticismos e não prejudicados pelos mesmos (35, p. 390).

Todo "sintoma neurótico" ou queixa (que é rotulado de "x", segundo esta técnica de mapeamento) é considerado dentro de sua relação com o objetivo específico, primário (O), em pelo menos uma maneira: a queixa (x) pode ser descrita como impedindo, de alguma forma, que a pessoa alcance esse objetivo. Nessa altura, podemos imaginar Erickson perguntando a si mesmo: "Como é que esta queixa pode ser transformada em uma coisa útil, dirigida para a consecução do objetivo?"

Neste momento, Erickson parece interessado na maneira pela qual "as limitações dos conjuntos conscientes habituais da pessoa e seus sistemas de crenças possam ser temporariamente alteradas para que a pessoa consiga ser receptiva a uma experiência de outros padrões de associação e a outros modelos de funcionamento mental" (28, p. 20). Seus procedimentos, com ou sem o uso formal do transe, promovem esta receptividade. Neste momento, seus métodos são a "marca registrada" de Erickson, que nos permite (como permitiu a Haley) identificar um procedimento ericksoniano quando vemos um pela frente. Em termos simples, esta marca registrada trata de transformar, usando a remodelagem, pelo menos algum aspecto da queixa — uma parte involuntária e dolorosa da vida da pessoa muda em uma parte deliberada e mais útil. Esta remodelagem altera todo o significado da situação da pessoa e uma modificação de comportamento virá em seguida.

Por exemplo, uma moça tinha uma falha entre seus dentes frontais, considerada por ela como repulsiva e desfigurante o suficiente para que ela até pensasse em suicídio. Ao invés de enviá-la a um dentista, ou de tentar convencê-la a desistir de suas idéias suicidas, ou de tentar tranqüilizá-la quanto à natureza irrisória do espaço entre os dentes, Erickson ensinou-lhe que essa falha era de uma utilidade ímpar como dispositivo para esguichar água. Quando ela veio procurando terapia, estava usando essa falha para considerar-se desfigurada: estava evidentemente além de seu controle e era inútil. A técnica de Erickson começou pelo ensino de que ela usaria voluntariamente essa falha, de maneira diferente.

Este passo do procedimento de Erickson pode ser descrito como aparentado com a "prescrição de sintoma" (62). Em geral, a maioria dos sintomas ou queixas pode ser considerada "além do controle, involuntários". Uma prescrição de sintoma pede à pessoa que realize voluntariamente o comportamento sintomático (concentrar-se no espaço interdental) na esperança de eliminar a queixa ou pelo menos conquistar algum controle sobre a mesma. Erickson ensinou a moça a usar voluntariamente a falha, de maneira diferente, como uma etapa na transformação da situação como um todo. O objetivo deste passo, diversamente do objetivo de uma prescrição de sintoma, *não* é a eliminação da queixa. É, ao contrário, simplesmente um começo no processo de remodelagem-transformação.

Esta transformação se completa no passo seguinte, que geralmente é uma tarefa instrumental para a consecução do objetivo primário, ou que permite a este suceder, ou que pára de impedir a consecução do objetivo. Esta tarefa, ou série de tarefas, é elaborada à base da queixa remodelada (digamos, x') e de sua nova utilidade. A possibilidade de a moça cuspir foi em seguida utilizada para uma brincadeira inocente (digamos O'): esguichar água num rapaz que ela estivera evitando. Aqui, Erickson usa a possibilidade de ela (esguichar água) fazer uma coisa como base para uma tarefa (a brincadeira inocente), que depende da própria falha nos dentes. Isto eliciou novos comportamentos interativos que subseqüentemente conduziram a moça à consecução de seu objetivo de se casar e ter filhos.

Através do processo de remodelagem, é alcançado o objetivo primário, específico. A moça não estava mais evitando os rapazes que se interessavam por ela, e estava (segundo o referencial de Haley) pronta para passar para a próxima fase do ciclo da vida familiar. A brincadeirinha que utilizava sua falha dental era para ela construtiva e benéfica. A moça e o rapaz (vítima da brincadeira) acabaram se casando. Portanto, ela não podia mais considerar a falha como repelente e desfigurante porque a própria falha ajudara-a a alcançar o objetivo de casar-se com o rapaz. Como em outros casos, os métodos de Erickson deram à moça a oportunidade de "espontaneamente" atingir seu objetivo.

Confecção de um mapa

Esta abordagem do trabalho de Erickson pode ser descrita pelo uso de um mapa de equilíbrio teórico. (Isto faz parte de nosso instrumento descritivo, não do de Erickson). Quando este modelo foi elaborado pela primeira vez (21), o cliente ou paciente ainda era visto como alguém "do lado de lá", separado do terapeuta de alguma maneira, apesar de o relacionamento deste com a situação como um todo ser considerada como uma constante (positiva). O modelo original será apresentado, primeiramente, e depois será expandido até levar ao ecossistema.

A confecção de um mapa dos procedimentos de Erickson começa com os três elementos vistos do ponto de vista do observador — (1) o paciente ("p"), (2) o objetivo primário ("O"), e (3) o sintoma involuntário ou queixa ("x") e (4) os *relacionamentos* entre estes três elementos, como o ilustra a Figura 6.2.

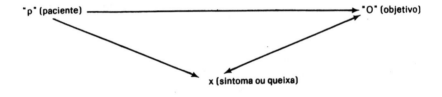

Figura 6.2.

Esta situação inicial é mapeada como estado equilibrado (duas relações descritas como negativas, uma descrita como positiva). A marca registrada de Erickson pode ser então mapeada como o começo do processo de remodelagem, que redefine a queixa (x) como alguma coisa mais útil (digamos x'). Deste ponto de vista, os mapas podem descrever o processo de consecução de objetivos através de um subobjetivo (geralmente uma tarefa, digamos O') que usa a queixa remodelada (x'). A seguir, a tarefa (O') é mapeada em relação ao objetivo ("O"), como o ilustra a Figura 6.3.

É importante perceber que Erickson não aceita a realidade da pessoa, em que a queixa está fora de controle e é inútil ("x"). Ao contrário, ele aceita a queixa como parte da "antiga realidade" da pessoa, que pode ser transformada de modo que a queixa torne-se útil ou mesmo necessária ao resultado terapêutico. O uso deste procedimento implica que a queixa remodelada (x') está relacionada com a consecução do objetivo primário (O). Sobretudo, ele não aceita o objetivo da pessoa pelo seu significado manifesto porque em geral tem um âmbito largo demais. Ao invés disso, ele "estreita o foco" para um objetivo específico: algum aspecto do objetivo da pessoa que possa ser vinculado à queixa remodelada.

Uma descrição do "problema de falha" (acima) pode ser construída da seguinte maneira: primeiro, o relacionamento entre a moça ("p") e seu objetivo (O) pode ser descrito como positivo (+) uma vez que o objetivo (casamento e filhos) é algo que ela valoriza. Segundo, o relacionamento entre a moça ("p") e o espaço entre seus dentes ("x") pode ser descrito como negativo (−) porque ela considera a falha como tão desfigurante que até pensa em suicídio. Terceiro, o relacionamento entre a falha ("x") e seu objetivo (O) pode ser descrito como negativo (−), pois ela acha que a falha dental a impede de atingir seu objetivo. Segundo sua maneira de ver, rapazes desejáveis foram repelidos pela falha nos dentes. Esta configuração é rotulada como "estado equilibrado" porque estão presentes duas relações negativas e uma relação positiva (vide Figura 6.4).

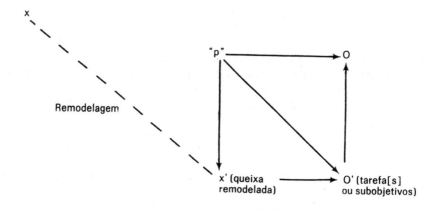

Figura 6.3.

Procedimento Terapêutico. Ao remodelar a situação, Erickson é capaz de começar a transformar a falha dental em alguma coisa de valor, pelo menos para esguichar água (x'). Depois, valendo-se desse trunfo positivo (x') para praticar uma brincadeira inocente (O'), Erickson está em condições de ajudar a moça a criar um novo conjunto de relacionamentos, dentro dos quais a falha dental venha finalmente a ser encarada como algo valioso. Neste momento, a brincadeira (O') está diretamente vinculada à consecução do objetivo (O). A moça e a vítima da brincadeira desenvolvem um relacionamento que culmina em casamento. Quando o resto do mapa é positivo, não é mais viável para a moça manter uma postura negativa da falha em si, pois a mesma ajudou-a a atingir seu objetivo.

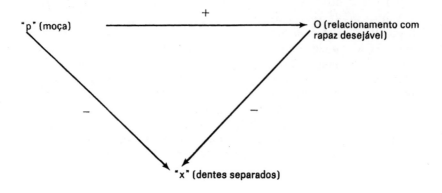

Figura 6.4. Estado equilibrado.

A seção do mapa depois da remodelagem é descrita como desequilibrada, o que, em termos da teoria de Heider, significa que irá desenvolver-se uma tendência para o equilíbrio. A queixa em si foi instrumental para a consecução deste objetivo e, portanto, o relacionamento entre a moça e a falha dental mudará para positiva. Descrita desta forma, a abordagem de Erickson pode ser entendida como criadora de desequilíbrio na situação original, o que dá margem a um nível suficiente de tensão, dentro da situação da pessoa, para favorecer uma mudança "espontânea" nos relacionamentos entre a pessoa, a queixa e o objetivo (vide Figura 6.5).

Todos os casos acima mencionados podem ser descritos da mesma maneira. Evidentemente, as explicações do próprio Erickson estão incluídas nos artigos originais e a explicação aqui apresentada não tem a pretensão de conformar-se à dele. O uso da teoria do equilíbrio, aqui discutida, permitiu à análise do trabalho de Erickson ser feita de uma forma que é possível expandir seus princípios para que sejam usados em outras situações.

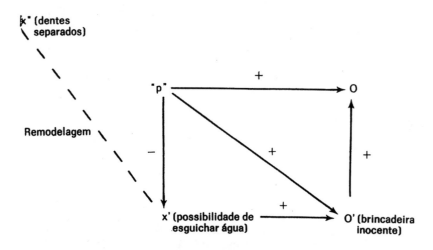

Figura 6.5.

AMPLIAÇÃO DO MAPA

Depois que se desenvolveu o conceito de equipe, após a irrupção pelo espelho, este mapa precisou ser ampliado para incluir todo o ecossistema. Rapidamente, tornou-se evidente que este instrumento ampliado poderia servir como "mapa dirigido para um objetivo", para a situação terapêutica que usa os procedimentos e o formato do CTFB. Apesar de todas as famílias e seus contextos serem muito diferentes e de a abordagem do CTFB ser elaborada com base nesta singularidade, os princípios da terapia familiar breve podem ser compreendidos por intermédio desta técnica de mapeamento.

A ampliação do mapa através do espelho torna necessária a inclusão da unidade equipe-líder ("T"), na descrição. Tanto atrás do espelho quanto na sala de terapia, a equipe está agindo para aceitar por completo a família (p) e sua situação total, incluindo aí o padrão de queixa (x). Esta tarefa é realizada pela atitude não-crítica do líder e pelo cumprimento e pista, baseados numa versão "positiva" da situação familiar (i. é, de um ângulo diferente).

Ao se construir um mapa ampliado, os elementos da configuração (vistos de uma meta-posição, ou da posição de um observador externo), mostrados na Figura 6.6, incluem: (1) a família (p), (2) o padrão da queixa, (3) o objetivo primário (O), a equipe (T) e (5) o *relacionamento* de todos esses elementos entre si.

Ao incluir-se a equipe, desta maneira, a situação terapêutica, desde o começo, pode ser descrita pela colocação da família (p) *e* de seu relacionamento com a queixa por ela apresentada (x) numa situação desequilibrada.* No mapa ampliado, existem dois relacionamentos a mais positivos e significativos: (1) entre a equipe (T) e a família (p), viabilizado pela atitude não-crítica e pelo cumprimento/pista; (2) entre a equipe (T) e o padrão de queixa (x), através da aceitação do problema como normal sob as circunstâncias vigentes, e de uma ausência de exigência direta de mudanças.

Em cada caso, a equipe procura determinar um objetivo primário (O), baseado no que a família ofereceu. Este objetivo primário não é a eliminação do padrão de queixa (x) mas, sim, aquilo que acontecerá quando a queixa não mais perturbar a família. Como já assinalamos anteriormente, um objetivo precisa ser estipulado como começo de algo e não como seu fim. Segundo o exemplo de Erickson, a equipe ajudará a família a *enfocar* um objetivo específico porque o objetivo declarado pela mesma poderá ser vasto demais quanto à sua abrangência. A pergunta que a equipe faz a si mesma é a seguinte: "O que pode acontecer, nesta família, para que a queixa possa desaparecer sem para isso causar sensação?" A resposta ajuda na definição do objetivo.

Cada queixa e o padrão interacional que a circunda (x) é descrita em termos de seu vínculo com um objetivo primário (O), de alguma maneira. O padrão de queixa (x) está de algum modo impedindo a família (p) de atingir seu objetivo. Os elementos da equipe fazem a seguinte pergunta: "Como se pode remodelar este padrão em alguma outra coisa (x') que dê início a um processo que permita à família atingir seu objetivo?"

---

* Embora o mapa como um todo (Figura 6.6) possa ser descrito como equilibrado (número par de sinais negativos), o subsistema equipe-família--queixa — esta área do mapa — está desequilibrado (atribuição de apenas um sinal negativo). Pode-se visualizar que o procedimento terapêutico age nesta seção limitada do mapa. Todo esquema conceitual deve tomar uma parte do ecossistema mais amplo, por razões metodológicas, ou bem o suprimento de informações torna-se imenso.

Esse esfacelamento parece heuristicamente útil para a conceituação de procedimentos terapêuticos. Como proteção, os cumprimentos e a pista são verbalizados sem menção dos objetivos, e só esta parte do mapa é efetivada na primeira sessão.

O processo de remodelagem, iniciado pelo cumprimento e pela pista, no final da primeira sessão, é uma tentativa de "criar uma realidade nova" e, portanto, um novo mapa (Figura 6.7) desequilibrado o suficiente (linha p a x') para ter a tendência de ir em busca de equilíbrio e, assim, da consecução do objetivo.

O processo, da remodelagem inicial (que leva a x') até o desenvolvimento de sinais (O'), pode envolver uma série de mensagens por parte da equipe destinadas a atingir os subobjetivos. Isto pode ser algum acontecimento discreto que permita ou facilite a consecução do objetivo (O), ou podem ser os sinais denominados especificamente (O') (vide Figura 6.7).

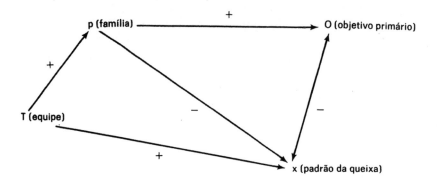

Figura 6.6.

Diretrizes

A partir desta descrição do procedimento de Erickson e desta adaptação à terapia familiar breve, foram elaboradas diretrizes para contribuir com os esforços do terapeuta para que sejam voltados para o objetivo.

1. O padrão de queixa negativamente valorizado (x) é importante e doloroso para a família (p).

2. A família (p) descreve o padrão de queixa (x) como algo que está além de seu controle.

3. O objetivo primário (O) deve ser aceitável dentro da visão de mundo da família. Este objetivo pode submeter-se a alguma negociação, e pode eventualmente estar implicado ou hipoteticamente articulado pela equipe (T).

4. A família deve aceitar o objetivo primário e específico, declarado ou implícito. O objetivo (O) deve ser avaliado positivamente pela família.

5. A equipe (T) deve aceitar não-criticamente a família (p) e sua visão de mundo. Esta aceitação deve incluir o padrão de queixa (x).
6. A equipe (T) altera a definição do padrão de queixa involuntário (x) remodelando no sentido de alguma versão deste padrão (x'), que seja mais útil e/ou mais voluntário.
7. A equipe ou desenvolve ou favorece o desenvolvimento de um novo uso para este aspecto remodelado e mais útil do padrão de queixa (x'). O aspecto mais útil é, a seguir, instrumental para a consecução de sinais de progresso ou de subobjetivos (O').
8. Os subobjetivos (O') devem ser ou instrumentais na consecução do objetivo primário (O), ou permitirem a consecução do objetivo.
9. Avaliação do aspecto voluntário (x') é modificada para uma direção positiva. A família chegou ao controle do padrão de queixa ou este foi eliminado.

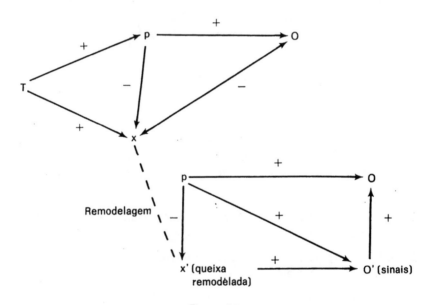

Figura 6.7.

EXEMPLO DE CASO

1.ª sessão

Durante as duas primeiras sessões, o sr. e a sra. Quill queixaram-se do comportamento das filhas em diversas situações. Enquanto estavam descrevendo isto, Mary (8 anos) e Debbie (6 anos) estavam correndo pela sala de terapia, explorando a superfície do espelho com os rostos e as mãos e entrando em altercações. Em intervalos irregulares, ou a mãe ou o pai pediam às filhas que parassem de fazer alguma coisa; isto era, porém, ignorado ou, se as meninas respondiam, só era momentâneo. Debbie trepou por cima do pai, de todos os jeitos, enquanto ele estava falando; ele se manteve estoicamente calmo, enquanto prosseguia descrevendo sua situação. De vez em quando, interrompia sua descrição para pedir a Debbie que parasse de subir em cima dele, mas isso não adiantava nada. Em momento algum, durante a primeira sessão, um dos dois conseguiu ser eficiente e interromper o comportamento das meninas por mais de um ou dois momentos.

A equipe cumprimentou os pais por seu enfoque centrado na tarefa e as meninas por sua curiosidade e capacidade de investigarem as coisas por si mesmas. Depois de terem demonstrado a aceitação do cumprimento, os pais foram solicitados a "pensar a respeito do que com certeza *não* querem que mude nos relacionamentos pais-filhas (termos dos pais) em sua família".

Às vezes, esta tarefa pode ter resultados interessantes. É. muito difícil pensar a respeito do que você *não* quer que mude, sem pensar no que você realmente quer que mude. Uma vez que as queixas dos Quill foram expressas em termos globais (fazer as meninas se comportarem melhor), a equipe tentaria ajudá-los a tornarem-se mais específicos. Se o sr. e a sra. Quill puderem responder a esta tarefa descrevendo o que não querem que mude (um retrato de resposta direta e objetiva), então a equipe terá mais e melhores informações a respeito dos moldes desta família e de sua maneira de cooperar. Um relato de resposta oposta poderá ajudar o casal Quill a apresentar à equipe uma versão mais focalizada de suas queixas, o que novamente serve como informações para a equipe a respeito da maneira de cooperar exclusiva de tais clientes. Além disso, existe uma implicação nesta pista de que nem as meninas, nem seus pais, nem a interação entre os pais e as filhas, são totalmente ruins aos olhos da equipe.

A situação da família Quill pode ser mapeada da seguinte maneira, usando-se os mapas de equilíbrio teórico: o objetivo (O) da família (p) foi declarado como "conseguir que as meninas se comportem melhor". A queixa (x) rodou em torno da má conduta das meninas e das tentativas de seus pais de lidarem com este comportamento, que se verificou ser ineficaz. A equipe demonstrou sua aceitação da situação da família Quill sendo não-crítica ao largo de toda a sessão e no momento de cumprimentá-la. Além disso, a equipe mostrou que aceitava alguns aspectos do padrão da queixa, enfocando o lado "positivo" dos padrões de interação observados. A pista começou a remodelagem implicando que havia alguma coisa "boa" a respeito daquilo mesmo que os pais reclamavam: os relacionamentos pais-filhas (vide Figura 6.8).

2.ª sessão

No início da segunda sessão, Debbie organizou os lugares de sentar. Isto significou que a mãe tinha que mudar de uma cadeira para a outra, apesar dos protestos; quanto ao pai, este precisou pegar uma cadeira e colocá-la numa nova posição. O líder não interferiu, cuidadoso; simplesmente, observou. Depois disso, a mãe e Mary começaram uma discussão a respeito de um desentendimento que tinha ocorrido no dia anterior. Debbie estava sentada no meio delas e interrompia com freqüência a conversa. O líder chamou Debbie para sentar-se perto dele e pediu a Mary que trocasse de cadeira. Ao longo dos 30 minutos seguintes, o sr. Quill tentou manter as meninas nesta nova disposição. A sra. Quill não o ajudou.

Mais tarde, a sra. Quill disse que não considerava importante a disposição das pessoas sentadas e que, pensava, se fosse se intrometer, então teria ficado zangada e teria gritado com as meninas.

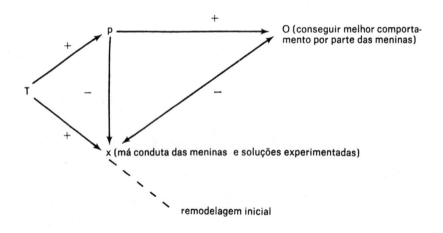

Figura 6.8.

Ela não queria fazer isso. Quando finalmente as meninas se sentaram na cadeira de Debbie e ficaram quietas, a sra. Quill sugeriu que o pai aceitasse esta formação como a solução, o que ele relutantemente fez. (Esta atividade, durante a sessão, confirmou para a equipe que a descrição feita pelos pais de seu padrão de queixa combinava com as seqüências observadas pela equipe.)

Ao mesmo tempo, o líder tentou verificar qual seria a resposta dos Quill à tarefa. A resposta da mãe girou em torno de não querer que "Mary se transformasse num pequeno adulto ou num autômato". Quando estavam de bom humor, ela as considerava adoráveis. Ela prosseguiu queixando-se de que estes bons momentos só ocorriam na véspera ou no dia seguinte de um acontecimento especial. O sr. Quill se queixou de que estes "estados positivos de espírito" eram muitas vezes "intensos demais"; as meninas costumavam correr pela casa toda, rindo e gritando a plenos pulmões. Ele queria "começar do zero e mudar tudo". (Nenhum dos dois comentou algum papel que ele ou ela teriam em tais situações. Focalizaram totalmente o comportamento das filhas, deixando escapar a ênfase da pista dada quanto à interação de pais e filhas. Sendo assim, a equipe descreveu sua resposta como "modificada".)

A equipe cumprimentou o casal por terem encontrado alguma maneira de ensinar às filhas que pensassem de maneira independente e por sua persistência nesta tarefa, apesar de eventuais dificuldades que poderiam ser criadas com este tipo de aprendizagem. Foi elaborada uma pista para a obtenção de outros detalhes a respeito dos padrões de interação em casa, para ajudar o sr. e a sra. Quill a estreitarem um pouco seu foco de atenção. Foram instruídos a alternarem papéis, durante uma hora, à noite, em cinco das sete noites da semana seguinte. Nos outros dias, deveriam comportar-se da maneira habitual. Durante a hora, um dos pais deveria encarregar-se de todo e qualquer problema, enquanto o outro deveria fingir que nem estava ali. O pai observador deveria anotar seus ímpetos de interferir e todas as vezes em que realmente tivesse entrado em ação.

Esta é uma tarefa facilmente modificável. Qualquer coisa que os pais possam observar e descrever a respeito de sua participação na seqüência terá utilidade para a equipe; as observações eram o objetivo da mesma. Era esperado que a tarefa produzisse algumas informações a respeito do que os pais realmente fizessem. Além disso, a tarefa tentaria limitar a interferência da sra. Quill enquanto o marido estivesse lidando com as garotas.

3.ª sessão

Esta sessão foi marcada apenas com os pais e eles relataram que, duas noites durante o intervalo, tinham sido capazes de realizar a tarefa. Conforme haviam demonstrado na segunda sessão, relataram que o sr. Quill não tinha sido capaz de ser eficiente com Mary. Numa determinada ocasião, a sra. Quill precisou intervir ao lado do marido porque Mary tinha se recusado a tratar com ele. Isto fora um choque para ambos. Novamente, suas observações giraram em torno do comportamento das meninas. Nem o sr. nem a sra. Quill tinham sido capazes de pensar em alguma coisa que um dos dois pudesse fazer para mudar sua própria situação; os dois sentiam-se perdidos.

O quebra-cabeças dos Quill estava montado em torno da questão da disciplina das filhas, especialmente da de Mary. Tudo que tentavam não dava certo. Raramente recorriam a uma sova, porque não queriam que as meninas ficassem zangadas. A tarefa da equipe consiste em remodelar este .quebra-cabeça de tal maneira que se torne solúvel. Os pais continuavam a olhar para o comportamento das meninas e não enxergavam a outra ponta da meada, seu próprio comportamento. Só enxergavam a ponta da seqüência em que tentavam disciplinar as meninas. Por outro lado, a equipe pontuava o "começo" da seqüência no momento que os pais faziam às meninas um pedido no sentido de que se comportassem. Se, por exemplo, os pais conseguissem "começar" a seqüência de jeito diferente, se houvesse uma mudança de clave, então poderiam obter alguma modificação no comportamento das filhas. A equipe decidiu continuar remodelando a situação para que os pais precisassem da atenção das filhas no momento mesmo de iniciar-se a seqüência, ao invés de tentar fazê-los disciplinadores mais eficazes. Esta última opção não seria uma diferença que faria diferença, seria só "mais do mesmo". Uma vez que a forma do casal Quill cooperar consistia — como o demonstravam à equipe — em modificar as tarefas diretas, esta resolveu que a pista deveria ser altamente modificável.

Após o relato da resposta à tarefa anterior e um pouco de conversa em tom geral a respeito de seus esforços no sentido de ajudar as filhas a terem bom comportamento, a mãe explicou sua "abordagem suave". Ela expressou a esperança de que se continuasse a fazer o que já vinha fazendo, isso acabaria dando certo. Portanto (na gravação):

sra. Quill: Mais tarde elas não vão nos acusar de termos sido malvados.

Líder: Talvez vocês não precisem ser malvados. Por que seria preciso serem malvados?

sra. Quill: Elas ficarão zangadas se lhes negarmos alguma coisa que querem fazer.

Líder: Ah, sim. Não estou certo de que vocês tenham que ser malvados. Vou contar uma história a respeito de uma família.

Eles decidiram que iam ... Vejamos, com que idade estava o garoto? Desta altura, mais ou menos. Cinco ou seis. Por aí. Bom, esse menino tinha, não só ele tinha mãe e pai convictos de que era um "santo terror" e conseguia aterrorizar os dois para fazer tudo o que quisesse e deles, como ainda tinha convencido do mesmo os vizinhos do andar de cima e do outro lado da rua. Certo dia, a mãe decidiu sair e comprar um revólver de esguichar água. O que foi interessante é que no mesmo dia o pai fez a mesma coisa.

Eles não queriam bater no traseiro do moleque, portanto decidiram que alguma coisa precisava acontecer. Eles não falaram um para o outro que estavam indo comprar esse brinquedo. A mãe mandou o filho fazer alguma coisa. Ele disse "não"; ela saiu dali e pegou o revólver de atirar água. Aí ela disse de novo para o menino fazer alguma coisa, esguichou água nele e saiu andando. Desta vez ele fez o que era para fazer. Engraçado, quando o pai voltou para casa, também tinha comprado o revólver de atirar água. Ele disse para o moleque parar de fazer uma coisa. Quando ele disse "não", o pai nem esperou. Esvaziou o revólver no menino. E aí falou que isso era só o começo. O menino parou.

Os dois tinham seus revólveres de água à mão para todas as vezes em que determinavam que queriam a atenção do filho. Nesses momentos, davam-lhe um belo esguicho de água antes de dizerem alguma coisa.

sra. Quill: Eles molhavam o menino em qualquer situação? Por exemplo, se estivesse terminando de beber leite?

Líder: Não sei onde foi que marcaram seus limites.

Depois, com outra família. A queixa principal deles eram dois garotinhos. Acho que tinham 6 e 9 anos. Os dois ficavam se provocando o tempo todo e batendo o pé. O mais comum era a mãe ir até lá e gritar para os dois "Calem a boca!" Bom, ela ficava terrivelmente cansada com isso. E, sabem, não funcionava muito bem.

Por isso, um belo dia, ela resolveu que iria tentar tratá-los como se fossem muito mais velhos do que realmente eram e como se não entendessem de jeito nenhum quando ela lhes dizia que parassem de discutir. Ela disse com seus botões: "Pelo amor de Deus, tem que existir uma maneira de eu conseguir chegar ao nível deles." Mas ela não conseguia imaginar coisa alguma. Portanto, saiu pela casa pensando, foi até a cozinha e viu um balde grande, para 13 litros. Teve uma idéia brilhante. Da próxima vez que os meninos começassem uma discussão ardorosa e barulhenta, ela pegava no balde e numa colher de madeira, se esgueirava até onde eles estivessem e martelava forte o balde até eles pararem. Aí ela dizia "Muito obrigada" e voltava para a cozinha. Isso durou uns dois dias e pelo menos as brigas das crianças diminuíram consideravelmente de intensidade e não a importunavam tanto. Não sei quando as crianças pararam de brigar.

sra. Quill: Uma vez fizemos uma coisa, quando as crianças estavam discutindo. Também começamos a discutir. Aí, ficaram sentadas, olhando arregaladas para nós, em dúvida quanto ao que estávamos fazendo. Acho que nunca fizemos isso de novo, apesar de que deu certo.

Ao saírem do consultório, a sra. Quill perguntou ao marido onde é que poderiam comprar revólveres de esguichar água. Durante todo o tempo em que as histórias estavam sendo narradas, mostraram-se divertidos e intrigados com as pistas que estavam sendo apresentadas. Sua aceitação foi demonstrada por sorrisos e assentimentos de cabeça e adicionalmente confirmada pela história da sra. Quill.

Em momento algum da sessão foram instruídos a usar este ou aquele "truque" para obterem a atenção das filhas e, portanto, a tarefa seria facilmente modificável. O líder estava simplesmente relatando a eles histórias sobre como famílias mais ou menos parecidas com eles tinham resolvido seu problema mais ou menos parecido: como chamar a atenção dos filhos, sem serem malvados. Estas histórias eram isomórficas à situação desta família e o ângulo diferente foi apresentado pelo método utilizado pelas outras famílias na solução de seus problemas. Se o sr. e a sra. Quill chegassem a se decidir pelo uso de um ou outro ou ambos os truques, a escolha teria sido inteiramente sua. Tanto um quanto outro dos truques poderia afetar significativamente os padrões de queixa bem como a percepção dos pais a respeito da situação. Evidentemente, se viessem mesmo a usar os truques, isso provaria à equipe que sua intervenção tinha sido isomórfica e concordante com a maneira de cooperar demonstrada pela família. Ou seja, o ângulo diferente da situação forneceria aos Quill uma idéia que conduzisse a um comportamento diferente o qual serviria, a seguir, para promover outras mudanças mais na interação com as crianças.

Seguimento

O sr. e a sra. Quill realmente compraram seus revólveres esguichar água no caminho de casa. Perderam pouco tempo antes de tentarem esse truque para chamar a atenção das filhas. Deu certo (vide Figura 6.9). Como acontece com freqüência, o sr. e a sra. Quill trataram a história do revólver de esguichar água como se tivesse sido uma tarefa direta. Ou seja, modificaram as sugestões indiretas para sugestões diretas. O líder negou que tivesse dado a eles uma tarefa direta e expressou surpresa quando disseram que tinham levado tão a sério os episódios. Ele só havia contado esses casos para o casal para informá-los de que não eram os únicos no mundo com aquele problema e que outras pessoas tinham encontrado maneiras inesperadas de enfrentá-lo. Duas sessões subseqüentes nos dois meses seguintes confirmaram que o sr. e a sra. Quill tinham iniciado um novo padrão. Tinham então se tornado capazes de obter a atenção das filhas de várias maneiras, e não tinham tido necessidade de fazer nada "malvado" quanto à disciplina das duas. Os dois pais e a escola relataram melhora de comportamento.

A sra. Quill também tinha ficado "inspirada" pelo truque de bater no balde, mas isto não estava dentro de seu campo de comportamentos. Como o disse: "Nunca poderia fazer isso". Ao invés disso, comprou um apito de juiz para usar da mesma maneira (outra forma de modificar a tarefa).

Comentário. Ao remodelar a queixa como uma questão de conquistar a atenção das meninas (x'), a equipe conseguiu pelo menos não ser crítica em relação aos métodos daqueles pais. O problema de como chamar a atenção das garotas (x') era passível de ser tratado através do truque do revólver de esguichar água e do apito (O') e, portanto, foi instaurado um novo padrão que permitiu à família atingir seu objetivo (O) de conseguir que as meninas dessem melhor atenção aos pais.

O tipo de tarefa indireta usado como pista, neste caso, é parecido com as sugestões indiretas que Erickson usava bastante na hipnoterapia, as quais se valem da "própria estrutura associativa do paciente e de suas habilidades mentais, de maneiras estranhas a seu costumeiro âmbito de controle egóico consciente, para a consecução dos objetivos terapêuticos" (28, p. 311). Além disso, Erickson, em sua idéia de transe, sugere "que fixar e focalizar a atenção por meio de uma tal conversa realmente coloca o ouvinte em transe sem a necessidade de qualquer outro processo formal de indução" (28, p. 311).

Uma pista indireta precisa ser construída de tal maneira que a "história" relaciona-se com os padrões da família de modo isomórfico, mas num ângulo diferente. Quer dizer, os padrões da "história da família" devem ser parecidos com os detalhes dos padrões da família que são sua queixa. Debbie e Mary conseguiam "aterrorizar" o sr. e a sra. Quill até fazerem tudo o que quisessem, da mesma forma

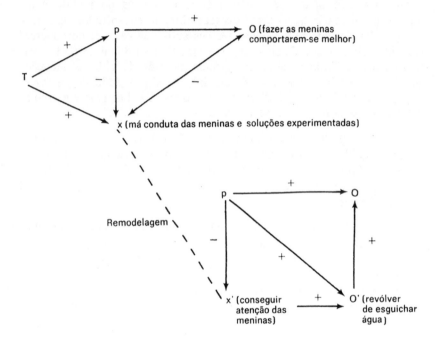

Figura 6.9.

que o garotinho da história. Igualmente, estes pais não queriam bater no traseiro da criança, tal como os Quill que não queriam fazer nada malvado. Mary e Debbie se provocavam com freqüência, gritando e esbravejando uma com a outra, e pisando duro. E a mãe, sra. Quill, gritava para que calassem a boca. Todos esses elementos faziam também parte da história.

O ângulo diferente aparece nas soluções singulares encontradas nas "histórias das famílias". Portanto, quando emerge o padrão familiar na casa dos Quill, o sr. e a sra. Quill podem ser estimulados pela notícia de uma diferença. Quer dizer, é provável que associem "automaticamente" seus padrões com as pistas implícitas nas estórias, as quais podem facilitar que percebam diversamente a situação ou então que façam alguma coisa inusitada. Desta maneira, a pista indireta é semelhante à sugestão pós-hipnótica que Erickson geralmente associava a acontecimentos cotidianos, de forma aparentemente casual. Este vínculo entre padrão e pista aumenta a probabilidade de que a pessoa venha a realizar a ação sugerida. Se o vínculo fosse pequeno ou inexistente, a chance maior seria de que ninguém realizaria a sugestão pós-hipnótica e, portanto, havia mais chance de que nenhuma família viesse a realizar uma tarefa sugerida.

CAPÍTULO 7

Família Jay

Os capítulos 7 e 8 são um estudo, sessão por sessão, dos processos de terapia de duas famílias. Nos dois capítulos, as sessões foram divididas nas seções do formato usado no CTFB. Este método ajudará o esclarecimento das relações existentes entre o líder atuando e a equipe por trás do espelho, quando em interação com a família.

Todas as citações desses dois capítulos são extraída de vídeoteipes de cada sessão, com o pleno conhecimento e consentimento das famílias envolvidas. Evidentemente, seus nomes foram trocados para impedir sua identificação, enquanto que detalhes essenciais são conservados. Foram introduzidas somente alterações insignificantes nos roteiros para deixar claro quem está falando e para quem.

Neste capítulo, relativo à terapia com a família Jay, existem dois líderes em sala com o grupo familiar: James F. Derks e Byron McBride.* Isto se constitui em exceção à postura habitual do CTFB, com um só líder em sala e para tanto existem duas razões: (1) a sra. Jay tinha sido cliente particular de McBride, em terapia individual, quatro anos antes; (2) McBride não fazia parte da equipe do CTFB. Ele antecipara que este seria um caso difícil e, portanto, trouxe a família com ele para o CTFB.

ESTUDO DE CASO

Depois de um intervalo de quatro anos, a sra. Jay voltou à terapia porque estava mais uma vez tendo queixas sintomáticas e sendo perturbada pela dificuldade que um de seus filhos estava tendo em sair de casa. McBride enxergou nisto uma repetição do padrão antigo e, por isso, decidiu uma abordagem diferente.

---

* Psicólogo com clínica particular em Milwaukee.

Antes da primeira sessão, Derks e o resto da equipe * não sabiam quem viria para a sessão. A equipe só sabia das queixas sintomáticas e da dificuldade da filha em sair de casa aos 21 anos. À guisa de mapa temporário, a equipe lançou a hipótese de que a filha mais nova estaria se sacrificando para proteger os pais da solidão de ficarem em casa sem nenhum dos filhos. Portanto, talvez se pudesse descrevê-la como tentando manter unidos, no casamento, pai e mãe. Por outro lado, talvez o casal estivesse protegendo sua filha de ter que enfrentar o cruel mundo, sozinha. (É importante lembrar que os mapas são simplesmente instrumentos úteis. Não se pode inferir deles nenhuma precisão e nenhuma verdade. "Motivações", tais como as sugeridas por este mapa, são sempre "como se". Quer dizer, o comportamento da filha poderia ser compreendido "como se" ela estivesse agindo para proteger o casamento dos pais etc.)

Prelúdio à primeira sessão

Quando a família chegou, Derks apresentou-lhes a sistemática do CTFB: o espelho monofásico, o equipamento de vídeo, a presença de uma equipe atrás do espelho. O sr. Jay era o supervisor de uma fábrica e já vinha nesse emprego há muitos anos. Ele gostava de sua linha de trabalho. Parecia ser um homem agradável, com um senso de humor bem elaborado, que usava com grande vantagem na qualidade de membro de um grupo de teatro. A sra. Jay parecia desgastada e atribulada. Trabalhava em regime de tempo parcial como voluntária em lares de adolescentes com distúrbios. Joan (de 25 anos) estava nos últimos anos de faculdade, e estava otimista a respeito de seu futuro. Era discretamente obesa e bastante alegre em sua forma de comportar-se. Trabalhava meio-período com crianças pequenas. Vivia no mesmo quarteirão que seus pais. Jane (de 21 anos) tinha um emprego de meio-período como assistente de gerência numa cadeia de lojas, emprego de que não gostava. Durante a parte inicial da sessão permaneceu basicamente calada. Mike Jr. (com 22 anos) era um doente psiquiátrico internado. A equipe soube que era casado e que habitava um apartamento do lado de lá da rua, em frente ao lar paterno.

Obtenção de dados

Derks indicou a saída do prelúdio perguntando aos Jay: "Bem, o que traz vocês aqui?" encarando McBride. A sra. Jay respondeu: "Principalmente eu." Quando a sra. Jay estava levando seu cão cego e surdo (que tinham tido por 13 anos) para uma volta, foi morto por um carro.

---

* Atrás do espelho: de Shazer e duas treinandas: Diane Scharp e Jo Ellyn Schultz.

sra. Jay: Eu devia tê-lo levado na corrente, mas não o levei. Gritei: "Pare", mas ele não me ouviu.

O cachorro morreu a caminho do veterinário. A sra. Jay começou a ter uma oxidação excessiva do sangue e sentia-se muito culpada pela morte do cão. O sr. Jay levou-a a um hospital onde foi atendida. A expectativa dele era que a fizessem permanecer aquela noite no hospital, mas para sua surpresa ela foi liberada imediatamente.

sr. Jay: Nós nos preocupamos muito com Martha. Ela é hipertensa.

As filhas e o sr. Jay passaram rapidamente para a defesa da mãe. Ela não devia sentir-se culpada pela morte do cachorro porque não era incomum dar uma volta com o animal sem levá-lo pela corrente e fora por causa da surdez e da cegueira do mesmo que ele não tinha ouvido nem visto o carro.

Apesar de Martha conseguir ser "perfeitamente senhora de si" a respeito de várias coisas, desenvolvia sintomas psicossomáticos a respeito de coisas que verdadeiramente a incomodavam. Depois da morte do cachorro, continuou sentindo um aperto no peito e estava sem fôlego quando telefonou para McBride. O sr. Jay queria que Martha saísse logo disso tudo porque "os mecanismos dela para enfrentar problemas não eram muito fortes".

Antes da morte do cachorro, Junior tinha começado a agir como louco. Durante uma certa frente fria, andara descalço os 10 km que separavam sua casa da de sua mãe. Fora descrito como "delirante" e a família procurou profissionais para ajudarem. A esposa dele foi descrita como "não muito brilhante". A sra. Jay já conhecia a nora há anos como membro do grupo de bandeirantes. Contudo, logo estavam comentando que Junior e seus problemas não era o que os havia levado até ali. O problema era a sra. Jay.

Parecia difícil aos filhos da família Jay saírem de casa. Joan morava no mesmo quarteirão e Junior do outro lado da rua. Ao mesmo tempo em que Jane estava começando a dar os primeiros passos para sair de casa, Junior começou a "agir" como louco", enquanto a mãe tornava-se deprimida e tinha sintomas somáticos exacerbados pela morte do cachorro. O pai apoiava a mãe estoicamente em todos esses acontecimentos.

Neste momento, parecia que a família estava demonstrando disposição para apoiar a mãe em todos esses "momentos difíceis"; a família podia ser descrita como "permitindo-lhe que se sacrificasse carregando a maior parte do fardo", sentindo-se deprimida e culpada junto de suas queixas somáticas. O sr. Jay ficava atrás dela, absolvendo-a de toda culpa.

A situação da família Jay pode ser melhor descrita olhando-a através do incidente da morte do cachorro. Este fato não é encarado como responsabilidade da mãe; uma vez que o cão era surdo, não se podia esperar que a ouvisse dizendo "Pare". Ela fizera o melhor que podia. As duas filhas uniram-se ao pai na absolvição da mãe, assinalando que ninguém usava a corrente para levar o cachorro para uma volta. Portanto, a mãe podia ser "culpada" sem ser culpada aos olhos do resto da família. Uma vez que, por esta descrição, a realidade da mãe está sendo negada pela família, talvez ela pudesse sentir-se deprimida e sofrer de queixas somáticas, sendo estes modos de sofrer que não necessitavam da confirmação da família.

Este tipo de desqualificação tem sido freqüentemente descrito como "marca registrada" de famílias com "alto nível de distúrbio". A "defesa contra a culpa" por uma transferência, semelhante à do incidente com o cachorro, foi descrita por Haley (33) como parte de seu modelo da família esquizofrênica e que poderia ser razoavelmente esperado ocorrer com outras famílias com "alto nível de distúrbio".

Derks perguntou a Joan como tinha sido sair de casa. A sra. Jay respondeu que isso tinha acontecido depois de um "arrufo". A versão de Joan era diferente. Fora uma briga grande, não um arrufo. O sr. Jay não se lembrava de nada. Naquela ocasião, Joan não estava indo bem na escola e tinha ido morar com um tio, por nove meses e durante esse período nenhuma das pessoas de sua família imediata falou com ela.

sra. Jay: Portanto, não foi idéia sua sair.

sra. Jay: E nós não te pusemos para fora.

Todos concordaram. (*Outra defesa contra a culpa, uma seqüência redundante.*) Depois disso, Joan voltou para casa por pouco tempo antes de se mudar para o apartamento no final do quarteirão. Nesse momento, o sr. Jay apresentou sua "canção-tema".

sr. Jay: Sempre achei que quando um filho atinge certa idade ele deve ir em frente sozinho. Em seu próprio bem e não só em nome do descanso dos pais. O que eles já estão tendo. Qualquer dia destes, Jane será solicitada a sair. Isso será mais difícil para a mãe, mais difícil do que para o pai.

Jane: Provavelmente me mudo daqui a uns dias.

Joan: Mas existe uma dupla mensagem aqui. Vocês querem que Jane se mude algum dia mas acabaram de fazer para ela uma cama nova, que é permanente. Uma cama muito bonita e que não pode ser deslocada.

Jane: Deixa a casa melhor.

Joan: É isso que se espera que queira dizer.

Jane: Não achei que isso fosse sinal de que eu deveria ficar.

Houve negativas de outras intenções que não aprimorar a casa. A cama de alvenaria só era uma melhoria, no caso de decidirem vender a casa.

A equipe ficou impressionada com a repetição do tema "responsabilidade". O pai podia *dizer* que filhos devem mudar-se para sua própria casa, sem *fazer* coisa alguma nesse sentido. Na realidade, ele podia solapar ativamente a idéia toda tornando a cama desse filho um elemento permanente na casa "só como melhoria". Aí a mãe podia temer ostensivamente o que viria a ser se Jane efetivamente se mudasse. Nesta linha, pode-se descrever o pai como protegendo a mãe da mudança de Jane, ao mesmo tempo em que protege Jane de se mudar. A permanência de Jane também pode ser descrita como se estivesse protegendo mãe e pai, deixando de se mudar. A mãe assinalou que sentia o "impacto de tudo aquilo", algo que pode ser descrito como se ela estivesse protegendo o pai de alguma coisa ao ajudar Jane a ficar em casa, protegendo a filha de tentar viver às próprias custas e fracassar nisso. Joan parecia distante disso o suficiente para comentar a respeito de tudo mas seus comentários eram rejeitados ou desqualificados por mãe, pai e Jane.

Suas preocupações eram certamente bastante reais. Jane periodicamente ameaçara com a idéia do suicídio e tinha feito várias tentativas, todas descritas como respostas à ruptura do relacionamento com diversos namorados. E quando a mãe se preocupa com isto, ela tem sintomas somáticos.

sr. Jay: Como eu disse, sair é mais difícil para a mãe do que para o pai. Todos amamos Jane e não queremos que nada aconteça. Mas chega a hora em que um filho deve sair de casa.

Objetivos. Todos os quatro concordavam que o objetivo principal da terapia era ajudar a mãe a sentir-se menos deprimida. Quando Derks perguntara como é que saberiam que a sra. Jay estava menos deprimida, os membros da família indicaram vários sinais. Se Martha não estivesse deprimida, então (1) ela teria mais interesse pelas coisas e (2) tomaria cuidado com a casa com mais afinco. Jane achava (3) que teria certeza disso quando mãe e pai viajassem juntos ou fizessem um passeio de canoa. Joan achava (4) que teria certeza quando viesse para uma visitinha e a conversa fosse agradável ao invés de discutirem problemas. Também em sua opinião um bom sinal (5) seria o decréscimo da pressão sangüínea da mãe. O sr. Jay concordou com estes e acrescentou que um bom sinal seria (6) quando os dois sentissem energia suficiente para perderem um pouco de peso. A sra. Jay pensava que saberia ao certo que estava menos deprimida (7) quando começasse a trabalhar mais horas ou voltasse de vez para a escola.

Imediatamente antes da pausa, a sra. Jay declarou que se sentia "sentada num balão esperando que se rompesse" ou "como se estivesse esperando pela próxima bomba".

Pausa para Deliberação

A equipe ficou surpresa de que a saída de Jane não fosse mencionada nem como sinal nem como objetivo. Também surpreendeu que nenhum dos objetivos envolvesse Junior. O foco estava inteiramente em torno da sra. Jay.

Os sinais e os objetivos sugeriam que a maneira de os Jay cooperarem poderiam muito bem incluir este foco sobre a depressão da mãe e suas queixas somáticas. Independente de qual padrão supra--sistêmico que viesse a se formar, o foco inicial deveria recair nestas queixas e no comportamento de apoio aos outros, a fim de ser isomórfico. A intervenção necessitaria incluir algo a respeito de ajudar a mãe a enfrentar problemas, e não poderia incluir coisa alguma que sugerisse alteração na postura de apoio.

O objetivo familiar era claro: ajudar a mãe a ser menos deprimida. A família criara sete sinais indicativos, para eles, de que a mãe estava começando a sair da depressão. A intervenção da equipe deveria ajudar a família a dar um pequeno passo nessa direção.

Uma vez que ainda havia uma dificuldade relativa a sair de casa, a equipe inferiu que a família tinha valores fortes a respeito de "permanecerem juntos". A equipe observou também que as coisas "mais ou menos aconteciam" com os Jay e que a família inteira jamais considerava uma pessoa como responsável por tais acontecimentos.

A equipe decidiu que o cumprimento deveria ser formado em torno da idéia de "manterem a família unida" e que a pista deveria expandir a metáfora do balão lançada pela mãe, e também incluir maneiras diferentes para que o balão perdesse ar: rápido ou devagar. Além disso, a equipe decidiu não ser específica a respeito do que poderia acontecer assim que o balão perdesse ar. Desta maneira, seria criada uma situação na qual um balão vazio seria um resultado desejável. Foi por esta razão que a equipe escolheu o balão ao invés da metáfora da bomba. Uma bomba é destrutiva; um balão murcho, não. Portanto, no caso de alguém fazer alguma coisa para "explodir o balão", a equipe poderia ter a opção de remodelar essa resolução dentro de parâmetros benéficos, ao passo que uma bomba poderia ser difícil de rotular de outra forma.

Transmissão da Mensagem

sr. Jay: O que eles lhe disseram?

sra. Jay: Não tem jeito, não é mesmo? (*A família toda riu.*)

McBride: Ficamos todos impressionados com os esforços que vocês todos estão fazendo para manter a família unida, através de todas essas crises. Muitas famílias teriam simplesmente se desmantelado, sob toda essa pressão. É um monte razoável de problemas que poderia ter feito muitas famílias explodir em pedacinhos.

Derks: Estamos todos muito interessados naquele seu balão. Acreditamos que logo irá estourar, apesar de Steve, atrás do espelho, dizer que poderia igualmente formar um furinho para lento esvaziamento. O que gostaríamos que todos vocês fizessem seria observarem se há sinais de que está para estourar, ou de que está aparecendo um pequeno buraquinho.

sr. Jay: Seria melhor se fosse um furinho para esvaziar devagar?

Derks: Não sei. Se for lento, poderá ser doloroso. Se for rápido, poderá ser chocante. Acho que um furinho para ir devagar seria melhor, mas Steve pareceu mais preocupado com um furinho pequeno.

sr. Jay: Não queremos que vocês aí fiquem discutindo por causa de nosso balão.

A família toda concordou em observar sinais de que havia um furinho pequeno ou que a explosão súbita estava iminente; foi marcada nova hora.

Atrás do espelho, a equipe observava a família demonstrar sinais de aceitação das duas partes da mensagem. A equipe ficou convencida de que a intervenção tinha, pelo menos, sido próxima à modalidade de cooperação da família e razoavelmente isomórfica.

Esforços de Estudo

Após a saída da família, a equipe reuniu-se para discutir os efeitos imediatos às mensagens emitidas pela família. A equipe previu que a família Jay retornaria para a próxima sessão e que relataria ter observado Martha em busca de sinais de que o balão estava perdendo ar. A equipe previu também que outra crise poderia se desenvolver: uma explosão súbita.

Comentário. A intervenção tinha sido destinada a aceitar a situação presente com os Jay. Apesar de o sr. Jay ter apresentado a idéia de que Jane deveria sair de casa, a família era vista como unindo-se ainda mais contra esta noção, quando isto era comentado; portanto, o cumprimento atingira o *status quo*.

A tarefa de observação fora elaborada a partir do padrão dos Jay de observar e apoiar a mãe enquanto ela carregava o fardo do problema. O esforço da equipe de expandir a metáfora, expandindo o grau de observação para incluir um furinho pequeno teve a intenção de implicar que as coisas poderiam ficar melhor, fornecendo isso um ângulo potencialmente diferente a partir do qual observar e preocuparem-se com Martha. A equipe esperava que os Jay se desincumbissem dessa tarefa de maneira direta e objetiva.

2.ª sessão

Quando os Jay chegaram, era óbvio que a sra. Jay estava acabrunhada e parecia estar mais deprimida. Jane parecia ter estado bebendo e sentou-se calma num canto, durante a primeira parte da sessão. Joan tinha que trabalhar e portanto não aparecera para a sessão.

srª. Jay: Não estamos numa situação muito boa. Parece que o resto da família não quer terapia familiar. Portanto, acho que devíamos voltar para individual. Joan estava com vontade de vir, mas precisou trabalhar. De qualquer maneira, ela não faz mesmo parte do problema.

Derks: É um bom sinal ela ser independente o bastante para tomar decisões por si.

sr. Jay: Não sei se isso vai adiantar alguma coisa. Eu só entrei para ajudar Martha.

sra. Jay: Estamos aqui por causa de minhas ansiedades, não é?

Portanto, mais uma vez, Martha demonstra que está sendo convocada para o sacrifício e que os demais elementos da família a apoiarão relutantes.

Quando Derks perguntou a respeito de terem visto sinais de o balão perder ar, Jane relatou que nada enxergara até a noite anterior à sessão, em que a mãe parecia muito mais deprimida. Martha e Mike tinham visto sinais de aumento de pressão e achavam que ela ainda estava crescendo. Estavam aguardando que estourasse.

Um dos sinais de aumento de pressão apareceu quando o sr. e a sra. Jay ficaram sabendo que eram responsáveis por alguns dos débitos do Junior. O sr. Jay tinha assinado junto com o filho um empréstico e os pagamentos estavam atrasados. Os pais sentiam-se responsáveis por tais dívidas e pelos problemas que os filhos tinham.

sr. Jay: É instinto maternal manter a família unida. Bom, eu acho que deviam cuidar das próprias vidas. Nós os criamos para serem independentes.

sra. Jay: Eu gostaria que vivessem às próprias custas. Não acho que fizemos um serviço muito bem feito no sentido de os educarmos para serem independentes.

As diversas tentativas que os filhos tinham feito de serem mais independentes tinham terminado em alguma espécie de problema para os pais e para o filho. Ao longo de toda a parte inicial da sessão, Martha chorou (sem lágrimas visíveis) enquanto Jane demonstrava sinais de ficar cada vez mais incomodada. Finalmente, Jane culpou-se por todos os problemas da família e precipitou-se para fora da sessão, mas somente depois de os pais a terem absolvido dessa culpa.

sra. Jay: Tenho medo de que algum deles se machuque.

sr. Jay: Se a transição for suave, estará tudo bem com Martha.

McBride: Todo mundo dá a impressão de se unir mais quando as coisas vão mal.

Derks: Jane está com um alfinete bem pertinho do balão. Talvez seja mais fácil viver com isso, do que jogá-los fora.

McBride: Como o fazem as mães-passarinho.

sra. Jay: Eu gostaria de poder fazer isso.

A resposta da família a uma tarefa bastante metafórica foi direta e objetiva: eles observaram os sinais. A crise prevista parecia estar em andamento. Tanto a sra. Jay quanto Jane podiam ser descritas como se estivessem continuando a se sacrificar para manterem unida a família. A bebedeira tinha chance de "fazer com que" mãe e pai permanecessem envolvidos com Jane porque suas ameaças de suicídio estavam freqüentemente associadas ao fato de ela beber. Martha continuou chorando de vez em quando, durante a sessão, e Mike segurou sua mão em diversos momentos, diferença notória entre a primeira e a segunda sessões. A equipe estava preocupada de Mike escapar da terapia, atitude que poderia ser descrita como protetora da família, na medida em que isso deixaria que Martha carregasse o fardo do problema. Portanto, qualquer intervenção que a equipe venha a elaborar precisa ser tão circular quanto possível, enquanto continua descrevendo a experiência de realidade dos Jay.

Qualquer intervenção também necessita obedecer o padrão familiar de absolver todos de culpa, a fim de que a mensagem seja isomórfica. A mensagem também necessitaria comentar o tema da independência.

Imediatamente antes da pausa, Mike e Martha conversaram a respeito de uma nova casa que estavam pensando em comprar. Apreciavam a idéia de uma casa menor porque não mais necessitavam de todos os quartos, agora que as crianças tinham se ido.

Pausa para Deliberação

(Durante a pausa, os Jay puxaram as cadeiras para perto uma da outra, e Mike segurou Martha em seus braços, enquanto esta continuava a chorar. A equipe comemorou silenciosamente.)

A equipe toda estava preocupada com Mike em terapia. Decidiu-se basear a intervenção num mapa simplificado, mostrado na Figura 7.1, a respeito do padrão de interação do casal. Uma intervenção baseada neste mapa deverá descrever a depressão de Martha como protetora de Mike, para que este não sofra de modo ostensivo. Enquanto isso, o "lábio superior tenso" de Mike protege-a de ser avassalada pela profundidade dos sentimentos que nutre por sua esposa; ele crê que se ela se inteirasse desta informação isto a tornaria apenas mais deprimida. Este mapa precisa ser ampliado para vincular este padrão com seu esforço de manter a família unida.

Uma vez que tanto Martha, na primeira sessão, quanto Mike, na segunda, tinham trazido novas informações após os líderes terem anunciado a pausa; a equipe decidiu incluir um "apêndice" ou uma mensagem terapêutica adicional, disponível no caso de eles oferecerem dados novos após a transmissão da intervenção. Já que tinham mencionado mudarem-se e que a mãe usara a expressão "ninho lotado", o apêndice foi elaborado com base nestes trechos de informação e no nome da família.

Transmissão da Mensagem

McBride: Estamos todos impressionados com sua dedicação à tarefa de serem bons pais e com seus esforços para ajudá-los a serem independentes e autoconfiantes. Não há dúvida de que vocês tentaram.

sra. Jay: Mas nosso registro histórico não é lá essas coisas.

McBride: Mas não há dúvida de que vocês tentaram. É natural que se sintam responsáveis quando os filhos têm problemas. (*Para Mike*) Apesar de sua preocupação de que a terapia familiar não dê certo, você a apoiou o tempo todo.

Derks: Temos consciência de que manobrar esse balão pressiona você (Martha) bastante e que seus esforços para manter a família unida são um grande sacrifício. Suspeitamos que, de alguma forma, sua sensação de depressão protege Mike de sentir-se avassalado por períodos tão conturbados.

Além disso, suspeitamos que o lábio superior tenso de Mike a despeito de seus sentimentos de fraqueza, protegem-na de ser avassalada por esses períodos conturbados.

E esses períodos conturbados podem simplesmente ser uma fase diabolicamente azarada.

sr. e sra. Jay: Sim!

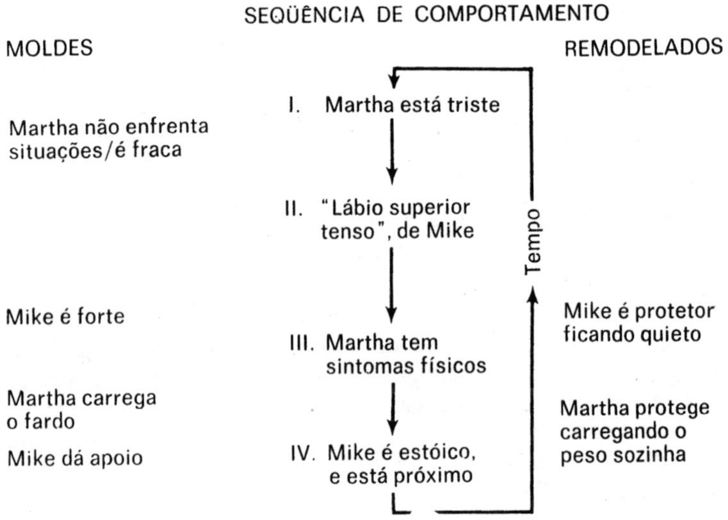

SEQÜÊNCIA DE COMPORTAMENTO

MOLDES		REMODELADOS
Martha não enfrenta situações/é fraca	I. Martha está triste	
	II. "Lábio superior tenso", de Mike	
Mike é forte	III. Martha tem sintomas físicos	Mike é protetor ficando quieto
Martha carrega o fardo		Martha protege carregando o peso sozinha
Mike dá apoio	IV. Mike é estóico, e está próximo	

Figura 7.1.

A seguir, McBride sugeriu que Mike viesse para ouvir a terapia de Martha. Ele concordou, dizendo: "É pelo menos uma noite fora de casa". A equipe telefonou nesse instante para sugerir que Mike também levasse Martha para jantar fora, nessa "noite fora de casa". Os dois sorriram.

Os Jay prosseguiram conversando enquanto os líderes conduziam-nos para fora da sala. No momento em que o casal descia os degraus da escada da frente, McBride apresentou-lhes o "apêndice": "Ah, a propósito, Steve disse que talvez vocês devam mudar o ninho de lugar." Riram e disseram que continuariam a pensar nisso.

Quando os líderes retornaram da pausa, Martha ainda estava fraca e lacrimosa. Conforme a mensagem ia sendo transmitida, a equipe observou que o estado de espírito de Martha levantou ao ser sugerida a idéia de que Mike a estava protegendo. Quando a idéia da "fase diabolicamente azarada" foi introduzida, os dois sentiram um alívio visível. Estavam brincando um com o outro, ao saírem do consultório.

Esforço de Estudo

Nesta altura, a equipe sentia uma certa confiança em sua descrição dos padrões; o ângulo diferente da mensagem parecia ter surtido um efeito imediato. Uma vez que os Jay tinham respondido de maneira direta e objetiva à primeira tarefa, a equipe previu uma outra resposta direta e objetiva. A equipe previu que os Jay evidenciariam algumas nítidas modificações durante a sessão seguinte e que relatariam a ocorrência de alterações no intervalo das sessões. As mudanças específicas eventualmente relatadas eram impossíveis de se prever. A intervenção pareceu ser suficientemente isomórfica num ângulo diferente para propiciar uma diferença que fizesse diferença.

3.ª sessão

Quando o sr. e a sra. Jay vieram, os dois pareciam mais bem dispostos e descontraídos. Depois de um pouco de conversa de salão, descreveram os acontecimentos da noite anterior. Às 2 da manhã, Jane telefonou. Estava numa festa nos subúrbios e não tinha como voltar para casa. Mike concordou em fazer a viagem de 15 km para ir buscá-la. A coisa acabou sendo uma agradável voltinha de carro para Martha e Mike, apesar de Jane não estar lá quando chegaram. Martha descreveu-o como um delicioso passeio, durante o qual tiveram uma conversa muito agradável. O episódio confirmou para os dois a necessidade de Jane deixar o ninho dos pais.

Derks: Então a coisa virou um programa romântico?

sra. Jay: Oh, também tivemos um desse tipo!

Na semana de intervalo entre as sessões, Mike e Matha tinham saído para jogar boliche e jantar fora. Os dois "curtiram" muito o "encontro" e a conversa não versou sobre problemas.

Desde o episódio da noite anterior, o sr. e a sra. Jay vinham falando sobre Jane. Os dois agora estavam zangados e concordavam que ela deveria sair logo de casa. O restante da sessão centralizou-se em torno de como iriam dizer-lhe que já tinha chegado o momento de ela ir morar sozinha. Martha estava convencida de que Jane precisava mudar para uma distância maior do que dois quarteirões porque da última vez que tinha saído para morar sozinha, ela voltava para casa e roubava coisas; desde então, Mike tinha trocado todos os cadeados. Os Jay tinham plena consciência de que ela provavelmente criaria algum problema quando lhe fosse dito que se mudasse e, por isso, Mike decidira informá-la da decisão do casal quando Martha estivesse no trabalho. Martha objetou a este plano: "Mike, não me proteja".

As predições da equipe tinham acertado o alvo. Os Jay estavam demonstrando mudanças e todas elas tinham sido feitas na linha da melhora: Martha tinha trabalhado um maior número de horas; sua pressão sangüínea tinha baixado; tinham tido (o casal) algumas conversas agradáveis. A resposta relatada à tarefa anterior foi bastante direta e objetiva: o encontro e o jantar (uma discreta modificação que a equipe tem que guardar em mente). Martha também estava exibindo sinais de sentir-se menos deprimida, e relatou sentir-se melhor.

A equipe concordou com os Jay que Jane provavelmente continuaria fazendo alguma coisa em reação a uma "mensagem de mudança". Era provável que fizesse um escarcéu, principalmente se pensasse que os pais discordavam a respeito desta questão: ações que poderiam ser descritas como se ela estivesse tentando manter a família unida.

Mike decidira que a mensagem a ser transmitida a Jane precisava incluir um prazo final; ele escolheu duas semanas.

sra. Jay: Quando lhe dissermos que se mude, fará um barulho dos diabos. Mas aprenderei de algum jeito a enfrentar a situação, mesmo que ela chegue a fazer ameaças de sucídio.

sr. Jay: Fizemos o melhor que podíamos. Está fora de meu alcance.

McBride: Os pais são arcos. A tarefa está concluída quando a flecha deixou a corda.

Martha e Mike riram e os líderes saíram da sala para uma pausa.

Pausa para Deliberação

A equipe estava preocupada com as possíveis reações de Jane à "mensagem para se mudar", com prazo definido. Ameaças de suicídio, de abandonar o emprego, de embebedar-se e machucar-se e por isso ir parar numa cadeia ou num hospital psiquiátrico, ou um suicídio bem-sucedido eram todas possibilidades iminentes. Martha e Mike tinham bastante consciência de tais possibilidades e, portanto, não havia necessidade de alertá-los para isso, na mensagem. O casal tinha pela frente duas dificuldades imediatas: (1) que as ameaças de suicídio os impedissem de transmitir a mensagem; (2) que uma vez transmitida a mensagem pudessem voltar atrás e deixar Jane ficar. As duas atitudes seriam indícios de que o molde antigo estava ainda no mesmo lugar ou tinha voltado a funcionar; portanto, Martha provavelmente voltaria a ficar deprimida e o padrão antigo poderia se repetir. A equipe precisa ter consciência dessa possibilidade de recorrência e, nesse sentido, precisa prevê-la ou determinar para ela um horário de ocorrência para que a família não seja surpreendida. Todas essas considerações foram minuciosamente encadeadas na intervenção.

Comentário. Nesta altura, a equipe poderia facilmente ser desviada do caminho em direção ao objetivo principal para dirigir-se a um novo objetivo: ajudar os Jay a fazer Jane mudar-se e isso ser realizado de maneira bem-sucedida. Contudo, a mudança da filha para sua própria casa não era um dos objetivos da família e não fora um dos sinais de progresso por ela escolhido. A seguir, a família faz uma conexão entre a mudança da filha e as dificuldades de Martha. Evidentemente, a saída de Jane da casa paterna poderia ser um sinal forte e real de mudança, se a transição fosse diferente. Se os Jay desejam a ajuda da equipe para facilitar a Jane sua saída da casa paterna, os esforços da equipe deverão ser a construção desta ajuda dentro dos limites contextuais dos objetivos originais.

No caso de Jane não sair da casa paterna (por qualquer razão), a terapia ainda poderia ser bem-sucedida se fossem alcançados os sinais e objetivos anteriores. A mudança de Jane poderia ser encarada como um padrão natural (do ciclo de vida familiar), bem como sua permanência em casa, *se* sua permanência não levasse Martha a ficar deprimida, ou a ter queixas somáticas, e não levasse Mike a criar um tensionamento no lábio superior. Se os pais e Jane definirem sua permanência na casa paterna como algo que não é problema e se todos definirem Jane como um adulto que escolhe ficar em casa, então não há necessidade de o filho se mudar. Historicamente, muitos filhos adultos e solteiros permaneceram em casa *sem* serem definidos como infantis.

Transmissão da Mensagem

Derks: Estamos impressionados com sua habilidade, Mike, de manter sob controle sua raiva de Jane e achamos que você deve continuar fazendo isso até o momento certo. É provável que comentar disto abertamente não seja prudente. Martha, parece que você conseguiu realizar um belo trabalho ajudando Mike a conter sua raiva. Achamos que você continuar fazendo isso até que Jane saia de casa. Ou então, poderá ser duro demais para Mike se a raiva dele explodir.

McBride: Talvez vocês possam ensaiar ou praticar. Vocês sabem como enfrentar as dificuldades de Jane. Antes de chegar o "momento certo", usem a próxima crise de sua filha para ensaiarem a expressão de seus sentimentos e para anteciparem as reações dela.

Enquanto deixavam a sala, o sr. Jay comentou novamente que Martha talvez não suporte o baque da saída de Jane. Ao alcançarem os degraus da saída, na frente, receberam um outro apêndice:

McBride: Steve disse que ficar pensando no pior poderá causar ansiedade excessiva em vocês dois.

Esforços de Estudo

A equipe observara Mike e Martha assentindo com a cabeça, várias vezes, durante a mensagem, particularmente à menção do "ensaio". A equipe previu que Mike e Martha dariam a mensagem a Jane, incluindo o prazo final. Também predisseram que Jane "criaria um inferno", o que poderia ser ainda descrito como sacrifício da parte dela, principalmente se percebesse que seus pais precisam que ela os ajude a ficarem juntos. A equipe previu também que Martha e Mike continuariam a sentir mais prazer na companhia um do outro, à medida que continuassem a perceber a situação de maneira diferente e que por isso se comportassem de modo diferente.

4.ª sessão

No início da sessão, Mike pergunta a Derks e a McBride como é que *os dois* passaram desde a última sessão:

Derks: Ah, tudo bem. Estamos passando muito melhor.

(*O telefone toca*)

Derks: Steve discorda!

Todos os quatro riem e a sessão continuou numa tonalidade bastante leve e humorística. O cabelo de Martha tinha um novo estilo e ela parecia miuto mais descontraída do que em qualquer outra sessão anterior.

O sr. e a sra. Jay disseram que tinham transmitido a mensagem a Jane e que tinham encontrado para ela um apartamento vários quarteirões abaixo. Jane surpreendeu-os concordando em mudar e, por isso, eles desconsideraram a necessidade de um prazo limite. Esperavam qualquer reação, exceto a que receberam. Contudo, no dia seguinte, Jane foi despedida de seu emprego. Quando a mãe ouviu isso, bateu palmas. Neste ponto, o sr. e a sra. Jay consideraram a extensão de seu prazo original, apesar de eles não terem ainda apresentado à filha nenhuma data limite:

(*Toca o telefone*)

Derks: Steve está se perguntando: Agora que Jane já tornou ineficaz o prazo, o que virá em seguida? Ela poderá continuar sem emprego até ter 27 anos.

sr. Jay: Se conseguir o seguro-desemprego, ainda assim terá que mudar.

Derks: E se não houver emprego, nem seguro-desemprego?

sra. Jay: Ela vai conseguir.

Derks: Então o prazo ainda se mantém.

sra. Jay: Se não agirmos, estaremos lhe faltando, mantendo-a como a uma criança.

Concordaram em informar Jane de que ela tem um prazo, de duas semanas além do prazo limite que originalmente tinham escolhido.

Jane ter sido despedida foi um fato concordante com as previsões: ela está continuando a comportar-se como se fosse sacrificar-se até os pais lhe demonstrarem que não mais necessitam dela para ajudá-los a ficarem juntos. Contudo, Martha e Mike apresentaram-lhe juntos a informação e não voltaram atrás quando a filha foi despedida. Este é um bom sinal de que Martha e Mike estão percebendo as coisas de outro jeito. Martha não precipitou nenhum sintoma e não se comportou como se estivesse protegendo Jane dos perigos de sair do lar paterno, como tampouco o fez Mike. Incluir o prazo final na mensagem original teria sido preferível pois isto teria demonstrado a Jane uma integração mais forte da unidade dos pais.

Junior estava se preparando para sair do hospital e tinha solicitado permissão para que ele e a esposa viessem morar com os pais até que recompusessem sua própria vida. Mike e Martha rejeitaram a solicitação.

É quase que previsível que um dos filhos reaja às modificações de Mike e Martha, tentando agir como se precisassem do pai e mãe juntos. Junior poderá até perceber as coisas de tal jeito que acabe necessitando "agir como louco" de novo, se pensar que seus pais precisam desse tipo de sacrifício.

O restante da sessão foi gasto comparando-se como o sr. e a sra. Jay ajustaram as coisas ao que seus filhos tinham feito e como estavam em condições de aceitar estas "coisas novas", ao passo que os filhos não aceitavam as novidades realizadas pelos pais. Os Jay comentaram em seguida como seus próprios pais tinham sido capazes de aceitar melhor as mudanças do que seus filhos.

Pausa para Deliberação

A principal preocupação era que Martha pudesse ficar novamente deprimida ou apresentasse algum sintoma somático, ou que Jane desrespeitasse o prazo estipulado, ou que Junior pudesse voltar ao ninho, ou que Joan pudesse voltar, ou que Junior começasse a agir como louco. A equipe decidiu elaborar o cumprimento em torno das mudanças efetuadas e a pista, em torno das preocupações.

Transmissão da Mensagem

Derks: Estamos todos surpresos com sua habilidade em fazer mudanças, o que nos leva a duvidar do antigo clichê de que "não se pode ensinar truques novos a cães velhos". Parece que são os cães novos que não conseguem mudar. Nossa preocupação é que Jane e Junior já tenham aprendido a voar.

McBride: Parece-nos que os garotos já aprenderam realmente a voar mas que ainda não o sabem. Vocês já viram, mas eles ainda não perceberam que já o fizeram.

A caminho da escada de saída, McBride finalizou a intervenção com um apêndice.

McBride: Steve recordou-me um antigo ditado: "Se você deixar que o camelo meta o nariz dentro da tenda, muito em breve o camelo todo entrará na tenda." (Os Jay riram.)

Esforços de Estudo

A equipe previu que Martha e Mike colocariam claramente o prazo e insistiriam nele, mantendo-se firmes quanto à sua decisão de não deixar que Mike Jr. retornasse ao ninho. Além disso, a equipe predisse que Martha estaria ainda menos deprimida e que o "lábio superior de Mike ficaria menos tenso".

5.ª sessão

Duas semanas mais tarde, a quinta sessão iniciou-se bem-humorada, com Martha e Mike fazendo brincadeira a respeito de quem começaria:

sra. Jay: As coisas estão acontecendo muito bem, no que diz respeito aos meninos. Estou indo muito bem!

Derks: E o camelo? Pôs o nariz dentro da tenda?

sra. Jay: Não. O camelo está na casa dele, morando com a esposa.

O prazo para a saída de Jane, que fora dilatado, ainda localizava-se no futuro. Jane ainda não tinha emprego, nem tinha conseguido o seguro-desemprego. Contudo, estava bebendo menos e seu namorado tinha arrumado um emprego depois de vários meses, o que estabilizava sua situação.

No início do intervalo entre as sessões, Mike começou a sentir-se deprimido. No começo, ele não tinha certeza do motivo, pois vislumbrava três possibilidades. Quando discutiu o assunto com Martha, delinearam a causa em torno de sua situação no trabalho. Durante sua conversa, ficou claro para ele que ainda lhe estava aberta a opção de trocar de emprego e então isso o faria sentir-se menos aprisionado. Uma das principais dificuldades de seu trabalho residia num colaborador, alcoólatra em recuperação, bem mais novo do que Mike. Mike dava muito apoio à tentativa do colega de parar de beber e agia conscienciosamente para ajudar a levantar novamente seu colega de trabalho.

A equipe estava plenamente consciente de que, pela terceira vez em seguida, Martha não estava demonstrando sentimentos depressivos e que não estava se queixando de seus problemas somáticos. Os objetivos levantados na primeira sessão tinham sido atingidos, um por um.

Os Jay estavam agora enfrentando uns aos outros de forma direta e, juntos, estavam enfrentando algumas daquelas "malditas coisas" que constituem a vida. Não estavam deixando que os problemas de seus filhos interferissem.

171

Pausa para Deliberação

A equipe decidiu que a dificuldade vivida por Mike no trabalho era uma questão válida para os Jay estarem enfrentando naquele momento. Uma vez que era uma questão a respeito da qual podiam fazer alguma coisa e estavam lidando apropriadamente com a mesma, esta preocupação necessitava ser colocada dentro da estrutura da intervenção. Outra ênfase necessária dizia respeito ao sr. e a sra. Jay terem apresentado para a equipe que estavam solucionando seus problemas ao invés dos problemas dos filhos.

Transmissão da Mensagem

Derks: Ficamos todos realmente impressionados com a maneira metódica pela qual vocês dois agiram na solução deste problema. Vocês dois já sabem que metade da batalha está vencida quando o problema encontra-se identificado e priorizado, da maneira como vocês fizeram.

McBride: Acho que também estava pensando que uma vez que os filhos não lhes causaram problemas, vocês ficaram livres para lidarem com os próprios problemas.

sr. Jay: E Jane não deu nenhum trabalho.

Derks: Vocês organizaram uns planos convenientes para continuarem fora da depressão.

sr. Jay: Sim.

Derks: Steve também pensou numa outra coisa. Ele não estava seguro de que fosse correta sua idéia de que seu colega de trabalho esteja ajudando você, e estava pensando que talvez você possa ajudá-lo, principalmente a respeito de se recuperar do alcoolismo. Ele precisa ficar em cima dos próprios pés.

sr. Jay: Concordo.

Derks: E você não está lhe negando esta ajuda. Você está quase que se sacrificando para que ele possa de vez em quando ficar em cima das próprias pernas.

sr. Jay: Talvez isso esteja no fundo da minha cabeça. Tenho sessenta anos. Vejo que esse sujeito tem realmente uma batalha pela frente e imagino: se posso ajudá-lo a vencer essa batalha, estou totalmente do lado dele.

McBride: Portanto, na verdade, você tem dois conselheiros na família, agora.

Esforço de Estudo

Ao longo de toda a mensagem, Martha e Mike sorriram e assentiram com a cabeça. A tarefa da equipe consistia em manter os Jay de fora de seu antigo molde, facilitando a eles que continuassem agindo como uma unidade, sendo essa uma mudança comportamental que indica uma mudança perceptiva das duas partes. Vale a pena observar que Martha não entrou em depressão, nem fez sintomas somáticos, quando Mike começou a ficar deprimido. Ela não assumiu o fardo e não o carregou no lugar dele, pois que ele "tinha descontraído a boca" o suficiente para falar com ela a respeito da situação dele.

A equipe previu que Martha não passaria pela experiência nem de uma depressão, nem de sintomas somáticos. A equipe previu que a depressão de Mike desapareceria. Além disso, a equipe previu mais atividades em conjunto para o casal, mesmo que os filhos estivessem passando por dificuldades novas. A mudança de Jane consistiria no sinal, para a equipe, de conclusão da terapia.

6.ª sessão

A sexta sessão girou em torno de um "breve desentendimento" que Martha e Mike tinham tido vários dias antes. Durante a discussão, Martha expressou sua raiva, socou um armário de cozinha e saiu de casa para andar em volta do quarteirão, velozmente. Os dois ficaram contentes quando isso aconteceu porque os novos elementos serviam para convencê-los de que as "coisas estavam realmente diferentes". Depois que ela voltou do passeio, debateram o acontecido. Mike tinha ficado com medo, enquanto tudo durara, de que Martha pudesse passar mal; mas isso não aconteceu. Mike também tinha ficado preocupado que sua pressão sangüínea subisse demais, mas isso não aconteceu. Os dois consideraram que estes eram bons sinais. Sobretudo, nenhum dos dois ficou deprimido. Finalmente, já que não tinham tido muitas discussões que não giraram em torno das crianças, ficaram contentes por serem capazes de conversar também a respeito de outros assuntos e por descobrirem que "consertar" as coisas depois da briga era a melhor parte.

Jane tinha encontrado um emprego, e sua data limite para a mudança estava a menos de uma semana. Parecia estar gostando do serviço e bebia cada vez menos. Disseram a Jane que, assim que ela se mudasse, não voltaria mais para a casa paterna.

O resto da sessão foi dedicada aos planos dos Jay para se ajustarem novamente a "serem um jovem casal recém-casado". Podiam agora arrumar sua casa do jeito que melhor lhes aprouvesse e podiam viajar com mais freqüência.

Pausa para Deliberação

A discussão relatada representava uma outra confirmação de que os Jay tinham rompido o molde original e estavam, portanto, enxergando as coisas de jeito diferente e comportando-se de modo diferente: ausência de sintomas, de depressão, de lábio superior tenso, de envolvimento com filhos. Estavam em cima das próprias pernas.

Todas essas modificações eram tão aparentes que a equipe decidiu mencioná-las na mensagem e interromper a terapia, neste ponto, exceto por uma sessão de seguimento, um mês mais tarde.

Transmissão da Mensagem

Derks: Ficamos impressionados com o modo como você, Martha, abordou a raiva. Parece uma forma verdadeiramente saudável. Evidentemente, deixar que ela saia é melhor do que contê-la e acabar passando mal, com falta de ar.

sra. Jay: Sim, sem dúvida.

Derks: Ou tendo algum outro sintoma psicossomático.

sra. Jay: Esses sintomas psicossomáticos são mesmo amedrontadores.

Derks: Também ficamos impressionados, Mike, com o jeito como você enfrentou a mesma raiva. Ficamos surpresos de que você não tenha guardado alguma forma de ressentimento mas que, ao contrário, tenha logo retomado a questão e acertado os ponteiros com ela.

sr. Jay: Eu estava realmente preocupado com ela perder o fôlego, de modo que até mesmo ela estourar de raiva não me aborreceu.

Derks: Parece que também os dois estão no caminho certo com Jane e com o outro "camelo". Talvez esteja na hora de cancelar "novos encontros terapêuticos". As coisas estão indo bem com vocês dois. Quero alertá-los para a possibilidade de, nas próximas duas semanas, mais ou menos, depois de Jane ter ido embora, acontecer um período discretamente crítico. E pode haver alguma forma de recaída.

Esforço de Estudo

Na opinião da equipe, os Jay estavam funcionando bem o bastante como unidade, e as mudanças perceptivo-comportamentais estavam "estáveis o suficiente" para que a terapia pudesse acabar. A equipe previu que nem alguma atuação de Jane, nem comportamentos como de louco, por parte de Junior, levariam Martha e Mike a retomar o molde antigo. Apesar de a equipe ter preferido que a mudança de Jane estivesse completa antes de interromper a terapia, a mudança não fazia parte dos objetivos-sinais originais.

Seguimento

Jane tinha se mudado e conseguira manter-se no emprego. Junior passara para um apartamento maior, de modo que tinham se distanciado alguns quilômetros dos pais. Martha e Mike não tinham mais queixas. Os dois estavam fazendo regime e ela se candidatara a um emprego de tempo integral.

Um contato efetuado com os Jay seis meses mais tarde indicou que o molde novo estava firme no lugar. Não tinham recorrido nenhuma das queixas antigas.

CAPÍTULO 8

Família Jones

A terapia da família Jones, apresentada neste capítulo, difere em diversos sentidos da família Jay, exposta no capítulo anterior. Diversamente desta, a família Jones jamais foi capaz de definir um objetivo específico para sua terapia, o que dificulta a ela e à equipe saber se houve sucesso ou fracasso quando a terapia terminava. O tipo de imprecisão da família Jones foi uma parte significativa de seu padrão e do modo como praticou sua maneira de cooperar; portanto, imprecisão foi um elemento significativo da forma de a equipe conseguir cooperar.

Por duas vezes, durante a terapia, a equipe deu à família cópias da intervenção que o líder (de Shazer) leu para ela. Estas intervenções datilografadas foram dadas para a família para ajudá-la a enfocar as tarefas da terapia e a mudar, por meio do uso de uma "técnica de entremear", que consiste em embutir sugestões de mudança num contexto mais amplo. Erickson criou o protótipo, que envolve a construção de alguma sentença peculiar, como "Será que o tomateiro, *Joe, sente realmente uma espécie de conforto*" (35, p. 517). Numa conversa que parece girar em torno de tomateiro, Erickson entremeou a verdadeira mensagem (grifada), que indicava com uma alteração na voz e com pausas. O uso desta técnica com uma família "vaga" permite ao líder "parecer" tão vago e confuso quanto a família, embora ao mesmo tempo isso lhe permitia focalizar a mudança que a família deseja. A mensagem real (grifada) está embutida numa outra, de palavras insignificantes. Por exemplo, "Se você fosse (*pausa*) *sra. Jones, pare de azucrinar*, isso poderia perturbar sua família." A sugestão terapêutica ("sra. Jones, pare de azucrinar"), apresentada entre pausas, está entremeada num contexto que informa-a para não parar. O líder muda o tom de sua voz enquanto apresenta a sugestão. Numa grande porcentagem de casos, a pessoa envolvida obedece às sugestões. Dar as mesmas informações das mensagens em forma de anotação pareceu eficiente para esta família.

ESTUDO DE CASO

Durante o telefonema inicial, a sra. Jones informou-nos que a psicóloga da escola sugerira terapia para a família. Seu filho, Robert (15 anos), estava numa atitude de opor-se a cooperar, tanto em casa quanto na escola, na qual não estava indo bem. A família já tinha estado antes em terapia mas, após uma sessão conjunta, o terapeuta anterior atendeu-os individualmente ou aos pares. A sra. Jones não gostou disso porque permitia segredos. Sua idéia era que terapia significava "soltar tudo mesmo". Depois dessa tentativa, as coisas não tinham melhorado absolutamente nada.

Planejamento Prévio à Sessão

Antes da primeira sessão, a equipe * encontrou-se para desenvolver um mapa temporário que guiasse as investigações do líder. A equipe suspeitava que Sarah Jones estava "excessivamente envolvida" com seu filho, Robert, e que este demonstrava sua atitude de opor-se a cooperar como tentativa de estar menos envolvido com a mãe. Portanto, esta era mais intrometida ainda, o que era seguido de oposição mais forte a cooperar. Desconhecia-se a participação do pai, e a equipe suspeitava de que pudesse existir uma certa distância entre pai e mãe. Deve-se observar que essas colocações verbais constantes do mapa não são muito *úteis* pois que não são positivas. Contudo, poderiam ser precisas e verdadeiras.

Foi criado um outro mapa, mais útil. A equipe suspeitava de que a oposição de Robert em cooperar poderia ser entendida como proteção aos pais, destinada a mantê-los unidos. Certamente, o comportamento desté rapaz, em casa e na escola, dava aos pais algo em comum, algo sobre o que conversarem. A equipe (consciente de que ao solicitar da sra. Jones uma descrição do problema em duas sentenças ela falou durante 25 minutos) suspeitava que "o número avassalador de palavras da sra. Jones" poderia proteger o sr. Jones de ter que enfrentar os problemas do garoto. Sobretudo, as palavras da mãe poderiam proteger o pai, do filho, de diversas maneiras. A equipe preferiu o segundo mapa porque era mais positivo e mais útil.

---

* Além de de Shazer, a equipe incluía Alex Molnar e Jo Ellyn Schultz (na época os dois eram recém-formados). Nas sessões subseqüentes, Insoo Berg e Jim Derks reuniram-se à equipe.

A equipe perguntou-se também quais "segredos" poderia a sra. Jones temer, e se estes mesmos problemas já se haviam evidenciado antes de Robert ir para a escola secundária, na qual estava freqüentando uma classe "especial" ("learning-impaired").

Prelúdio à Primeira Sessão

Quando a família Jones chegou, o líder explicou a existência do espelho, do processo de vídeo-teipe e mencionou que haveria uma equipe atrás do espelho. Explicou também que após 40 minutos, faria uma consulta à equipe e compartilharia com a família o que a equipe diria.

Sam Jones (52 anos) tinha se mantido num mesmo emprego por muitos anos, do qual gostava. Sarah Jones (54 anos) tinha um emprego de meio-período na rede de ensino. Robert estava na nona série de uma escola secundária de quatro anos, que ele não apreciava. Descreveram o bairro como deteriorando ao longo dos últimos 20 anos, durante os quais tinham morado na mesma casa. Não praticavam nenhuma religião e não pareciam entrosados com os vizinhos. Robert era filho único.

Obtenção de Dados

de Shazer: Bom, qual é o problema que os traz aqui?

sra. Jones: Fui a uma reunião da escola e havia uma hora marcada com a psicóloga da escola. Bobby vinha encontrando-se com ela, e foi o que deduzi quando ele saiu (da escola anterior), ela vinha atendendo-o mais freqüentemente. Pensei que poderia dar uma paradinha, ela não tinha muito tempo, mas conversou comigo quando ele foi (para a escola primária) pois naquele tempo ela trabalhava lá.

Eu disse: "Sabe, o problema continua o mesmo." Ela falou: "Bem, não vou ver Bobby tantas vezes mais, porque..." — posso dizer isso? — Ela falou: "Se alguma vez Bobby sentir vontade...", quando ele foi para (sua escola anterior), ele via o sr., ahn...

Robert: Thorton.

sra. Jones: sr. Thorton, duas vezes por semana, e ela disse que não iria mais atender Bobby com a mesma freqüência. Bobby tem uma tendência — que é verdade — para criar, han, bem, mais problemas do que os que tem de verdade. Mas ele deve sentir que se ele realmente tiver um problema, ela está ali. Consultamos o dr. Zarkov, um certo tempo, e eu fui para a escola — talvez as coisas estivessem um pouco melhores em casa, não terríveis — mas o Dr. Zarkov disse que estávamos melhorando. Ela nos disse que estávamos melhorando, mas eu não conseguia enxergá-lo. Vocês conseguiam?

sr. Jones: Han... não.

sra. Jones: (*Sobrepondo-se ao "não"*) Então eu fui para a escola — Eu podia ter alugado um quarto naquela escola — seu único professor ficou com ele dois semestres. Não consigo me lembrar. Dê o nome dele.

Robert: sra. Bello?

sra. Jones: Não, aquela de óculos. Professora de inglês. Me dê o nome dela.

Robert: sra. White.

sra. Jones: É essa. Fui vê-la e ela disse: "Como é que vai Bobby?" "Han" (*sra. Jones demonstra, puxando seu cabelo.*) Eu disse: "Oh, coitadinho."

O monólogo da mãe prosseguiu deste jeito, por 15 minutos mais. O líder tentou interromper várias vezes, sem conseguir. Só palavras não eram suficentes. Finalmente, o líder foi capaz de conter a inundação, erguendo a mão no ar no sinal de "pare", o que deteve o fluxo. O líder tentou ajudar a família a focalizar queixas atuais, mas seus esforços foram recompensados com mais detalhes a respeito da história do problema e dos esforços dispendidos pela sra. Jones para fazer com que psicólogos de escola, assistentes sociais, terapeutas realmente ajudassem. Em diversos momentos, a sra. Jones empacava em busca de uma palavra e ou Sam ou Robert completavam-na com pouco ou nenhum problema. Imediatamente, a sra. Jones retomava sua história.

Assim que o líder conseguiu fazer com que a família estreitasse o foco sobre uma queixa atual, apareceu um tesouro de temas. Tanto o sr. quanto a sra. Jones queixavam-se de que Bobby resmungava e praguejava continuamente, baixinho. Além disso, queixaram-se de que Bobby não ia bem na escola, tirando vários conceitos D e repetições. O sr. Jones recordou-se de uma grande exceção, no curso de vendas, dois anos antes, quando Bobby recebeu um A. Nem os pais, nem a escola achavam que Bobby estivesse trabalhando com o seu máximo potencial. A sra. Jones queixou-se também que Bobby não pendurava as roupas, não fazia sua cama, nem mantinha seu quarto suficientemente limpo. E Bobby não conhecia o valor do dinheiro e, portanto, sempre queria coisas mais caras do que eles podiam comprar. Queixaram-se ainda que, tão logo conseguisse tais coisas, só as usaria por pouco tempo.

Objetivos. Os Jones queriam que a atitude de Bobby mudasse porque nenhum dos pais achava que Bobby os respeitava como pais. A seguir, a sra. Jones acrescentou progressos na escola, menos blasfêmias, melhor controle de seu temperamento, menos resmungos baixinhos, pendurar as roupas etc. Bobby queria que sua mãe saísse um pouco da sua sombra. O líder esforçou-se para ajudá-los a focalizarem uma modificação significativa, mas eles não conseguiram decidir qual seria a mais importante. Cada item mencionado levava a mais coisas e mais detalhes.

A equipe observou que a sra. Jones estava muito preocupada e estava realmente dando um duro danado para conseguir auxílio profissional. Parecia certo que Bobby considerava o envolvimento de sua mãe como "positivo". Parecia que o sr. Jones trabalhava muito e que era paciente, receptivo, silencioso. Não parecia "recuado"; ao contrário, parecia envolvido de modo silencioso pois sabia de fato o que se passava na família e era capaz de ajudar a esposa com os detalhes. Quando lhe era diretamente formulada uma pergunta, ele a respondia com nitidez maior que a sra. Jones.

Pausa para Deliberação

A equipe especulou que a "oposição de Bobby a cooperar" permitia, ou facilitava, o envolvimento de seus pais consigo. Seu comportamento, sem dúvida, parecia uni-los quanto a tais questões. Seu comportamento também ensinava aos pais como serem pacientes com diversos profissionais. Dava a impressão de que Bobby estava se comportando como se protegesse seus pais de algum(ns) problema(s) entre eles.

A sra. Jones demonstrou que dar detalhes e relatar incidentes era sua forma de cooperar com a terapia. O sr. Jones e Robert demonstraram sua forma de cooperação, com ela, não interrompendo. Além disso, diversamente da tendência dos elementos da equipe, Sam e Robert não desestimularam seu monólogo.

A abordagem da família a seus problemas parecia girar em torno dos esforços da mãe; os relatos de tais esforços eram bastante desconcertantes, uma vez que ela entremeava "dados" com outros detalhes e comentários. Os objetivos não estavam claramente estabelecidos e não se estipularam sinais.

A equipe decidiu cumprimentar a família pela forma que se comportou durante a primeira parte da sessão. Ou seja, a equipe estava tentando remodelar a forma de cooperação da família, conforme a tinham praticado até então. Uma vez que a família, pelo menos, estava fora de foco e tinha apresentado um amplo esboço da sua situação, a equipe decidiu apresentar-lhe uma mensagem que fosse tão vaga e geral quanto a recebida. A equipe queria que a família tivesse êxito na tarefa e esperava que estivesse mais em foco, na sessão seguinte.

Uma vez que a sra. Jones poderia ser descrita como valendo-se de uma "técnica de entremear", a equipe usou a mesma técnica na mensagem dirigida ao sr. Jones.

Transmissão da Mensagem

de Shazer: Estamos todos impressionados, realmente impressionados (*olhando Robert*) com a abertura e a clareza de todos vocês a respeito de questões tão complexas quanto estas. Ficamos especialmente espantados com o modo como você, Robert, é tão aberto, o' que (*olhando a sra. Jones*) consideramos incomum com adolescentes. Estamos muito impressionados, sr. Jones, com sua paciência relativa a tais questões. Sabemos como é difícil para uma pessoa de seu tipo, o tipo silencioso forte, não explodir, mesmo quando eles acham que seja necessário.

sra. Jones: Ele não gosta de lutar.

de Shazer: Estamos todos também impressionados com a habilidade que demonstra de fazer descrições detalhadas e completas, sra. Jones.

Daqui até a próxima vez em que nos encontrarmos, gostaríamos que vocês três pensassem a respeito do que vocês *não* querem ver modificado no modo como vocês se dão uns com os outros.

Os três concordaram com a realização dessa tarefa, e a sra. Jones continuou a remoer as instruções, baixinho, enquanto deixavam a sala.

Esforço de Estudo

A equipe predisse que a família Jones voltaria para o próximo atendimento marcado. Tal como acontece freqüentemente com as intervenções de primeira sessão, a pista destinara-se simplesmente a "ver até onde a levarão". Uma vez que os objetivos da família eram tão amplos e tão vagos em seu âmbito que se tornavam imprecisos, a pista da equipe era adequadamente vaga e ampla. Apesar de a equipe esperar que essa pista ajudasse a família Jones a focalizar melhor, tanto desenvolvendo uma lista de coisas para não mudar, quanto concentrando-se numa coisa particular a ser modificada, nenhum destes resultados era o principal objetivo da pista. Este era, principalmente nas primeiras sessões, apenas descobrir como a família demonstraria sua maneira peculiar de cooperar.

A parte de cumprimento da intervenção foi em termos gerais isomórfica aos padrões que a família demonstrou durante a maior parte da sessão. A sra. Jones deu descrições completas e detalhadas à equipe; Robert estava bastante aberto e nítido, e o sr. Jones ficou quieto. A sugestão embutida (que o silêncio do sr. Jones era uma tentativa de não explodir, mesmo que pudesse considerar tal gesto uma necessidade) também foi um experimento para testar aquele estilo de comunicação com a família. Uma vez que a equipe descreveu o sr. Jones como um ouvinte cuidadoso e a sra. Jones como alguém que usava uma técnica de entremear, a mensagem foi elaborada como tentativa de ser isomórfica a esta parte do padrão familiar. A equipe previu ainda que o sr. Jones *poderia* fazer algo mais ativo a respeito das queixas dele mesmo.

2.ª sessão

de Shazer: Bem, como foi a semana?

sra. Jones: Nem pergunte.

sr. Jones: Difícil.

sra. Jones: Idem.

(*Pausa*)

de Shazer: Pedimos a vocês que pensassem nas coisas que não querem ver modificadas.

sra. Jones: Isso quer dizer as coisas que desejamos que permaneçam as mesmas?

de Shazer: Certo.

sr. Jones: Fiquei remoendo isso na minha cabeça um milhão de vezes.

Robert: (*Interrompendo*) Eu também.

sr. Jones: Não consigo pensar em coisa alguma, realmente.

Robert: Foi por isso que fiquei com essa dor de cabeça.

sra. Jones: Não quero que coisa alguma fique do jeito que está.

sr. Jones: Não existe nada que eu tenha pensado e que eu deseje que permaneça o mesmo.

sra. Jones: Estou dizendo a mesma coisa que você.

(Pausa.)

sr. Jones: Na hora do jantar ontem à noite, e não foi só ontem à noite, é toda noite: ele fica de lá para cá, de lá para cá. A gente precisa dizer: "Bob, sente-se. Coma seu jantar."

de Shazer: Quando ele se levanta de manhã, o que é que ele faz, quando está de pé?

sr. Jones: Vai para seu quarto; vai ao banheiro; vai para a sala.

de Shazer: Fazendo o quê?

sr. Jones: Ele vai para o quarto dele para brincar com seus gatinhos. Claro que se ele vai ao banheiro eu posso ver.

A equipe ficou grandemente surpreendida quando o sr. Jones iniciou as queixas e quando continuou a falar sem interrupções ou ajuda da sra. Jones ou de Robert. Durante sua verbalização, a equipe observou que a sra. Jones estava observando e ouvindo cuidadosamente o sr. Jones, assentindo várias vezes com a cabeça, quando ele assinalava alguma coisa.

O sr. Jones passou à descrição de um incidente ocorrido na noite anterior. Ele dera uma incumbência a Robert, mas Robert não a executara. O sr. Jones perguntou: "Por que não?" Não conseguiu de jeito nenhum obter uma resposta satisfatória. Ele e a esposa passaram a queixar-se da freqüência com que precisava "pegar no pé" de Robert. A sra. Jones pensava que se pudesse ser menos insistente com ele, então haveria mais harmonia na casa.

A sra. Jones queixou-se de que ser tão insistente fazia-a sentir-se azucrinadora e que azucrinar era uma atitude que estava afetando seu desempenho profissional. O sr. Jones queixou-se então do número de vezes que os dois precisavam ficar chamando Robert quando o jantar já estava pronto.

A principal queixa de Robert era que sua mãe chamava-o repetidamente até que se levantasse, pela manhã. Ele alegava que estava acordado e que o fato de ela o ficar chamando "enchia o saco". Bob queixou-se também de que seu pai tinha "se tornado um Al Capone", durante aquela semana, o que significava que deu ordens a Bob ao invés de pedir-lhe as coisas.

Quando o líder tentava afunilar qualquer uma destas queixas a fim de desenvolver um objetivo ou um sinal de progresso, o sr. e/ou a sra. Jones rapidamente negavam o significado daquele "sinal" em particular e passavam em seguida a explorar algum outro aspecto do comportamento de Robert.

Pausa para Deliberação

A equipe ficou agradavelmente surpresa pela sessão relativamente mais objetiva e pela mudança na distribuição de emissões verbais entre o sr. e a sra. Jones. A equipe ficou se indagando se haveria alguma inter-relação da mensagem da primeira sessão e o sr. Jones "ter-se tornado Al Capone", e ter falado mais vezes, na segunda sessão.

Os três tinham realizado a tarefa: pensaram no que *não* queriam que mudasse. Contudo, suas idéias pareciam ter ido na direção oposta: pensaram a respeito do que queriam que *mudasse*. A segunda sessão produziu pouco ou nenhum aperfeiçoamento no enfoque ou no direcionamento para um objetivo, exceto que as queixas da sessão giraram em torno da hora do jantar. Parecia claro que a família respondera à imprecisão marcante da primeira sessão e à sugestão entremeada. A equipe decidiu que uma tarefa exigindo um comportamento em torno da hora do jantar poderia trazer mais informações a respeito da maneira de cooperar da família Jones.

Transmissão da Mensagem

de Shazer: Ficamos todos impressionados com a habilidade de todos vocês para pensar claramente e não só pensar claramente, como ainda pôr tais pensamentos em palavras. Uma grande quantidade de pessoas com as quais trabalhamos não consegue chegar nem perto do belo modo como vocês três parecem conseguir proceder. Por isso, nossa imagem do que está acontecendo está ficando mais nítida.

Agora, o que gostaríamos que vocês fizessem daqui até a próxima vez em que nos reunirmos. Nós gostaríamos que cada um de vocês — os três — fizessem *alguma coisa diferente*, uma vez por semana, tanto antes, quanto durante a hora do jantar. Só a título de experimento, para ver o que acontece.

Os três concordaram, depois que o sr. Jones repetiu a tarefa.

Esforço de Estudo

A equipe previu que a família Jones retornaria e que teria encontrado alguma outra forma de reagir ao experimento que não ignorá-lo. A equipe previu que o relato da resposta seria vago e que os dados estariam entremeados em outros contextos. A equipe não esperava que a mudança na distribuição do palavreado continuasse até a próxima sessão.

3.ª sessão

O sr. Jones e Robert declararam que os dois não tinham ·sido capazes de pensar em nada diferente para fazer antes ou durante a hora do jantar. A sra. Jones decidiu imediatamente, após a última sessão, chamar Robert apenas uma vez, para jantar, e ficou firme neste procedimento, ao longo de toda a semana. Apesar de o sr. Jones dizer que não tinha pensado em coisa alguma diferente para fazer, não tinha chamado Robert para jantar a semana toda. Apesar de seus protestos em contrário, Robert apareceu para jantar após ter sido chamado apenas uma vez e não se atrasou para nenhum dos jantares.

Durante a sessão, o sr. Jones queixou-se de voltar para casa para a "mesma e antiga situação, um dia após o outro". Todo dia ele voltava para casa para ouvir mais queixas a respeito de Robert e para encontrar outras novidades a respeito das quais se queixar.

Robert tinha sido detido pelo inspetor por ter chegado atrasado à escola. Tinha conseguido controlar seu temperamento, com a ajuda dos profissionais da escola e assim tinha conseguido discutir sua situação sem o envolvimento da mãe.

Como de hábito, a informação específica estava enterrada numa pilha de outras informações, e o líder precisou valer-se de um criterioso questionamento para eliciar as respostas à tarefa.

Pausa para Deliberação

A resposta veio relatada de uma forma que condizia com a idéia que a equipe fazia da forma de cooperar daquela família. Este método de relatar, entremeando dados com outras informações e as negativas, podem ser consideradas razoáveis para uma família que deseja mudar tudo. Qualquer coisa menos que tudo é encarada como insignificante. Um outro ponto pareceu significativo para a equipe: a tarefa pedira que alguma coisa diferente fosse feita *só uma vez* e todos os três familiares tinham levado a incumbência ao extremo de fazer a mesma coisa "diferente" todos os dias. A equipe se questionou se essa exageração não seria também uma outra parte do padrão familiar, coadunante com a idéia de "mudar tudo".

Ao longo da sessão, a equipe criou uma intervenção ou mensagem escrita. A equipe pensou que a família Jones responderia com mensagens imprecisas que seguissem ao padrão de mudarem, desde que negassem a mudança. Usando a técnica de entremear, a equipe pôde continuar cooperando com a forma de cooperar demonstrada pela família Jones, e a equipe pôde ser isomórfica informando-a de como mudar, dentro de um contexto mais amplo em que se lhe dizia que não mudassem. Deste modo, a mensagem da equipe se enquadraria nos padrões da família e no seu modo de cooperar, porque a mensagem total seria vaga mas incluiria efetivamente informação, enterrada num monte de outras palavras. As sugestões entremeadas no contexto serão *grifadas* e as pausas serão indicadas (por tipo gráfico diferente). As cópias distribuídas à família Jones não incluíam estas "Instruções de palco".

A equipe decidiu também elaborar um cumprimento em torno da dificuldade sentida pelos pais para chegarem em casa e em torno do modo como o rapaz solucionara o incidente com o inspetor. Cada uma destas informações foi evidentemente descrita de um ângulo diferente.

Transmisão da Mensagem

de Shazer: Estamos surpresos que — uma vez que vocês sabem para o que estão indo — estejam ainda dispostos a voltar para casa. A maioria das pessoas provavelmente daria uma paradinha comprida num bar.

sra. Jones: Nós não bebemos, mas eu também pensei em dar uma escapada.

de Shazer: E ficamos espantados, sra. Jones, de você não tê-lo encontrado num bar. E estamos também surpreendidos com você (Robert) por ter lidado com o episódio dos tiras tão bem. Lembro-me de ter tido a sua idade e de ter me sentido violentado pelos tiras, e acho que eu teria perdido meu controle.

Pensamos muito a respeito da situação de vocês e vou ler para vocês nossas idéias.

Sabemos que vocês gostariam que (*pausa*) *Sra. Jones, para de azucrinar,* e (*pausa*) *pare de amolar Bob* (*pausa*) mas não achamos que seria uma idéia sensata exatamente agora porque vocês precisam continuar tentando ensinar Bob a ser responsável por si mesmo (*pausa*) e esta é a melhor maneira, se a encontrarem. Se fosse possível que (*pausa*) *Sra. Jones, pare de insistir,* neste minuto, isso poderia desequilibrar as forças dentro de sua família, de alguma forma.

E nós sabemos que existem oportunidades nas quais você gostaria (*pausa*) *sr. Jones torne-se Al Capone* (*pausa*) mas nosso medo é que, no caso de você fazer isso, então o equilíbrio de sua família seria prejudicado. Nem sua esposa, nem seu filho o apreciariam. E nossa opinião é que você precisa continuar *agindo* com o tipo "silencioso forte" porque nem Bob nem sua esposa gostarão que você faça a maior parte da amolação ou se fosse (*pausa*) *sr. Jones, torne-se freqüentemente Al Capone.*

Entendemos que você se sairia melhor se fosse (*pausa*) *Bob tenha uma melhor conduta* (*pausa*) *pare de xingar as pessoas* (*pausa*) *e Bob pare de resmungar para si mesmo.* Mas os adolescentes — como você — precisam se revoltar de alguma maneira, como sendo difícil se levantarem de manhã. Seria mais fácil tocar a própria vida se (*pausa*) *Bob, levante-se ao ser chamado* (*pausa*) *e continua* (*pausa*) *venha jantar quando chamado,* mas quando sua mãe e seu pai puderem se perguntar qual será a próxima que você irá aprontar. Achamos que neste momento você está lhes causando mais do que as necessárias preocupações sem que isso precise crescer ainda mais (*pausa*) *levantando-se rapidamente de manhã cedo* e (*pausa*) *vindo rapidamente para a mesa.*

Portanto, neste momento, acho que devemos ser muito, muito cautelosos a respeito de mudar as coisas: mudar muito, muito devagar. Gostaríamos que levassem exemplares e pensassem a respeito disso, lendo-o mais uma ou duas vezes daqui até a próxima sessão.

Esforço de Estudo

Observou-se a sra. Jones, por diversas vezes, assentir com a cabeça durante sua parte da mensagem, principalmente no finalzinho, quando a equipe utilizou a frase "desequilibrar as forças dentro de sua família". Tanto o sr. quanto a sra. Jones concordaram com acenos de cabeça e com sorrisos à sugestão de que o sr. Jones praticasse a maior parte da amolação. Durante toda a parte relativa ao pai, Bob mostrava-se visivelmente contorcido, em especial nas duas menções ao "Al Capone". Bob assentiu de cabeça com as três sugestões dadas na primeira sentença de sua parte e, novamente, nas repetições. Tanto a mãe quanto o pai concordaram com a cabeça durante o trecho de Robert.

A equipe achava que as sugestões entremeadas seriam eficientes devido ao isomorfismo entre a mensagem e os padrões da família, de acordo com a descrição destes efetuada pela equipe. A mensagem elaborada à base da técnica entremeada deveria ser familiar e, portanto, esta mensagem mostra que a equipe está cooperando com a maneira de cooperar demonstrada pela família.

Cada uma destas três sugestões era destinada a queixas que a família mencionara nas três sessões. A equipe predisse que a família Jones relataria algumas modificações na queixa da manhã, na do jantar e na amolação. A equipe também predisse que o sr.

Jones agiria mais energicamente, a respeito de alguma coisa, durante o intervalo.

Uma vez que o objetivo era "mudar tudo", a equipe teria que, em última instância, decidir quando interromper a terapia. Se esta intervenção tivesse êxito na alteração de áreas de queixa, então essas mudanças poderiam ser sinais suficentes de progresso.

4.ª sessão

Durante as duas semanas, Robert só teve que ser chamado uma vez pela manhã e, durante três dias, estava em pé antes de ser chamado. Todos os dias, ele fez sua cama. Exceto um dia de todo esse período, continuou sendo necessário chamar Robert apenas para o jantar. A mãe verificou que estava azucrinando menos.

Uma noite da semana letiva, Bob pediu permissão especial para sair com seus amigos e para ficar fora até bem mais tarde do que seus pais em geral lhe permitiriam. Antes, era comum que Robert os convencesse a dar-lhe permissão ou conseguisse dividi-los, saindo sem permissão. Desta feita, seus pais "ficaram um do lado do outro" e não consentiram em serem convencidos ou divididos. Robert ficou em casa apesar de resmungar e esbravejar.

Um dia, o pai reclamou que Bob estava ouvindo música alto demais, depois de ter agüentado por duas horas. Bob recusou-se a abaixar o volume ou a desligar. Sam bateu em Bob pela primeira vez em anos e, logo depois, a música tinha acabado. Os pais consideraram este incidente como um fracasso uma vez que Bob não tinha atendido imediatamente ao pedido; o pai não vinculou seus tapas em Bob com o resultado. Contudo, isto não era o que preocupava os Jones, na ocasião.

A maior parte da quarta sessão foi dedicada ao desejo de Bob de ter uma espingardinha de chumbo. Seu pai estava determinado a ficar firme contra esse desejo, porque tanto ele quanto a esposa estavam preocupados com a possibilidade de ele usar a arma inadequadamente. Robert tinha certeza de que conseguiria convencer seu pai a mudar de idéia dentro de uma hora e meia. A sra. Jones relatou que este era o modo como as coisas geralmente aconteciam: no final, Bob convenceria o pai, ou a mãe. Estes dois então uniriam as forças para convencer o pai.

Pausa para Deliberação

A discussão sobre a espingardinha de chumbo foi o primeiro relato nítido de um padrão específico que envolvia os três membros da família. Todos concordaram que essa história provavelmente se repetiria, e a equipe considerou isto como um padrão central à situação. Portanto, a equipe decidiu tentar modificar o resultado deste padrão. De acordo com o estilo da família, a terceira alternativa seria sugerida no meio das duas que a família predissera.

Transmissão da Mensagem

de Shazer: Bem, ficamos todos realmente surpresos e contentes com sua determinação de proteger Bob no domingo (incidente com a música) e não e não se tornar realmente um Al Capone, apesar de que uma parte de você sentiu uma vontade enorme de fazê-lo.

E ficamos surpresos de você, sra. Jones, ter conseguido ficar de fora disso tudo tão bem, como parece que fez. Isso foi realmente muito bom.

Ficamos satisfeitos de saber que você (Bob) limpou toda a bicicleta de seu pai e a sua, sem que ninguém lhe pedisse para fazê-lo.

Agora temos uma liçãozinha de casa para vocês: em algum momento entre hoje e a próxima vez que nos encontrarmos, Bob e Pai, que você Bob gaste uma hora e meia tentando convencer seu Pai a comprar-lhe essa arma. Enquanto eles estiverem nessa conversa, sugerimos que a sra. Jones saia para uma voltinha ou qualquer outra coisa: deixe que os dois se entendam.

Bem, fizemos uma aposta. Estamos divididos por igual a esse respeito, portanto não sei. (*Pausa*) Alguns de nós apostam que você (sr. Jones) vai ceder. E os outros pensam que você não vai ceder. A terceira aposta é que você (sra. Jones) irá ajudar Bob a convencer o pai. Portanto, saberemos quem ganhou da próxima vez que nos virmos.

Esforço de Estudo

Neste momento, a equipe previu que a parte Al Capone do pai estava forte o suficiente para escolher a alternativa nova: não ceder. As duas outras alternativas eram os resultados previstos pela família. Ao enunciar as três opções, a equipe estaria cooperando com qualquer resposta que a família pudesse mencionar.

Comentário. É interessante observar que a família pareceu tornar-se mais específica nesta sessão. A equipe tem que assumir que a intervenção da última sessão está vinculada a esta mudança assim como às mudanças na queixa da manhã, na do jantar, e na amolação. Reagindo a tais alterações dentro da família, a equipe acompanha sua evolução e dá-lhe uma tarefa concreta para realizar. Ou seja, quando o relato de resposta feito pela família indicar uma resposta concreta a uma tarefa vaga, então a equipe mudará para um tipo mais concreto de pista. A circularidade do esquema de decisão (Capítulo 4) tem a intenção de orientar a equipe, nesta troca.

Uma vez que a estrutura da intervenção é orientada pelos conceitos correlatos de cooperação e isomorfismo, esta troca pode ser também descrita como um método de averiguação de que a intervenção está elaborada isomorficamente. Ao sugerir que a família prossiga com seu padrão costumeiro e tenha um resultado novo, a equipe está usando o novo resultado para criar um ângulo diferente. Assim, Bob poderá pensar que seu pai não será convencido a respeito da arma; e o pai pensará que não tem que se permitir ser convencido a comprá-la; e a mãe poderá achar que o pai não será convencido a realizar tal compra. Poderá emergir um novo padrão.

5.ª sessão

(A sra. Jones telefonou antes da sessão para comentar que estava passando mal e que estava em dúvida se estaria certo se apenas Bob e seu pai viessem à sessão.)

O sr. Jones não cedera à compra da arma e Robert nem estava mais tão certo de querer a tal espingardinha. Portanto, não gastara tempo algum tentando convencer o pai nesse sentido. O sr. Jones estava seguro de que não seria demovido de sua idéia original.

As mudanças já efetuadas quanto à queixa da manhã, do jantar e da amolação permaneciam firmes, e isso já durava três semanas, intervalo desde a 4.ª sessão.

O líder ficou interessado em saber o que os pais encontrariam para se preocupar, depois disso. O sr. Jones forneceu a resposta: escola. O sr. Jones e Robert passaram a maior parte da sessão falando a respeito do que estava acontecendo na escola. O sr. Jones apresentou suas opiniões de maneira muito firme.

Pausa para Deliberação

Dada a preocupação da sra. Jones a respeito de segredos, a equipe assumiu sua mudança de tática, enviando o marido e o filho, como sinal de progresso e confirmação de que suas percepções estavam se modificando e, por isso, ela podia comportar-se de modo diverso.

Frente à mensagem escrita anterior ter aparentemente sido tão eficaz e frente também ao fato de a sra. Jones preocupar-se com segredos, a equipe preparou outra mensagem.

Transmissão da Mensagem

de Shazer: Fizemos a mesma coisa de novo. Pensamos em todas as coisas e temos outra mensagem para vocês.

Enquanto pensávamos e revíamos nosso último encontro, ficamos preocupados com várias coisas: (1) Bob, ficamos preocupados com você se levantar depois de ter sido chamado só uma vez, durante duas semanas inteiras, e agora já são cinco semanas, porque nós não pensamos que você — seus pais — precisam da preocupação-extra do que você irá aprontar em seguida. Pela mesma razão, nos preocupamos com vocês — pais dele — terem que chamá-lo só uma vez para jantar, todo dia. (2) Ficamos estupefatos com seu trabalho de equipe, quando uniram esforços para não dar a Bob a permissão especial naquela noite. Como Bob, estamos preocupados de vocês dois virarem Bonnie e Clyde — que ficaram famosos por terem trabalhado muito bem em equipe. Não achamos que vocês dois — *Mãe, Pai* — devam (*pausa*) *se tornar Bonnie e Clyde* — porque isso mudaria as coisas rápido demais e realmente poderia transtornar o equilíbrio de sua família. (3) Achamos que o fato de você xingar e resmungar baixinho provavelmente é uma boa idéia agora porque ajuda *Bobby, controle seus nervos.* Se você — *Bobby, pare de xingar e de resmungar baixinho* — provavelmente você vai se descontrolar mais freqüentemente.

Temos cópias desta mensagem para vocês.

Esforço de Estudo

A equipe previu que haveria mais trabalho de equipe e ···cnos xingos/resmungos, bem como continuariam estáveis as mudanças anteriores.

A equipe decidiu retomar a técnica imprecisa entremeada porque o relato da tarefa anterior foi impreciso. Apesar de o sr. Jones ainda não ter sido convencido quanto à questão da arma, Bobby ainda não experimentara de verdade convencê-lo. Porém, a equipe podia ter descrito esta intervenção como bem-sucedida pois o comportamento de Bob podia ser uma indicação de que ele tinha noção de que seu pai não seria convencido a comprar-lhe a espingardinha de chumbo. A equipe predisse que Bob renovaria seus esforços para convencer o pai a comprar-lhe a arma. A intervenção anterior tinha tido êxito, no sentido em que qualquer intervenção tem êxito, agindo apenas no intervalo das sessões: o pai realmente não se permitira ser convencido a comprar a arma.

6.ª sessão

Bob recebeu um "B" em quatro matérias; recebeu "B" de comportamento em todas as aulas, exceto em uma em que recebeu um "A".

de Shazer: Acredito, mas não entendo. Isto poderá ser realmente um problema. Agora eles esperarão que você tire "As" e "Bs" o tempo todo. Isto poderia realmente desestabilizar o equilíbrio.

O líder sugeriu que o boletim de notas seja "a coisa" que realmente desestabiliza o equilíbrio. O pai concordou que o choque do boletim de notas de Bob poderá desestabilizar o equilíbrio desfavoravelmente, apesar de ele ter concordado também com a sra. Jones de que era possível uma mudança favorável. A família relatou modificações estáveis, incluindo menos xingamentos e resmungos.

O sr. Jones estava em dúvidas quanto ao modo como iríamos acertar nossas apostas, porque o resultado não tinha sido nenhuma das opções apostadas. Bob conseguira uma maneira de ganhar a espingardinha de chumbo de um de seus tios. O sr. e a sra. Jones ficaram transtornados para unirem-se e produziram regras específicas. Se Bob violasse qualquer uma delas, mesmo uma só vez, então perderia a arma.

Pausa para Deliberação

A equipe considerou este resultado como uma outra resposta vaga. Bobby pareceu convicto de que não conseguiria mudar a idéia de seu pai a respeito de comprar-lhe a arma, por isso arranjou outro jeito. Por outro lado, a mãe e o pai estavam sendo estritos e estipularam regras firmes e concretas quanto ao uso da arma.

O boletim de notas pareceu uma indicação significativa de que tinha ocorrido uma mudança de peso no sistema familiar. O comportamento escolar de Bob parecia indicar uma mudança em suas percepções e os pais (bem como a escola) precisavam responder a esta mudança.

Transmissão da Mensagem

de Shazer: Pensamos que vocês foram sensatos quando decidiram ir devagar no caso da arma, não fazendo da coisa uma situação difícil porque a tivessem jogado no rio, então isso teria alterado o equilíbrio na direção errada.

Uma coisa que nos impressionou, (sr. e sra. Jones) foi vocês terem continuado com o projeto maior de mudar o equilíbrio de sua família. E acho mesmo que vocês estiveram pensando muito a respeito disso. Mais uma vez advertimos vocês dos riscos de irem depressa demais.

Estamos, sem dúvida, impressionados que você (Robert) tenha sido tão esperto a ponto de esconder sua inteligência até agora e mais ainda nos espantamos pelo fato de você não ter tirado notas melhores em comportamento porque isso teria realmente sido muito difícil de manter.

Bem, nós sabemos que vocês dois (sr. e sra. Jones) estão interessados em mudar o equilíbrio numa direção favorável. Achamos que vocês dois devem conversar entre si a respeito disto, para decidir quando será o momento certo para fazê-lo de modo que não transtornem o equilíbrio num sentido desfavorável. Por exemplo, achamos que você corre o risco de usar inadequadamente a arma e achamos que devem, em seu plano, estabelecer qual será sua abordagem da questão. Sugerimos que vocês saiam para dar uma volta ou pelo menos certifiquem-se de que Bob não os estará ouvindo.

Esforço de Estudo

A equipe predisse que haveria mais trabalho em equipe e que Bob usaria inadequadamente a arma durante o intervalo de um mês. A equipe previu também que o sr. e a sra. Jones se manteriam firmes a respeito da questão da arma assim que Bob a usasse de modo inconveniente, e que as mudanças já efetuadas se manteriam.

7.ª sessão

de Shazer: Já se passaram diversas semanas desde que Bob tirou aqueles "Bs" e "As", de comportamento. De que jeito isso mudou as coisas? Ficamos muito preocupados com isso.

sra. Jones: Talvez eles o coloquem num tipo melhor de classe e cursos.

de Shazer: Portanto, isso poderá afetar o equilíbrio lá, na escola, ao invés de em casa?

sr. Jones: Nunca pensei nisso, mas essa é uma possibilidade real.

A sra. Jones passou à descrição do trabalho em equipe; comentou que Bob não usara a arma de modo errado, em nenhum momento, durante todo o mês. Ela não precisou aborrecê-lo e achava que Bob estava praguejando menos. As mudanças anteriores relatadas ainda estavam em funcionamento.

Pausa para Deliberação

A hipótese da equipe de que esta seria a última sessão foi confirmada. A família parecia estar se comportando diferentemente, e parecia estar lidando bem com estas diferenças.

A equipe decidiu terminar com mais algumas pistas. Era necessário lembrar à família Jones que desejavam "que nada ficasse o mesmo". Portanto, poderiam perceber as mudanças por ela descritas como não verdadeiramente significativas. Contudo, do ponto de vista da equipe, as mudanças foram significativas. Era necessário um tempo maior para verificar que as mudanças acabassem sendo encaradas como significativas tanto pelo sr. quanto pela sra. Jones.

Transmissão da Mensagem

de Shazer: Bem, estávamos todos pensando nisto e nos lembrando de quando vocês vieram aqui pela primeira vez, querendo que nada ficasse do mesmo jeito. O que é uma certa forma de "missão impossível". E, claro, Bob vai xingar e resmungar — a maioria dos moleques da idade dele faz isso — e achamos que isso o ajuda a controlar seus nervos mais vezes. E, enquanto ele continuar xingando e praguejando, vocês dois não correm o risco de terem de aprender como viver com um santo.

E você tem razão de pensar que eu fiquei muito chocado com suas notas. Todos ficamos. Tivemos medo de que isso fosse estragar as coisas em casa. Também poderia não estragar. O que poderá fazer é alterar as coisas na escola. Mas ainda não sabemos. Portanto, gostaríamos de sugerir neste momento que paremos hoje, e acompanhemos como acontecem as coisas. Informem-me se o equilíbrio em casa mudar de modo desfavorável. Poderíamos tê-los ajudado a mudar muitas coisas; temos só que esperar para ver. Talvez vejamos como estão as notas, da próxima vez.

Seguimento

Ao final de seis meses, a família ainda não tinha telefonado. Quando entramos em contato com a família, descobriu-se que as notas de Robert tinham se mantido altas durante mais dois períodos consecutivos de provas e que o rapaz ainda não usara indevidamente a arma. Tinham se mantido estáveis as mudanças feitas durante a terapia.

No início do ano letivo seguinte, Robert foi colocado numa classe mais adiantada e, de acordo com a psicóloga da escola, continuava se saindo bem. Tinha recebido "As" e "Bs" tanto pelo trabalho realizado quanto em conduta.

194

CAPÍTULO 9

Complexidade

Nos capítulos precedentes, foram usados vários instrumentos descritivos para explicar a teoria binocular da mudança e os métodos utilizados para pô-la em prática. As múltiplas explicações e descrições dos mesmos processos seguem a noção de Bateson de que duas (ou mais) descrições dos mesmos processos fornecem mais profundidade, uma espécie de "prêmio extra". Esperamos que este "prêmio" sejam algumas idéias úteis a respeito de terapia familiar e de processos de mudança.

Conforme evoluem as terapias com cada família, casal, ou pessoa, quaisquer mapas, ou melhor, todos os mapas, são úteis. Os mapas de equilíbrio teórico (Capítulo 6) ajudam o terapeuta a enfocar o direcionamento da terapia para objetivos. Somente com objetivos em mente é que o terapeuta e a família podem *saber* que a terapia foi bem-sucedida. Mesmo quando a família não conseguiu enfocar ou articular objetivos, o terapeuta deve ter alguns em sua mente para impedir que sua terapia se torne devaneio. Os dois exemplos de caso, no Capítulo 5 e o caso do Capítulo 8 são ilustrações de um método de terapia familiar breve empregado com subsistemas confusos ou com famílias confusas, incapazes de enfocar objetivos específicos e concretos.

O mapa de remodelagem (Capítulos 3 e 5) podem ajudar o terapeuta a descrever o que está se passando, de tal modo que seja possível o desenvolvimento de um ângulo diferente, visto como necessário à mudança. Apesar de esta técnica de mapeamento ser a "técnica de detrás do espelho básica", pode também ser usada para a descrição do início do processo de remodelagem-transformação (representado pelas linhas pontilhadas), que aparecem nos mapas de equilíbrio teórico. Apesar de os mapas *poderem* ser combinados deste modo, pensar sobre esta complexidade pode ser mais confuso do que esclarecedor. Contudo, na prática concreta da terapia familiar breve,

195

os aspectos da situação que foram descritos com tais instrumentos são simultâneos. No entanto, é necessário que se trace um limite metodológico em algum ponto, para que as descrições de um processo complexo sejam possíveis. É importante lembrar que estas duas técnicas de mapeamento não têm um relacionamento mutuamente exclusivo. Ao contrário, seu vínculo é mais do tipo "E". A separação é necessária à clareza da descrição.

Porém, isto não é o fim da complexidade. O esquema de decisão (Capítulo 4) pode ajudar o terapeuta a enfocar a natureza interativa presente do supra-sistema. O relato da resposta da família é uma comunicação sobre sua forma de cooperar. Quer dizer, numa terapia de mudança ou dirigida para objetivos, a seqüência de "intervenção — relato de resposta-intervenção — e assim por diante" informa o terapeuta a respeito de eficácia e utilidade. Sendo assim, este instrumento descritivo é também simultaneamente usado com os mapas de equilíbrio teórico, que descrevem o objetivo, e também com os mapas de remodelagem, que descrevem a família de um ângulo diferente. Mais uma vez, não é questão deste ou daquele mapa. Ao contrário: *os três mapas* servem, *combinados*, para orientar o esforço terapêutico.

Claro que pela mesma razão metodológica ou descritiva os conceitos correlatos de isomorfismo e cooperação foram separadamente apresentados. Os instrumentos de mapeamento, destinados a operacionalizar os conceitos, refletem a natureza "e" dos conceitos. Em cada mensagem descrita nos exemplos de caso, os dois conceitos podem ser vistos em atividade. O relacionamento entre os dois conceitos é do tipo "maior-menor", não do tipo "ou".

O processo de planejamento da intervenção pode ser descrito como primariamente orientado pelo conceito de isomorfismo, nos exemplos de caso dos Capítulos 5 e 8. Quer dizer, a forma exclusiva de uma família cooperar, tal como é demonstrada à equipe, não indica que as tarefas serão úteis na promoção da mudança. Sendo assim, a equipe confiará mais em suas descrições das crenças da família a seu próprio respeito (seus moldes), que então descreverá de um ângulo diferente, ao planejar suas intervenções.

Da mesma forma, quando a forma de cooperar que uma família demonstra à equipe inclui a realização de tarefas (direitos e objetivas, modificadas, opostas), então a equipe confiará mais no conceito de cooperação, para orientar o desenvolvimento das intervenções (vide casos nos Capítulos 4, 6 e 7). Mais uma vez, estes processos de mudança "orientados pela tarefa", bem como as intervenções, não estão isentos da ajuda do conceito de isomorfismo. A tarefa precisa ser elaborada à base da descrição isomórfica que a equipe faz da seqüência comportamental, e o cumprimento que precede a tarefa precisa ser suficientemente isomórfico para favorecer o surgimento do "conjunto sim".

Em síntese, o conceito de cooperação pode ser visto como orientador do processo de mudança norteado pelas tarefas. Nestas situações, a remodelagem constitui a notícia de uma diferença que torna possível o novo comportamento solicitado pela tarefa. O novo comportamento é mais enfocado porque a tarefa o exige e, sendo assim, é mais diretamente norteado por objetivos. O conceito de isomorfismo pode ser visto orientando "os processos de mudança norteados perceptualmente". Quer dizer, a remodelagem constitui a notícia de uma diferença e a prova comportamental disto — uma alteração no comportamento — é mais aleatória.

Os instrumentos descritivos, as técnicas de elaboração da intervenção, o método de transmissão de uma mensagem terapêutica (em duas partes: cumprimento e pista), são elementos todos que refletem a complexa natureza da visão ecossistêmica. As múltiplas descrições e explicações, em vários níveis, são necessárias quando se lida com sistemas circulares. Uma vez que o ecossistema é circular, o esquema conceitual também deve ser circular. A ênfase não pode ser forte demais; nenhuma destas descrições, explicações ou métodos devem ser entendidos como excludentes ou excluídos por nenhuma outra descrição, explicação ou método.

> Não há escapatória possível da paranóia dos relacionamentos e/ou para os "mais ou menos" dos relacionamentos e de um ecossistema racional, sem as mais fundamentais mudanças de valores de que possamos ter noção — e talvez mudanças ainda mais fundamentais do que as que podemos realmente conceber (71, p. 228).

Toda esta complexidade reflete a natureza dos sistemas ou ecossistemas, e a natureza multicausal das mudanças estruturais nestes sistemas. Uma vez que a mudança num certo relacionamento de um sistema afeta outros relacionamentos, e uma modificação num elemento de um sistema afeta os outros elementos, o método de promoção da mudança terapêutica é necessariamente complexo. Quando os vários níveis do sistema (cognitivo, comportamental etc.) também são encarados como "estando em comunicação", então fica clara a necessidade de conceitos correlatos como os de isomorfismo e cooperação. Os dois conceitos podem ser simultaneamente vistos em seus direcionamentos para níveis diferentes da organização sistêmica.

Deste modo, a teoria binocular da mudança, em sua aplicação no campo da terapia familiar breve, pode ser visualizada como viável à natureza dos sistemas, promovendo mudanças nestes, em níveis variados. Sistemicamente, quaisquer "efeitos" podem ter "causas" múltiplas e, sendo assim, a natureza sistêmica da teoria é evidente. Na realidade, a natureza ecossistêmica da teoria também é evidente porque os dois ângulos são criados pela descrição dos mesmos dados dos dois subsistemas (os padrões familiares).

Lei de Murphy: "Se algo corre o risco de dar errado, dará errado". Toda sessão de terapia, e toda seqüência de sessões, de terapia com uma determinada família, pode ser entendida como experimento de muitas variáveis desconhecidas e incognoscíveis. Principalmente, quando o intervalo entre as sessões é incluído na descrição, a dificuldade de se saber se a terapia é eficaz torna-se imensa. Um modelo terapêutico precisa ser capaz de fazer conceitualmente as interligações entre as intervenções e as mudanças, senão toda a situação fica sem sentido. Um modelo em especial só pode guiar o terapeuta ao longo do que parecem ter sido trilhas úteis neste labirinto de complexidade que são os ecossistemas. Sem dúvida, a equipe terapêutica nem sempre teve êxito em sua tentativa de ajudar famílias a resolverem seus quebra-cabeças ou a mudar. A lei de Murphy *sempre* age, independente do quão viáveis sejam os procedimentos em questão.

Uma vez que a terapia familiar breve tem poderosas raízes num modelo terapêutico que se vale de tarefas para promover as mudanças, o esquema de decisão foi criado para uso pela equipe quando as tarefas "experimentadas e comprovadas" não promovem mudança numa situação determinada. Essencialmente, o esquema de decisão é uma tentativa de usar a lei de Murphy em benefício da família. Contudo, as coisas podem *parecer* ir mal (como as primeiras três sessões do protótipo do Capítulo 5), o que pode conduzir ao aprendizado de algo novo e válido. Portanto, o "experimentador" ou terapeuta não precisa se preocupar: "Se diversas coisas que deveriam dar errado não deram errado, teria sido em todo caso benéfico para elas que tivessem dado errado".

Referências Bibliográficas

1. Andolfi, M. *Family therapy: An interactional approach.* Nova York: Plenum, 1979.

2. Bandler, R., & Grinder, J. *Patterns of the hypnotic techniques of Milton H. Erickson, M.D.* Cupertino, Calif.: Meta, 1975.

3. Bandler, R., & Grinder, J. *The structure of magic.* Palo Alto: Science & Behavior Books, 1975.

4. Bateson, G., & Ruesch, J. *Communication: The social matrix of psychiatry.* Nova York: Norton, 1951.

5. Bateson, G., Jackson, D. D., Haley, J., & Weakland, J. Toward a theory of schizophrenia. *Behavioral Science, 1*:251-264, 1956.

6. Bateson, G., Jackson, D. D., Haley, J., & Weakland, J. A note on the double bind — 1962. *Family Process 2*:154-161, 1963.

7. Bateson, G. *Steps to an ecology of mind.* Nova York: Ballantine, 1972.

8. Bateson, G. The birth of a matrix of double bind and epistemology. *In* M. Berger (org.), *Beyond the double bind.* Nova York: Brunner/Mazel, 1978.

9. Bateson, G. *Mind and nature.* Nova York: Dutton, 1979.

10. Beahrs, J. Integrating Erickson's approach. *American Journal of Clinical Hypnosis 21*:55-68, 1977.

11. Boyd, J., Covington, T., Stanaszek, W., & Coussons, J. Drug defaulting. Part 1: Determinants of compliance. *American Journal of Hospital Pharmacology 31*:363-67, 1974.

12. Buckley, W. *Sociology and modern systems theory,* Englewood Cliffs, N. J.: Prentice-Hall, 1967.

13. Capra, F. *The Tao of physics.* Nova York: Bantam, 1977. (Existe edição brasileira.)

14. Cartwright, D., & Harary, F. Structural balance: A generalization of Heider's theory. *Psychological Review 63*:277-293, 1956.

15. Coyne, J., & Segel, L. A brief, strategic interactional approach to psychotherapy. *In* J. Anchin & D. Kiesler (orgs.), *Handbook of interpersonal psychotherapy.* Nova York: Pergamon, 1980.

16. Dell, P. *Beyond homeostasis: Toward a concept of coherence.* Original não publicado, 1980.

17. Dell, P. Some irreverent thoughts on paradox. *Family Process 20*:37-42, 1981.

18. de Shazer, S. The confusion technique. *Family Therapy*: 2:23-30, 1975.

19. de Shazer, S. Brief therapy: Two's company. *Family Process 14*:79-93, 1975.

20. de Shazer, S. Brief therapy with couples. *International Journal of Family Counseling 6*:17-30, 1978.

21. de Shazer, S. On transforming symptoms: An approach to an Erickson procedure. *American Journal of Clinical Hypnosis 22*:17-28, 1979.

22. de Shazer, S. Brief therapy with families. *American Journal of Family Therapy 7*:83-95, 1979.

23. de Shazer, S. Investigation of indirect symbolic suggestions. *American Journal of Clinical Hypnosis 23*:10-15, 1980.

24. de Shazer, S. Brief family therapy: A metaphorical task. *Journal of Marital and Family Therapy 6*:471-476, 1980.

25. Dunlap, K. A revision of the fundamental law of habit formation. *Science 67*:360-362, 1928.

26. Erickson, M. H. Hypnotic approaches to therapy. *American Journal of Clinical Hypnosis 20*:24-35, 1977.

27. Erickson, M. H., & Rossi, E. *Hypnotherapy: An exploratory casebook.* Nova York: Irvington, 1979.

28. Erickson, M. H., Rossi, E., & Rossi, S. *Hypnotic realities.* Nova York: Irvington, 1976.

29. Frankl, V. *The doctor and the soul.* Nova York: Knopf, 1957.

30. Frankl, V. Paradoxical intention. *American Journal of Psychotherapy 14*:520-535, 1960.

31. Goffman, *Frame analysis.* Nova York: Harper, 1974.

32. Haley, J. An interactional explanation of hypnosis. *In* D. D. Jackson (org.), *Therapy, communication and change.* P 1 Alto: Science & Behavior Books, 1968.

33. Haley, J. The family of the schizophrenic: A model system. *Journal of Nervous and Mental Disease 129*:357-373, 1959.

34. Haley, J. *Strategies of psychotherapy.* Nova York: Grune & Stratton, 1963.

35. Haley, J. (org.). *Advanced techniques of hypnosis and therapy: Selected papers of Milton H. Erickson, M.D.* Nova York: Grune & Stratton, 1967.

36. Haley, J., & Hoffman. L. *Techniques of family therapy.* Nova York: Basic Books. 1967.

37. Haley, J. *Uncommon therapy: The psichiatry techniques of Milton H. Erickson, M.D.* Nova York: Norton, 1973.

38. Haley, J. *Problem-solving therapy.* San Francisco: Jossey- Bass, 1976.

39. Haley, J. Ideas which handicap therapist. *In* M. Berger (org.), *Beyond the double bind*. Nova York: Brunner/Mazel, 1978.

40. Haley, J. *Leaving home*. Nova York: McGraw-Hill, 1979.

41. Heider, F. Attitudes and cognitive organization. *Journal of Psychology* 21:107-112, 1946.

42. Hoffman, L. Deviation-amplifying processes in natural groups. *In* J. Haley (org.), *Changing families*. Nova York: Grune & Stratton, 1971.

43. Hofstadter, D. *Godel, Escher, Bach: An aeternal golden braid*. Nova York: Basic Books, 1979.

44. Jackson, D. D. The question of family homeostasis. *Psychiatric Quarterly* 31:79-90, 1957.

45. Jackson, D. D., & Weakland, J. Conjoint family therapy: Some considerations on theory, techniques and results. *Psychiatry* 24:30-45, 1961.

46. Jackson, D. D. A suggestion for the technical ahndling of paranoid patients. *Psychiatry* 26:306-307, 1963.

47. Keeney, B. Ecosystemic epistemology: An alternativa paradigm for diagnosis. *Family Process* 18:117-129, 1979.

48. Maruyama, M. The second cybernetics: Deviation-amplifying mutual casual processes. *American Scientist* 5:164-179, 1963.

49. Minuchin, S. *Families and family therapy*. Harvard University Press, 1974.

50. Montalvo, B. Aspects of the liver supervision. *Family Process* 12:343-359, 1972.

51. Papp, P. The family that had all the answers. *In* P. Papp (org.). *Family therapy: Full-length case studies*. Nova York: Gardner, 1977.

52. Rabkin, R. *Strategic psychotherapy*. Nova York: Basic Books, 1977.

53. Schflen, A. Communicational concepts of schizophrenia. *In* M. Berger (org.), *Beyond the dou;le bind*. Nova York: Brunner/Mazel, 1978.

54. Selvini-Palazzoli. M., Boscolo, L., Cechchin, G., & Prata, G. The treatment of children through the brief therapy of the parentes. *Family Process* 13: 429-442, 1974.

55. Selvini-Palazzoli, M., *Self-starvation*. Nova York, Aronson, 1978.

56. Selvini-Palazzoli, M., Boscolo, L., Cecchin, G., & Prata, G. *Paradox and counterparadox*. Nova York: Aronson, 1973.

57. Selvini-Palazzoli, M., Boscolo, L., Cecchin, G., & Prata, G. A ritualized prescription in family therapy. *Journal of Marriage and Family Counseling* 4: 3-9, 1978.

58. Soper, P., & L'Abate, L. Paradox as a therapeutic technique. *International Journal of Family Counseling* 5: 10-21, 1977.

59. Speer, D. C. Family systems: Morphostasis and morphogenesis, Or "is homeostasis enough?". *Family Process* 9: 259-278, 1970.

60. Spencer-Brown, G. *Laws of form*. Nova York: Dutton, 1979.

61. Watts, A. *Psychotherapy East and West*. Nova York: Vintage, 1961.

62. Watzlawick, P., Beavin, J., & Jackson, D. D. *Pragmatics of human communication*. Nova York: Norton, 1967.

63. Watzlawick, P. A review of the double bind theory. *In* D. D. Jackson (org.), *Communication, family and marriage*. Palo Alto: Science & Behavior Books, 1968.

64. Watzlawick, P., Weakland, J., & Fisch R. *Change*. Nova York: Norton, 1974.

65. Watzlawick, P., & Coyne, J. Depression following stroke: Brief, problem-focused family treatment. *Family Process 19:* 13-18, 1980.

66. Weakland, J. The "double bind theory" by self-reflexive hindsight. *Family Process 13:* 259-277, 1974.

67. Weakland, J., Fisch, R., Watzlawick, P., & Bodin, A. Brief therapy: Focused problem resolution. *Family Process 13:* 141-168, 1974.

68. Weeks, G., & L'Abate, L. A bibliography of paradoxical methods. *Family Process 17:* 95-98, 1973.

69. Weeks, G., & L'Abate, L. A compilation of paradoxical methods. *American Journal of Family Therapy 7:* 61-76, 1979.

70. Wildon, A. *System and structure*. Londres: Tavistock, 1972.

71. Wildon, A., *System and structure* (2.ª ed.). Londres: Tavistock, 1980.

NOVAS BUSCAS EM PSICOTERAPIA
VOLUMES PUBLICADOS

1 — *Tornar-se presente* — John O. Stevens. Mais de uma centena de experimentos de crescimento pessoal; baseados em Gestalt-terapia, a serem realizados individualmente ou em grupos com a participação de um coordenador.

2 — *Gestalt-terapia explicada* — Frederick S. Perls. Palestras e sessões de Gestalt-terapia, dirigidas por Perls, constituem a melhor maneira de entrar em contato com a força e a originalidade de sua criação. Transcrições literais de uma linguagem falada, cheia de vigor e de expressões coloquiais.

3 — *Isto é Gestalt* — Coletânea de artigos que representam a expressão mais autêntica do desenvolvimento atual da Gestalt-terapia. "Cada um de nós tem áreas de experiência humana onde vemos claramente e movimentamo-nos mais facilmente, e outras onde ainda estamos confusos."

4 — *O corpo em terapia* — Alexander Lowen. O autor expõe os fundamentos da bioenergética. Discípulo de Reich, retoma e expande as formas pelas quais o desenvolvimento do homem é tolhido pela estruturação errônea de hábitos mentais e motores. Pontilhado de exemplos clínicos, esclarece a teoria formulada pela abordagem bioenergética.

5 — *Consciência pelo movimento* — Moshe Feldenkrais. Feldenkrais, com pouca teoria, fundamenta como se forma, como se desenvolve e como se pode melhorar a percepção de si e a estrutura motora da imagem corporal.

6 — *Não apresse o rio (Ele corre sozinho)* — Barry Stevens. Um relato a respeito do uso que a autora faz da Gestalt-terapia e dos caminhos do zen, Krishnamurti e índios americanos para aprofundar e expandir a experiência pessoal e o trabalho através das dificuldades.

7 — *Escarafunchando Fritz — Dentro e fora da lata de lixo* — Frederick S. Perls. Parte em forma poética, muitas vezes divertido, às vezes teórico, o livro é um mosaico multifacetado de memórias e reflexões sobre a sua vida e sobre as origens e evolução da Gestalt-terapia.

8 — *Caso Nora* — Moshe Feldenkrais. Relato de como o autor conseguiu a recuperação de Nora, paciente com mais de 60 anos, e que, devido a um derrame, ficou incapacitada de ler, de escrever etc. A teoria da consciência corporal aqui se manifesta em sua plenitude, com seus êxitos e tropeços.

9 — *Na noite passada eu sonhei...* — Medard Boss. Após o estudo de inúmeros sonhos, Boss mostra que não existe ruptura entre o modo de ser no sonhar e o modo de ser na vigília. Boss aponta em que medida a compreensão dos sonhos pode trazer benefícios terapêuticos.

10 — *Expansão e recolhimento* — Al Chung-liang Huang. A essência do t'ai chi, entendido como o princípio mais sutil do taoísmo, isto é, wu-wei, a "não ação". É a aprendizagem do mover-se com o vento e a água, sem violência, não só nos exercícios, mas também no cotidiano.

11 — *O corpo traído* — Alexander Lowen. Através de uma minuciosa análise, o consagrado autor aborda o complexo problema da esquizofrenia, das realidades e necessidades de nosso próprio corpo, mostrando como chegamos a uma plena e gratificante união corpo-mente.

12 — *Descobrindo crianças* — Violet Oaklander. A abordagem gestáltica com crianças e adolescentes. A autora desenvolve um estudo sério sobre o crescimento infantil, empregando métodos altamente originais e flexíveis.

13 — *O labirinto humano* — Elsworth F. Baker. O livro apresenta a teoria reichiana segundo a qual o caráter humano está baseado no movimento e na interrupção do movimento da energia sexual. Discípulo de Reich, o autor analisa profundamente as causas e os efeitos de tais bloqueios emocionais.

14 — *O psicodrama* — Dalmiro M. Bustos. Livro que permite aprender aspectos técnicos de grande utilidade para o psicodramatista, além de dar uma visão global das diferentes aplicações das técnicas dramáticas.

15 — *Bioenergética* — Alexander Lowen — Através de estudos baseados nas teorias de Reich sobre os variados processos de formação da couraça muscular, o autor analisa diversos tipos de comportamento e propõe exercícios que buscam alcançar a harmonia com o Universo através de movimentos corporais.

16 — *Os sonhos e o desenvolvimento da personalidade* — Ernest Lawrence Rossi. Este livro apresenta os sonhos e a imaginação como processos criativos que conduzem a novas dimensões de consciência, personalidade e comportamento. Através da análise dos sonhos, o autor mostra como podemos ascender a níveis superiores de consciência, amor e individualidade.

17 — *Sapos em príncipes — Programação neurolingüística* — Richard Bandler e John Grinder. A programação neurolingüística é um novo modelo de comunicação humana e comportamento. Trata-se de uma técnica minuciosa, que torna possíveis mudanças muito rápidas e suaves de comportamento e sentimentos, em qualquer contexto.

18 — *As psicoterapias hoje* — Org. Ieda Porchat. Um grupo de autores nacionais aborda com clareza e atualidade algumas das técnicas psicoterapêuticas empregadas correntemente, situando-as no contexto geral das terapias.

19 — *O corpo em depressão* — Alexander Lowen. A perda da fé, a dissociação entre o corpo e o espírito, entre o homem e a natureza, a agitação da vida moderna, estão entre as principais razões para a depressão que tantas vezes nos oprime. Neste livro Lowen aponta o caminho para a redescoberta de nosso equilíbrio.

20 — *Fundamentos do psicodrama* — J. Moreno. Mediante um amplo debate com famosos psicoterapeutas, Moreno expõe sua teoria e aborda a transferência, tele, psicoterapia de grupo, espontaneidade e outros temas vitais.

21 — *Atravessando — Passagens em psicoterapia* — Richard Bandler e John Grinder. Neste livro de programação neurolingüística, enfatiza-se principalmente a formação dos estados de transe e a rica fenomenologia da hipnose. Livro rico em técnicas fortemente ativas e utilizáveis por terapeutas de linhas diversas.

22 — *Gestalt e grupos* — Therese A. Tellegen — Esta é a primeira exposição histórico-crítica, entre nós, da Gestalt-terapia. O livro, além dos gestalt-terapeutas, é útil para terapeutas de outras abordagens e demais interessados em grupos, desejosos de confrontar sua experiência com uma reflexão a nível teórico-prático.

23 — *A formação profissional do psicoterapeuta* — Elenir Rosa Golin Cardoso. Este livro mostra como se forma o psicoterapeuta, enfocando em especial sua figura idealizada. Através do *Sceno Test*, apresenta uma nova técnica de supervisão.

24 — *Gestalt-terapia: refazendo um caminho* — Jorge Ponciano Ribeiro. Uma tentativa teórica de explicar a Gestalt-terapia a partir das teorias que a fundamentam. De modo diferente e original, o autor une teoria e técnicas à prática da vivência em Gestalt-terapia.

25 — *Jung* — Elie G. Humbert. Livro de grande importância como análise da trajetória intelectual e humana do grande psicanalista, enriquecido por uma detalhada cronologia e bibliografia.

26 — *Ser terapeuta — Depoimentos* — Org. Ieda Porchat e Paulo Barros — Mediante entrevistas com psicoterapeutas, os organizadores trazem para os profissionais e estudantes um depoimento vivo e rico sobre a atividade do terapeuta.

27 — *Resignificando* — Richard Bandler e John Grinder. Mudando o significado de um evento, de um comportamento, mudamos as respostas e o comportamento das pessoas. Este livro completa a proposta da Programação Neurolingüística.

28 — *Ida Rolf fala sobre rolfing e a realidade física* — Org. Rosemary Feitis. Um instigante e esclarecedor encontro com a teoria do rolfing e os pensamentos da Dra. Ida Rolf, sua fundadora.

29 — *Terapia familiar breve* — Steve de Shazer. O autor descreve a teoria e a prática de um modo de atuar que desafia pressupostos básicos na terapia familiar, enfatizando a teoria da mudança.

30 — *Corpo virtual — Reflexões sobre a clínica psicoterápica* — Carlos R. Briganti. Este texto possibilita o despertar de novos conhecimentos e novas questões a respeito da complexidade humana associada ao corpo, com toda a sua potencialidade de transformação e de mudança.

31 — *Terapia familiar e de casal — Introdução às abordagens sistêmica e psicanalítica* — Vera L. Lamanno Calil. A riqueza de conceitos e de conhecimentos teóricos e práticos associados à terapia familiar e de casal, levou a autora a sistematizar nesta obra conceitos fundamentais.

32 — *Usando sua mente — As coisas que você não sabe que não sabe* — Richard Bandler. Este livro amplia o conhecimento sobre a Programação Neurolingüística, mostrando-nos como funciona esse método.

33 — *Wilhelm Reich e a orgonomia* — Ola Raknes. Neste livro, Ola Raknes trata do envolvimento gradual de Reich com a orgonomia através do desenvolvimento lógico de suas descobertas.

34 — *Tocar — O significado humano da pele* — Ashley Montagu. Este livro diz respeito à pele como órgão tátil, extensamente envolvido no crescimento e no desenvolvimento do organismo.

35 — *Vida e movimento* — Moshe Feldenkrais. Indispensável para aqueles que desejam aprofundar seu conhecimento com o trabalho de Feldenkrais, este livro propõe uma série de exercícios para ampliar a consciência pelo movimento.

36 — *O corpo revela — Um guia para a leitura corporal* — Ron Kurtz e Hector Prestera. Renomados terapeutas corporais, os autores escreveram um livro que possibilita a leitura da estrutura de nosso corpo, postura e psique. Um texto importante para nosso autoconhecimento e desenvolvimento.

37 — *Corpo sofrido e mal-amado — As experiências da mulher com o próprio corpo* — Lucy Penna. Uma reflexão sobre o corpo feminino na atualidade, em termos históricos e físico-psíquicos, sociais e terapêuticos, tomando como modelo de pesquisa diversos grupos de estudantes universitárias.

38 — *Sol da terra* — Álvaro de Pinheiro Gouvêa. Um livro pioneiro sobre o uso do barro em psicoterapia. O autor expõe os fundamentos teóricos e relata sua experiência com pacientes.

39 — *O corpo onírico — O papel do corpo no revelar do si-mesmo* — Arnold Mindell. O autor expõe o significado oculto nas sensações físicas e experiências corporais, pois o inconsciente nos fala, nos sonhos, por meio de imagens e símbolos.

40 — *A terapia mais breve possível — Avanços em práticas psicanalíticas* — Sophia Rozzanna Caracushansky. Um verdadeiro manual para os psicoterapeutas, uma visão global das mais importantes contribuições teóricas da psicologia: Freud, Jung, M. Klein, Winnicolt, Mahler, Spit.

41 — *Trabalhando com o corpo onírico* — Arnold Mindell. A aplicação da teoria já elaborada em *O corpo onírico*. Relatos de casos clínicos onde os fenômenos físicos estão relacionados às imagens e símbolos dos sonhos.

42 — *Terapia de vida passada* — Livio Tulio Pincherle (org.). Primeiro resultado de uma produção nacional desta terapia regressiva com bases espiritualistas. O que está em discussão são as teorias cartesianas e a necessidade de abrirem-se perspectivas para um universo polidimensional.

43 — *O caminho do rio — A ciência do processo do corpo onírico* — Arnold Mindell. A partir de conceitos da física moderna e da teoria da comunicação, Mindell expõe os princípios filosóficos de suas obras sobre o corpo onírico.

44 — *Terapia não-convencional* — *As técnicas psiquiátricas de Milton H. Erickson* — Jay Haley. Um clássico da denominada terapia estratégica. O primeiro livro a introduzir a genialidade de Erickson entre o público em geral e o mundo profissional.

45 — *O fio das palavras* — *Um estudo de psicoterapia existencial* — Luiz A. G. Cancello. Através da análise de um caso modelo, o autor desvenda a complexa relação entre um psicólogo e seu paciente com uma linguagem clara e precisa, em que as questões teóricas vão se colocando em meio ao processo terapêutico. Um dos poucos livros nacionais centrados na terapia existencial.

46 — *O corpo onírico nos relacionamentos* — Arnold Mindell. Aprofundando o que expôs em suas obras anteriores, o autor descreve como a descoberta de que os sinais corporais refletem sonhos pode ser usada para explicar a natureza dos problemas de comunicação.

47 — *Padrões de distresse* — *Agressões emocionais e forma humana* — Stanley Keleman. Uma análise das reações humanas aos desafios e agressões e a forma como esses sentimentos e experiências dolorosas são incorporados e alteram a estrutura das pessoas.

48 — *Imagens do Self* — *O processo terapêutico na caixa-de-areia* — Estelle L. Weinrib. Um revolucionário método que alia as técnicas junguianas de interpretação dos sonhos a uma forma não-verbal e não-racional de terapia, a caixa-de-areia.

49 — *Um e um são três* — *O casal se auto-revela* — Philippe Caillé. Um trabalho inovador no campo da terapia familiar: a necessidade de analisar o casal sem cair na banalidade, devolvendo a ele sua criatividade original.

50 — *Narciso, a bruxa, o terapeuta elefante e outras histórias psi* — Paulo Barros. Através de histórias que permeiam seu trabalho e suas próprias vivências, o autor nos desvenda, entre reflexões teóricas e poéticas, os caminhos de seu pensar e fazer terapêutico.

51 — *O Dilema da Psicologia* — *O olhar de um psicólogo sobre sua complicada profissão* — Lawrence LeShan. Um alerta contra os rumos que a psicologia tem tomado nos últimos anos e uma análise das causas que a fizeram desviar-se de seu caminho original.

52 — *Trabalho corporal intuitivo* — *uma abordagem reichiana* — Loil Neidhoefer. Para o autor a psicoterapia funciona não por causa de seus métodos, técnicas e estratégias mas em função da relação afetiva entre terapeuta e paciente.

www.gruposummus.com.br

IMPRESSO NA
sumago gráfica editorial ltda
rua itauna, 789 vila maria
02111-031 são paulo sp
tel e fax 11 **2955 5636**
sumago@sumago.com.br